KB043254

동양
철학
에세이

동양철학 에세이 1

혼란 속에서 피어난 철학의 향연

초판 1쇄 펴낸날 1993년 7월 15일
초판 26쇄 펴낸날 2005년 9월 5일
2판 1쇄 펴낸날 2006년 2월 10일
2판 29쇄 펴낸날 2013년 9월 15일
3판 1쇄 펴낸날 2014년 5월 20일
3판 16쇄 펴낸날 2024년 3월 25일

지은이 김교빈
펴낸이 이건복
펴낸곳 도서출판 동녘

편집 이정신 이지원 김혜윤 홍주은
디자인 김태호
마케팅 임세현
관리 서숙희 이주원

등록 제311-1980-01호 1980년 3월 25일
주소 (10881) 경기도 파주시 회동길 77-26
전화 영업 031-955-3000 편집 031-955-3005 **전송** 031-955-3009
홈페이지 www.dongnyok.com **전자우편** editor@dongnyok.com
인쇄·제본 영신사 **종이** 한서지업사

© 김교빈, 이현구, 1993 / 일러스트 이부록
ISBN 978-89-7297-714-8 (04150)
      978-89-7297-713-1 (04150) (세트)

동양
철학
에세이 ①

혼란 속에서 피어난
철학의 향연

김교빈·이현구 지음

이부록 그림

동녘

개정증보판을 내며

"공자를 알면 세상이 보인다."

식상한 광고문구 같지만 이 말은 사실입니다. 공자를 알면 공자의 눈에 비친 세상의 모습과 함께 그가 바라던 '사람답게 사는 세상'을 볼 수 있습니다. 하지만 어찌 공자뿐이겠습니까? 노자나 장자, 한비자나 묵자를 알면 또 다른 세상이 보입니다. 물론 어떤 사상가나 어떤 책을 통해서도 세상을 볼 수 있을 것입니다. 그러나 각 사상마다 관점의 차이가 있고 수준의 차이가 있습니다. 야트막한 산에 올라 주위를 둘러보면 그 높이만큼의 세상이 보일 것이고, 더 높이 오르면 그만큼 더 넓은 세상이 보일 것입니다. 문밖에 나서지 않고 책상머리에 앉아서도 세상을 말할 수 있겠지만, 발로 뛰고 몸으로 겪은 사람이 세상을 말하는 수준을 따라가기는 어려울 것입니다.

이 책에 나오는 사상가들은 550년에 걸친 춘추전국의 긴 혼란을 온몸으로 겪으면서 그 혼란을 바로잡기 위해 애쓴 사람들입니다. 그렇기 때문에 그들의 사상 속에는 풍부한 경험을 바탕으로 한 탄탄한 논리와 함께 강한 실천 의지가 담겨 있습니다. 춘추전국 시대는 인류 역사에서 정치적으로 가장 혼란스러우면서도 사상적으로는 가장 자유로웠던 시기입니다. 그 자유로웠던 사상의 모습을 우리는 '제자백가' 또는 '백가쟁명'이라고 부릅니다. 이 책에서 다룬 사람과 사상은 바로 그 제자백가입니다. 제자는 여러 사상가들이라는 뜻이고 백가는 수많은 학파를 의미합니다. 따라서 제자백가의 사상은 다양하면서도 그만큼 풍요로운 삶의 지혜를 우리에게 줍니다.

오늘 우리는 문화의 다양성이 강조되는 시대에 살고 있습니다. 서구 문화를 보더라도 기독교 문화의 주변부로 밀려 있던 북유럽 켈트의 문화가 긴 잠에서 깨어났습니다. 〈반지의 제왕〉이 그 대표적인 사례입니다. 우리 자신도 근대 이후 매몰되어 있던 서구 중심의 문화에 대한 반성을 동양문화에 대한 주목으로 이어 가고 있고, 그동안 관심 밖에 있던 이슬람 문화나 인도 문화에 눈길을 주기도 합니다. 그런데 어떤 지역 문화든 문화란 그 지역의 종교와 사상이 겉으로 드러난 것입니다. 따라서 문화의 뿌리를 이해하기 위해서는 본질이 되는 사상의 이해가 필요합니다. 이 책은 좁게는 중국 문화에 대한 이해를, 넓게는 동양 문화에 대한 이해를 도울 것입니다.

하지만 문화의 다양성이 지역적 차이로만 모습을 나타내는 것은 아닙니다. 심지어 우리 개인의 삶 속에서도 시간의 변화에 따라 다양한 모습을 드러내 보이기도 합니다. 20대에는 묵자처럼 치열하게 살다가 30~40대에는 한비자처럼 영악하게 살고, 50~60대에는 공자나 맹자처럼 근엄하게 살다가 70~80대에는 노자나 장자처럼 유유자적하며 살기도 합니다. 이 책에서는 그러한 다양한 삶의 지혜를 볼 수 있을 것입니다.

개정판 서문을 쓰자니 여러 가지 생각이 납니다. 처음 책을 쓸 때 동양철학을 신비로운 것으로 해석하거나 오늘날에도 여전히 쓸모 있는 위대한 사상으로 무조건 떠받드는 태도를 부정하는 시각을 갖겠다고 했습니다. 그런 시각에서 각 사상이 가지고 있는 시대적 의미와 한계를 통해 긍정적인 부분과 부정적인 부분을 함께 드러내 보이려고 했지요. 그리고 무엇보다 어려운 동양철학이 아니라 쉽게 이해할 수 있는, 살아 있는 동양철학을 그리려고 했습니다. 그랬던 집필 의도가 독자들의 반응을 통해 확인된 것 같아서 마음이 뿌듯합니다.

인문학 서적이, 그것도 고리타분하게 보일 수도 있는 동양철학 책이 처음 출간된 지 10여 년이 지났는데도 여전히 독자들의 사랑을 받는 것은 매우 드문 일입니다. 그런 점에서《동양철학 에세이》1권의 개정판 서문을 쓰는 감회가 남다릅니다. 처음 책을 쓸 때 막 불혹을 넘어섰던 필자가 벌써 50대 중반을 바라보고 있고, 이 책을 20대 초반에 읽었던 독자들도 30대 중반이 되었겠지요. 세월이 참 쏜살같이 흐른다는 생각이 듭니다. 세상 모든 것이 다 변한다는 원리를 기본으로 한《주역》이나, 만물은 찰나에 변하든 억겁이 걸려 변하든 생겨난 것은 없어지는 원리를 벗어날 수 없다는 불교의 진리가 새삼스럽게 다가옵니다.

그동안 이 책을 사랑해 준 많은 독자들께 감사드립니다. 이 책이 이토록 오랫동안 사랑받을 수 있었던 것은 오로지 독자들의 성원 때문이었습니다. 개정판을 내면서 새로이 만나게 될 독자들을 위해 임금이나 백성이나 똑같이 농사지어 먹고살아야 한다고 주장한 농사꾼의 철학 '농가'를 한 꼭지 더 붙였습니다. 생각 같아서는 손자니 오자니 하는 사람들을 통해 잘 알려진 '병가'도 쓰고 싶었습니다만 다음 기회로 미루었습니다. 그리고 이 책에 인용된 글들의 출전을 밝혔고, 더 읽어 볼 책도 소개하였습니다. 또한 책을 읽을 때 도움이 될 수 있는 삽화도 담았습니다.

늘 뒤에서 좋은 책을 만들기 위해 애써 주신 도서출판 동녘의 이건복 사장님과 편집부 식구들께도 감사 인사를 드립니다.

2005년 12월

지은이를 대표해서 김교빈 씀

책머리에

'나는 왜 동양철학을 공부했는가?'

승려들이 길어진 머리를 깎으면서 출가할 때의 결심을 되새기는 것
처럼, 가끔씩 혼돈스러울 때면 나 스스로를 되짚어 보는 물음입니
다. 아직 철모르던 시절, 우연히 《논어》를 읽고서는 막연히 동양철
학을 공부해 보겠다는 생각을 갖게 되었습니다. 그때 내 마음속에
는 성인도 있었고 도사도 있었습니다. 성인은 엄청난 사람이었고,
도사는 신비한 사람이었습니다. 하지만 동양철학을 직접 공부하면
서 고전에 나오는 사람들이 내가 생각하던 성인이나 도사가 아니라
는 사실을 알았습니다.

성인이란 무엇일까요? 성인은 동양의 이상적 인간형입니다. 하
지만 결코 현실을 벗어난 존재가 아닙니다. 성(聖)은 귀 이(耳)와 입
구(口)와 임금 왕(王)을 합친 글자입니다. 글자 그대로 귀와 입을 가
진 사람이 임금 노릇을 한다는 뜻입니다. 귀와 입이 없는 사람은 없
습니다. 그러나 귀가 있어도 듣지 못하고 입이 있어도 말하지 못하
는 사람들을 우리는 자주 봅니다. 누구 얘기든 다 받아들일 수 있는
귀를 갖는다는 것은 정말 어려운 일입니다. 입도 마찬가지입니다.

같은 내용이라도 아이들에게 말할 때와 노인들께 말할 때가 다릅니다. 그러므로 정말 귀다운 귀와 입다운 입을 가진 사람은 남을 지도하고 다스릴 만합니다. 동양 고대의 성인은 바로 그런 사람이었습니다.

도사는 또 어떤 사람일까요? 도(道)는 辶과 머리 수(首)를 합친 모습입니다. 辶에서 위에 붙은 ﹍은 흩날리는 머리카락이고, ㅏ은 걸을 때 한 팔이 뒤로 빠져나온 몸체를 그린 것이며, 맨 아래 ㅅ은 걸어가는 앞발과 뒷발의 모습입니다. 여기에 머리 수 자가 붙어 있습니다. 즉 걸어가면서 생각한다는 뜻입니다. 이와 같이 도는 생각과 실천을 함께 담고 있습니다. 그러므로 도사는 끊임없이 머릿속으로 생각하면서 옳은 길을 실천하는 사람을 뜻합니다.

사실 동양에는 철학이라는 용어가 없었습니다. 일본 사람들이 철학이라고 번역한 필로소피(philosophy)는 지혜를 사랑한다는 뜻입니다. 동양의 사유들은 도를 깨닫는 것이 목적이었습니다. 따라서 엄밀한 의미에서는 철학이 아니라 도학이라고 했어야 합니다. 동양에서 도를 깨치는 데 필요한 것은 지혜가 아니라 수양을 통한 덕이었습니다. 따라서 지혜로운 사람보다 어진 사람을 높였던 것입니다. 서양에서 말하는 지혜의 대명사는 솔로몬입니다. 그의 지혜를 나타내는 유명한 이야기가 있습니다.

같은 또래 아이를 가진 두 여인이 한 집에 살고 있었는데, 그 가운데 한 여인이 잠을 자다 잘못해서 자기 아이를 깔아 죽이고는 남의 아이를 자기 아이라고 우겨서 소송이 벌어졌습니다. 이때 솔로몬은 그 아이를 둘로 갈라 반씩 나눠 가지라는 판결로 문제를 해결했습니다. 아무리 뒤를 내다본 지혜로운 판결이라 해도 아이를 둘로 나누라는 결정은 잔인해 보입니다. 동양식 판결은 혹시 이렇지 않았을까요?

"그럼 너희 둘 모두가 그 아이의 어머니가 되어 아이를 참답게 키워라!"

요즘 서점에 가 보면 제자백가가 명성을 누리던 춘추전국시대로 되돌아간 것이 아닌가 하는 착각이 들 정도입니다. 빈틈 하나 없을 만큼 근엄한 공자와 맹자, 언제 봐도 냉소적이며 입만 열면 비유를 내뱉는 노자와 장자, 뭔지는 잘 모르겠지만 아무튼 심오해 보이는 명상 서적, 책만 사도 미래가 다 보이고 복이 곧 굴러 들어올 것 같은 역학 및 운세에 관한 책들, 기 쓰고 읽게 만드는 기(氣)를 주제로 한 책들, 보는 것만으로도 건강해질 듯한 단전 호흡이나 기공 같은 수련 책들, 그 밖에 상당히 전문적인 신과학 운동 계열과 전통 의학 관련 책들까지 없는 게 없습니다. 그 가운데 상당수가 잘 팔리는 모양입니다.

서양 문물이 들어온 뒤 동양철학이 오늘처럼 전성기를 누린 적이 있을까요? 그러나 대부분 상품화된 도덕과 상품화된 신비주의라는 데 문제가 있습니다. 어떤 책이든 저자나 해석자의 세계관이 담겨 있는 법인데, 요새 나오는 동양철학에 대한 책들은 전면 부정이나 부분 부정은 드물고 대체로 긍정적인 입장에서 쓰여져 있습니다. 잘못된 시각과 잘못된 지식을 바탕으로 쓰인 책도 적지 않으며, 이런 책들은 사실 정신적인 공해입니다.

《동양철학 에세이》 1권은 인류 역사에서 학문적으로 가장 자유롭고 화려했다는 춘추전국시대 제자백가의 사상을 다루었습니다. 이 책은 동양철학을 신비적으로 해석하거나 시대를 넘어선 보편적 가치를 부여하는 것을 거부합니다. 각 사상의 시대적 한계와 의미를 긍정적인 면과 아울러 부정적인 부분까지 드러내 보일 것입니다. 그러면서도 쉽고 간결하게 동양적 특징을 지닌 사상들을 하나하나 다루어 갈 것입니다.

이 책은 오랫동안 호흡을 같이 해 온 두 사람이 썼습니다. 바로보기·노자·장자·법가·주역은 이현구가 썼고, 공자·묵자·맹자·순자·명가는 김교빈이 썼습니다. 그리고 돌아보기는 둘이 함께 썼습니다. 글쓰는 동안 여러 가지 뒷바라지를 아끼지 않은 도서출판 동녘의 이건복 사장님과 편집부 여러분께 감사드립니다.

1993년 6월
지은이

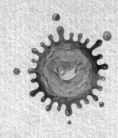

환공이 어느 날 서재의 창가에서 책을 읽고 있었다.

뜰에서 수레를 손질하던 늙은 일꾼이 그것을 보고

일손을 멈추고 환공에게 말을 걸었다.

「어르신이 읽고 계시는 것은 무슨 책입니까?」

「성인의 말씀이 적힌 책이다」

「그 성인은 지금 어디에 계십니까?」

「이미 오래 전에 죽었다」

「그러면 그 책에 쓰여 있는 것은 성인의 찌꺼기 같은 것이군요」

바
로
보
기

우
리
들
의　동
양
철
학

음력은 달의 움직임을 바탕으로 만든 달력입니다. 우리가 오늘 보름달을 보고 다음 보름달을 볼 때까지는 29.53일쯤 걸리는데, 음력은 이것을 한 달로 잡습니다. 그러므로 열두 달을 합치면, 양력의 1년보다 10일 이상 짧아집니다. 이 차이를 그대로 두고 달력을 쓰면 불편한 일이 생깁니다. 어느 해에 양력과 음력이 같은 날을 1월 1일로 잡아 출발한다면 3년 뒤에 음력은 양력과 한 달이상 차이가 나고, 16년쯤 치나면 음력 1월은 한여름이 됩니다. 이것을 방지하기 위하여 동서양이 다 19년 동안에 윤달을 일곱번 넣는 역법을 개발하기도 하였습니다. 하지만 윤달법을 쓰더라도 음력의 숫자는 양력만큼 계절을 정확하게 알려주지 못합니다. 1993년 6월 1일은 음력으로 4월 12일입니다. 음력과 양력이 거의 두 달 차이를 보이는데, 이 해에는 음력 4월 바로 앞에 윤3월이 끼었기 때문입니다.

　우리 조상들은 이런 문제를 해결하기 위해 달력에 24절기를 표시하여 태양의 움직임을 알 수 있도록 하였습니다. 이것이 우리의 전통력인 태음태양력입니다. 태음은 달을 가리키는 말이고,

태양은 해를 가리키는 말입니다. 전통 달력의 동지는 항상 양력 12월 22일에 해당하고, 청명은 대개 식목일(4월 5일)과 겹칩니다. 누구나 청명, 한식, 식목일 무렵에 봄날의 화창한 햇살을 받으며 야외로 나간 기억이 있을 것입니다. 청명이란 글자를 풀이하면 바로 '맑고 밝은 날'입니다.

하지를 지나고 한 달쯤 뒤가 대서인데, '한창 더운 날'이란 뜻입니다. 동지를 지나고 한 달 뒤는 대한인데, '가장 추운 날'이란 뜻입니다. 초등학생들이 보는 과학 이야기 책에 하지 때 태양의 고도가 가장 높아서 태양열을 가장 많이 받지만 땅이 데워지는 데 시간이 걸리기 때문에 한 달쯤 뒤가 가장 덥다고 설명되어 있습니다. 우리 선조들이 대서라는 절기 이름을 정확하게 붙인 셈입니다.

이 이야기를 음미해 보면, 우리가 흔히 친한 사람의 생일이나 약속을 표시해 두는 달력, 늘 우리 위에 떠 있는 해와 달이 훨씬 가까이 느껴질 것입니다. 우리는 바쁜 생활 속에서 달력의 숫자가 무엇을 의미하는지, 그것이 해의 고도와 어떤 관련이 있는지, 또 달이 차고 기우는 것과 어떤 관계가 있는지 별로 생각하지 않습니다.

우리가 달력을 이용하는 방식은 100년, 200년 전의 선조들이 이용한 방식과 다릅니다. 달력을 보고 지금 무슨 작업을 해야 한다고 생각하거나, 밤하늘에 떠 있는 별들의 위치나 달의 모양을 그려보는 사람은 거의 없을 것입니다. 달력을 보고 내일 날씨를 예측해 보는 사람은 더욱 드물 것입니다. 그러나 우리

선조들은 그런 일을 했고, 그 이상의 정보를 달력에서 끌어내 썼습니다.

현대인은 철부지

우리 선조들은 24절기를 모르면 '철부지'라고 했습니다. '철을 모른다'는 것은 지금이 어느 때인지, 무엇을 해야 할 때인지를 모른다는 말입니다. 씨를 뿌려야 할 때인지 추수를 해야 할 때인지, 채소밭을 갈아야 할 때인지, 김장을 담가야 할 때인지를 모른다는 말입니다.

'철을 모른다'는 말은 때를 모른다는 의미에서 때와 장소를 모른다는 의미로 확장되었습니다. 그래서 여름에 털옷을 입거나 겨울에 짧은 치마를 입으면 철부지가 되고, 말을 조심해야 할 자리에서 함부로 지껄이면 철부지 소리를 듣습니다. 어른들이 한겨울에 아이들을 밖에 내보내려면 아이들과 한참 실랑이를 해야 합니다. 아이들이 따뜻한 옷을 입지 않으려 하기 때문입니다. 그래서 아이들을 철부지라고 합니다.

이렇게 이야기하다 보면 우리들 중에도 철부지가 많을 것 같습니다. 우리는 쌀밥을 먹으면서도 벼를 만져 볼 기회가 적습니다. 지금 농촌에서 무슨 일을 하고 있는지 잘 모릅니다. 지금이 어느 철인지 생각할 필요도 별로 느끼지 않습니다. 어떤 사람들은 한겨울에도 얇은 옷을 입습니다. 난방 장치가 된 차로 이동하고, 난방이 잘 된 사무실에서 일하기 때문입니다. 비가 오거나 눈이 오거나 우리가 하는 일에는 특별한 차이가 없습니다. 해가 서쪽에서 뜨고, 달이 두 조각이 나도 별 관계가 없을 것처럼 삽니다. 도시의 건물들 사이로 보이는 달은 어쩐지 맨송맨송하게 느껴집니다. 우리는 분명 옛사람들과 다르게 살고 있습니다. 이른바 '현대'에 살고 있습니다.

문화 전통이라는 것

우리가 지금 쓰는 달력은 '그레고리력'입니다. 이것은 1582년 로마 교황 그레고리 13세 때, 실제 천체와 10일이나 차이가 나는 기존의 '율리우스력'이 갖고 있던 문제점을 고치면서 새로운 윤년법을 도입한 것입니다. 이 새로운 윤년법의 도입으로 달력은 앞으로 몇천 년을 써도 계절과 어긋나지 않을 정도로 완벽해졌습니다. 그러나 과학적인 관점에서 보면 불합리하고 부정확한 면이 있습니다.

1954년 7월, 제네바에서 열린 국제연합 경제사회 이사회는 '세계력' 안건에 대한 60개국 정부의 의견을 받아 보기로 결의하였습니다. 세계력 안은 20세기 초에 독일 사람 폰 츠하르트가 제출했고, 1930년에 뉴욕의 엘리자베스 아켈리스라는 여성이 세계적인 운동으로 전개했습니다. 이 안은 그레고리력의 여러 가지 불합리한 점을 개선한 것이었습니다. 매달 노동 일수가 일정하여 작업 능률과 경비 계산이 간단해지고, 매년 매 계절의 요인이 일정해지는 편리함이 있었습니다. 어쨌든 우리의 흥미를 끄는 것은 세계력 안에 대한 각 나라의 입장입니다.

- 반대: 미국, 영국, 캐나다, 프랑스, 서독 등 20개국
- 조건부 찬성: 일본, 이탈리아 등 10개국
- 무조건 찬성: 소련(지금은 러시아), 인도, 태국 등 10개국
- 무응답: 20개국

이른바 현재의 G8 중에서 일본과 이탈리아, 러시아(옛 소련)를 빼고는 모두 반대하였습니다. 대체로 동양 측은 거의 찬성이었는데, 우리나라도 공식 투표권은 없었지만 뉴욕 주재 대표를 통하여 적극 찬동의 뜻을 표하였다고 합니다. 결국 찬성 20개국, 반대 20개국으로 이 안은 부결되었습니다.

세계력을 반대한 나라들의 가장 큰 이유는 주(週) 제도가 파괴되는 데 대한 불만이었습니다. 유대교에서는 토요일을 안식일로 정하였고, 일요일은 그리스도교의 주일이며, 금요일은 이슬람교의 집회일이어서 주 제도가 이미 사회 생활에 뿌리를 내리고 있었던 것입니다. 세계력 운동은 요일의 질서를 중시하는 문화 전통의 벽을 무너뜨리지 못했습니다.

이 달력 이야기 속에는 몇 가지 생각할 것이 있습니다. 우리의 전통력은 양력(그레고리력)에 쉽게 밀려났지만, 그레고리력은 세계력에 밀려나지 않았습니다. 우리는 전통력보다 그레고리력

이 과학적이라고 생각합니다. 그러나 조금 더 생각해 보면 '과학적'이라는 말은 간단한 게 아닙니다. 그 말은 오히려 정치적이고 경제적이며 문화적인 것 같습니다. 천체의 움직임을 잘 반영한 것으로 따지면, 태양과 달의 움직임을 함께 고려한 우리의 전통력도 뒤질 게 없습니다. 물론 음력을 주로 하고 양력을 가미한 것이기는 합니다만.

　우리는 전통력이 그저 음력인 줄로 잘못 알기도 하고, 이제 더 과학적인 양력이 있으니 음력에 관심 가질 이유가 없다고 생각하기도 합니다. 그러나 이런 생각이 양력을 만든 서양인들이 세계력에 반대하고, 자신들의 문화 전통을 지키려고 한 의도까지도 과학적이라고 믿는 것은 아닌지 생각해 볼 문제입니다. 서양인들의 전통이 끈질기듯 우리의 전통도 끈질깁니다. 음력을 구시대의 유물이라고 생각하는 사람은 자신의 심리 속에 음력의 전통이 여전히 남아 있다는 사실을 모르는 것일까요?

동양철학에 대한 여러 가지 오해

어떤 사람들은 동양철학을 음력과 같은 옛 유물 정도로 생각합니다. 동양철학은 골동품 같은 것이어서 나와는 별로 관계가 없다는 태도입니다. 이것이 동양철학에 대해 가질 수 있는 첫 번째 오해입니다. 이런 태도를 버리고 한번쯤 진지하게 우리의 전통에 대해 깊이 생각해 보기를 권합니다.

언젠가 이런 일이 있었습니다. 강의를 끝내고 복도로 나오는데 뒷문으로 한 학생이 급히 나오더니 쭈뼛쭈뼛 다가왔습니다. 언뜻 보니 철학과에서 공부를 열심히 하는 축에 드는 학생이었습니다.

"할 이야기가 있나 보군?"

"예, 선생님. 어려운 부탁인데 말씀드려도 될까요?"

나는 계속 걷고, 학생은 어정쩡한 자세로 따라왔습니다.

"얼마나 어려운지 모르겠지만 안 들어주면 큰일 날 것 같구나."

"저…… 선생님, 이름 지어 보셨어요? 친척 분이 부탁을 해서 다음 주까지로 약속을 했는데 저는 아무리 해 봐도 안 되어서요."

"나도 우리 큰애 말고는 이름을 지어 본 적이 없는데. 우선 부르기 쉽고 듣기 좋은 게 기본이겠지."

"선생님, 그것보다 오행에다 획수를 따져서 짓는 것 있지 않습니까? 돌림자는 정해져 있으니까 한 글자만 찾으면 되는데요."

학생이 어렵게 하고 싶은 이야기를 끝냈을 때, 나는 부담이 없어졌습니다.

"어째서 나한테 부탁할 생각을 했지? 내 강의에서 그런 냄새가 났나?"

"아닙니다. 그렇지만 동양철학을 하시니까 아실 것 같아서…… 다른 데 부탁할 데도 없고…… 어떻게 좀 해 주십시오."

"그건 나도 못 하겠어. 내가 아는 방식은 자네도 할 수 있는 것뿐이네."

학생이 복도에 서 있는 것을 보면서 나는 날렵하게 방으로 들어와 버렸습니다. 미안한 마음을 전혀 느끼지 않으면서.

동양철학을 사주, 관상, 작명과 떼어 놓지 못하는 사람들이 있는 것이 사실입니다. 길거리에 붙어 있는 간판 탓도 있을 것이고, 어쩌면 동양철학 연구자들 탓도 있을 것입니다. 유교 경전 가운데 《주역》을 연구하는 사람들이 이런 혐의에 빠지기 쉬운 편입니다. 요즈음은 '명상술'이다 '기공'이다 '단'이다 하는 유행이 일어난 덕분에 동양철학이 더욱 신비한 것으로 눈길을 끕니다.

이 책에서 말하는 동양철학은 이러한 유행에 관한 것이 아니며, 점이나 사주, 관상, 궁합과도 거리가 멉니다. 공자나 노자는 신비주의나 미신을 말하지 않았고, 만일 그랬다면 철학사에서 다루지도 않았을 것입니다. 이것은 이 책의 내용을 통하여 해명될 줄 믿습니다. 여기서는 동양철학에 대해 흔히 갖고 있는 몇 가지 오해들을 정리하고 넘어가겠습니다.

• 오해 1: 동양철학은 옛 유물이다. 골동품이나 음력 같은 것이다. 나와는 별로 관계가 없다.

• 오해 2: 동양철학은 점이다. 운명학이다. 사주·관상·수상·족상·궁합·작명 등등이다. 나는 심심풀이로 점을 친 적이 있는데, 아주 엉터리는 아니라고 생각한다. 아마 경험 과학이 가진 통계적 예측력이 있을 것이다.

• 오해 3: 동양철학은 심오하다. 그러나 논리적이지 않다. 무언가 이치가 있는 것 같지만 과학적이고 합리적인 것은 아니다. 특별한 수행을 쌓은 사람들만이 이해할 수 있는 신비한 무엇이

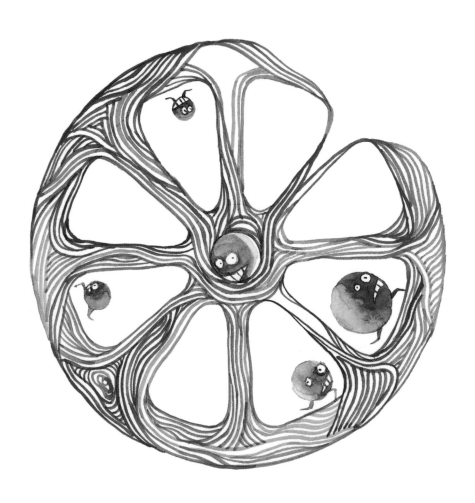

다. 과학이 설명하지 못하는 독특한 영역이 있는데, 그것은 과학이 더 발달하면 해명될지도 모른다.

진리는 몸으로 얻어라?

환공이 어느 날 서재의 창가에서 책을 읽고 있었다. 뜰에서 수레를 손질하던 늙은 일꾼이 그것을 보고 일손을 멈추고 환공에게 말을 걸었다.

"어르신이 읽고 계시는 것은 무슨 책입니까?"

"성인의 말씀이 적힌 책이다."

"그 성인은 지금 어디에 계십니까?"

"이미 오래 전에 죽었다."

"그러면 그 책에 쓰여 있는 것은 성인의 찌꺼기 같은 것이군요."

환공은 벌떡 일어서며 칼자루를 잡고 말했다.

"일꾼 주제에 무례한 말을 지껄이는구나. 잘 해명하지 못하면 네 목숨을 잃을 줄 알아라."

그러자 늙은 일꾼이 담담하게 말했다.

"저는 제 자신의 경험에서 그렇게 생각했을 뿐입니다. 제가 만드는 수레바퀴는 너무 꼭 끼게 하면 잘 돌아가지 않고, 너무 느슨하면 겉돕니다. 꼭 끼지도 않고 너무 느슨하지도 않고, 손에도 마음에도 딱 맞는 그 정도를 맞추는 요령은 도저히 말로는 표현할 수 없습니다. 그래서 제 아들 녀석에게도 가르칠 수가 없어이 나이가 되도록 직접 수레바퀴를 만들고 있는 것입니다. 그 성인이라는 분도 진정한 것은 말하지 못하고 죽어 버린 게 아닐까 생각합니다. 그래서 그 책에 쓰여 있는 것은 성인의 찌꺼기 같은 것이라고 말한 것입니다."

《장자》〈천도〉

동양의 철학자들이 '말로 표현할 수 없다'라고 한 말을 이 늙은 수레 제조공의 말로 이해해 보는 것이 좋겠습니다. '말로 표현할 수 없다'라고도 하고 '몸으로 얻어야 한다', '체득해야 한다'라고도 하는데, 이 말을 곧장 눈감고 명상으로 들어가라는 뜻으로 받아들이는 것은 곤란합니다. 또 '몸으로 얻어야 한다'라고 해서 책을 버리고 역사 경험을 무시하라는 의미로 해석하는 것도 곤란합니다.

수레 제조공이 '말로써는 표현할 수 없다'라고 한 것은 많은 경험을 쌓은 뒤에 얻은 가장 미묘한 작업, 가장 어려운 작업이었습니다. 동양의 철학자들은 대개 천하를 경영하는 문제를 연구 주제로 삼았습니다. 이것은 사업 중에서도 큰 사업입니다. 수레 제조공의 이야기처럼 자기가 할 수는 있지만 남에게 설명하여 대신 시키기 어려웠던 경험을 누구나 한 번쯤은 해 보았을 것입니다. 남을 가르치는 사람은, 자기가 알고 있는 것이 상대방에게 충분히 전달되지 않았다는 느낌을 받을 때가 많습니다. 하물며 일의 규모가 커진다면 더 말할 것도 없겠지요.

동양철학의 역사 속에서 신비적이고 주관적인 탐구 방법을 추구한 경향이 전혀 없었다고 말하는 것이 아닙니다. 분명히 이러한 경향의 사조가 있었습니다. 그러나 그에 대한 비판이 더 많았습니다. 또 말로 표현하기 어려운 부분을 해결하는 방법의 하나로 명상, 내성, 성찰을 주장할 수도 있습니다. 그러나 그것은 일과 분리된 것이 아니라, 일 속에서 벌어지며 일과 연관된 것입니다. 그렇게 보아야 중심 흐름을 제대로 이해할 수 있습니다. 노자, 장자의 도가 사상이나 선불교까지도 이러한 관점에서 이해할 필요가 있습니다. 그 사상들은 결코 세상과 무관하게 일어난 것이 아닙니다.

우리들의 동양철학

우리는 보통 '동양'이라는 말을 한국, 중국, 일본처럼 근대화 이전에 중국 문화의 영향을 강하게 받았던 지역을 가리키는 것으로 사용하고 있습니다. 그러면서도 중국 문화와 다른 전통을 가진 인도를 동양에 포함시키는 데에 대부분 동의합니다. 하지만 아랍 지역은 포함시키지 않습니다. 반대로 서구인들은 '동양(오리엔트)'이라고 할 때 맨 먼저 아랍을 떠올릴 것입니다. 왜냐하면 동서를 나눈 기준이 지중해였기 때문입니다.

  일제 시대에 '동양학'이란 말을 쓴 것이 지금과 같은 상황을 만드는 데 한몫했을 것입니다. 일본은 실질적으로 중국 침략을 전제한 '동양학' 개념을 만들었으므로 그 내용이 '중국학'이 되었으리라는 것은 쉽게 짐작할 수 있습니다. 우리가 '동양철학'이라고 말할 때 언뜻 '중국철학'을 떠올리는 것은 이런 이유 때문일 것입니다.

이처럼 동양철학이란 용어가 명료한 개념이 아니기는 하지만, 일상 생활에서 불편할 만큼 혼란스러운 정도는 아니므로 이 자체는 큰 문제가 아니라고 생각합니다. 문제가 되는 것은 동양과 서양의 철학적 특성을 양분하여 설명하는 논리입니다. 동양은 정신적이고 서양은 물질적이다. 동양은 종합적이고 서양은 분석적이다. 동양은 실천적이고 서양은 이론적이다. 동양은 윤리적이고 서양은 주지적이다…….

이러한 방식으로 열거하면 할수록 동양철학에 대한 오해는 깊어집니다. 어떤 사람들은 서양 문명의 기본 논리가 이분법이어서 서양 문명이 퍼질수록 정신 분열증 환자가 늘어 가고, 이 병에는 종합적으로 생각하는 동양의 전통이 좋은 치료제가 될 것이라고 주장합니다. 그런데 이 자체가 오히려 이분법으로 보이는 것을 어떻게 해명할지 궁금합니다.

이러한 설명 방식은 대개 성급하게 상대방을 설득하려는 욕심에서 나옵니다. '특징만 부각시켜 보면 이렇게 말할 수 있다'라는 단서를 달더라도 이런 설명은 해롭습니다. 이런 설명은 정신 – 물질, 종합 – 분석, 실천 – 이론, 도덕 – 지식 등의 개념까지도 혼란스럽게 만듭니다. 이런 식으로 설명하는 사람들이 있으면, 계속 듣는 데 열중할 것이 아니라 "종합이 무엇이고 분석이 무엇인지 설명해 보라" 하고 차근히 따지는 것이 유익하리라고 봅니다.

그러나 이러한 설명 속에도 철학에 대한 나름의 이해가 들

동양철학 에세이 1

어 있습니다. 어떤 사람들은 동양철학은 과거의 유산을 정리하는 것이라고 생각합니다. 객관적으로 과거의 사상을 복원하는 것이 연구자들의 과제라고 말합니다. 동양철학을 연구하는 목적은, 객관적이고 정확한 철학사를 쓰는 것이라고 생각하는 것입니다.

또 어떤 사람들은 과거 우리에게 훌륭한 철학이 있었으니 그 속에서 현대 사회의 병폐를 고칠 수 있는 지혜를 찾아야 한다고 합니다. 그래서 동양철학을 서양철학과 비교하여 장점을 밝히려 하고, 과거의 철학으로 현대의 사회 문제에 대하여 말합니다. 현실이 바뀌어도 철학은 바뀌지 않으며, 새로운 문제에 대한 처방도 이미 과거의 철학 속에 다 들어 있다는 것입니다. 이러한 동양철학은 마치 알라딘의 램프와 같습니다. 책장을 넘기면 그 위대한 정신이 거인으로 변하여 "주인님, 무슨 문제를 해결해 드릴까요?" 하며 나타납니다. 우리는 과거의 것이 이렇게 쉽게 오늘의 문제를 해결하는 데 기여할 수 있다고 생각하지 않습니다.

철학은 현실 인식에서 출발합니다. 지금 우리가 살고 있는 시대와 현실을 인식하고 그 토대 위에서 어떻게 살 것이며, 무엇을 할 것인가를 문제 삼는 것은 동양철학이라고 해서 특별히 다를 것이 없습니다. 우리는 오늘의 문제를 해결하기 위하여 철학을 공부하고, 철학 공부를 통하여 우리의 정신을 단련합니다.

우리는 동양철학을 과거의 철학이나 골동품이라고 생각하지 않으며, 동시에 과거의 철학에 이 시대의 답이 고스란히 담겨 있다고도 생각하지 않습니다. 우리는 동양철학을 알지 못하면서 감성적으로 거부하는 태도를 비판하며, 동시에 동양철학을 영원한 우주적 진리라고 생각하는 것도 비판합니다. 이 책은 이러한 비판의 의도를 깔고 있습니다. 독자 여러분도 이 취지를 이해하고 읽기 바랍니다. 우리의 바람은 동양철학을 올바른 시각에서 많은 사람이 만날 수 있도록 하는 것입니다. 우리가 함께 살고 있는 이 공간, 이 세상을 좀더 살 만한 곳으로 바꿔 보려는 사람들이 정신을 단련하고 주변 사람들을 더 깊이 이해할 수 있는 재료를 제공하려는 것입니다.

어느 날 자로가 공자에게 물었다.

『죽음에 대해 알고 싶습니다』

『삶도 아직 다 모르는데 어찌 죽음을 말하겠느냐』

자로가 다시 물었다.

『귀신 섬기는 법을 말씀해 주십시오』

『사람도 다 못 섬기는데 어찌 귀신을 말하겠느냐?』

공자

사 람 은 무 엇 으 로 사 는 가

공자가 제자들과 더불어 길을 가고 있었습니다. 도덕과 예의로 백성을 다스려야 한다고 설득했지만 부국강병의 논리가 아니라고 받아들여 주지 않는 무도한 임금에게 실망을 느끼고, 다시 자신의 뜻을 받아들여 줄 새로운 임금을 찾아가는 고단한 여행길이었습니다. 얼마를 가자 앞에 큰 강이 나타났습니다. 하지만 일행 가운데 나루터가 어디 있는지를 아는 사람이 아무도 없었습니다.

마침 저만치에 밭을 가는 두 사람이 보였습니다. 혼탁한 세상을 떠나 숨어 사는 장저와 걸닉이었습니다. 공자는 제자 자로를 불러 그들에게 다가가서 나루터 가는 길을 물어 보라고 했습니다. 자로가 두 사람에게 다가가서 나루터 가는 길이 어디냐고 묻자 장저가 되물었습니다.

"저기 수레에 올라앉아 점잖게 고삐를 쥐고 있는 사람은 누구냐?"

"공구이십니다."

"노나라의 공구란 말이냐?"

"예, 그렇습니다."

"그가 나루터 가는 길쯤은 알고 있을 텐데?"

장저는 더는 대꾸하지 않고 부지런히 제 할 일만 했습니다. 답답해진 자로가 이번에는 걸닉에게 물었습니다. 그러자 걸닉도 자로에게 되물었습니다.

"나루터 가는 길을 묻는 너는 누구냐?"

"중유입니다."

"공구란 사람의 제자인가?"

"예, 그렇습니다."

"온 세상이 물처럼 거세게 흘러가는데 누가 감히 고칠 수 있단 말이냐? 그러니 자네도 나쁜 사람이나 피해 다니는 그런 공자 같은 사람을 따라다니지 말고 차라리 어지러운 세상을 피해 우리와 같이 지내는 게 어떠한가?"

걸닉도 더는 자로를 거들떠보려 하지 않았습니다. 머쓱해진 자로가 돌아와서는 공자에게 그들이 한 얘기를 전했습니다. 말을 다 듣고 나서 공자가 탄식하며 말했습니다.

"날짐승이나 길짐승과 더불어 살 수는 없지 않겠는가? 내가 세상 사람들과 더불어 살지 않으면 누구와 더불어 살겠느냐? 온 세상에 질서가 잡혀 있다면 내가 구태여 바꾸려 애쓰지도 않을 것이다."

《논어》〈미자〉

공자가 살던 춘추시대는 엄청난 혼란기였는데, 그 혼란은 경제적 변화에서 비롯되었습니다. 당시에는 이미 주 산업인 농사에

소를 쓰기 시작했고, 새롭게 발견된 철이 농기구로 등장했습니다. 비료를 만들어 쓰기 시작했고, 관개 시설이 훨씬 좋아져서 농토에 물을 대기가 쉬워졌습니다. 이러한 변화가 고도의 경제 발전을 가져왔으며 아울러 농업, 공업, 상업의 분화를 활발하게 했습니다. 이 같은 경제 발전이 토지를 잠시 점유하고 이용한다는 생각에서 토지를 영원히 소유한다는 생각으로 나아가게 했습니다. 따라서 힘이 센 나라들은 더 많은 토지와 그 토지에서 일할 더 많은 사람을 구하게 되었고, 이 욕심을 채우는 방법으로 전쟁을 택했습니다.

땅과 사람을 빼앗기 위한 전쟁이 계속 일어났습니다. 이러한 상황으로 신분제를 비롯한 기존의 많은 제도가 무너졌고, 그 결과 엄청난 혼란이 일어났습니다. 대부분의 군주들은 부국강병을 위한 온갖 정책을 동원하여 민중에게서 가혹하게 세금을 거두어들이면서 그들을 전쟁터로 내몰았습니다. 힘이 약한 나라는 금방 무너졌고, 신하들이 틈을 보아 제후를 쓰러뜨리고 땅을 나누어 갖기도 했습니다.

마치 홍수가 나서 뻘건 흙탕물이 거세게 흘러가듯 도도하게 흐르는 춘추시대의 엄청난 사회 경제적 변화와 여기서 비롯된 어마어마한 혼란을 보면서, 세상을 바로잡아야 한다는 일념으로 살아간 사람이 공자였습니다.

그는 당시 세상을 버리고 숨어 살던 은사들, 바로 장저와 걸닉 같은 사람들에게 조롱과 비난을 받기도 했습니다. 하지만 어떠한 비난도 "아침에 온 세상에 질서가 잡혔다는 소리를 듣는다면 저녁에 죽어도 좋겠다"는 공자의 바람을 막지는 못했습니다.

불행한 삶에서 피어난 위대함

동양에 살면서 공자를 모르는 사람은 없을 것입니다. 공자는 소크라테스, 예수, 석가와 함께 세계 4대 성인 가운데 한 사람으로 꼽힙니다. 그러나 공자는 사실 지극히 평범한 사람이었습니다. 아끼던 제자가 먼저 죽었을 때 정신을 잃고 통곡하기도 했고, 못된 인간들에게는 불같이 성을 내기도 했습니다. 그는 뜨거운 가슴을 지닌 사람이었으며, 아주 평범한 일상 생활 속에서 진리를 찾았던 사람입니다. 알고 보면 우리 주변에 사는 마음 넉넉한 선생님처럼 매우 친근한 느낌이 드는 사람입니다.

공자는 2500여 년에 걸쳐 인류에게 엄청난 영향을 끼쳤습니다. 그는 우리나라를 비롯하여 동아시아 여러 나라의 중심 문화였던 유가 사상의 대표자입니다. 공자는 중국 문화의 출발점이었고, 주류였습니다. 한때는 한나라에서 신격화되기도 했습니다. 그러나 그 뒤 사마천이 《사기》에 공자의 생애를 기록하면서 다시 인간으로 끌어내려졌습니다. 공자의 위대성은 그가 성인이라는 데 있는 것이 아니라 보통 사람이었다는 데에 있으며, 공자의 생각은 오늘날까지도 여전히 우리 사회에 큰 영향을 미치고 있습니다.

공자는 기원전 551년에서 기원전 479년까지 일흔세 해를 살았습니다. 공자는 주나라의 여러 제후국 가운데 약소국인 노나라

창평향의 '추'라는 마을에서 태어났습니다. 그곳은 지금의 산둥성 취푸(곡부)에 해당합니다. 본래 노나라는 주나라 초기의 공신인 주공의 후손에게 주어진 땅이었습니다. 공자가 꿈에도 그리던 인물이었던 주공은 주나라의 문물 제도를 완비하여 통치 기반을 다진 사람입니다. 따라서 취푸는 비록 좁은 땅이기는 해도 문화수준이 상당했습니다. 공자 사상의 성립은 이러한 문화적 토양과 무관하지 않습니다.

우리가 공자라고 부르는 까닭은 성이 공씨이기 때문이며, 뒤에 붙은 '자(子)'는 선생님이라는 뜻의 존칭입니다. 공자의 이름은 구(丘)였습니다. 공자의 어머니가 니구산(尼丘山)에 빌어 공자를 가졌기 때문에 붙여진 이름이라고 합니다. 공자의 집안은 몰락한 귀족이었고, 아버지 숙량흘은 하급 무사였습니다.

공자의 출생에 대해서는 많은 이야기가 있습니다. 공자에게는 열 명이라고도 전해지는 많은 누나들과 몸이 성치 못한 형이 있었던 것 같습니다. 공자가 어른이 되었을 때 붙여진 또 다른 이름이 중니(仲尼)인데, 중(仲)은 둘째라는 뜻이며 니(尼)는 앞에서 말한 니구산에서 따온 것입니다.

공자의 아버지는 튼튼한 자식을 갖고 싶어서 뒤늦게 안징재라는 여자에게 새로 장가를 들어 공자를 얻었다고 합니다. 그때 숙량흘은 70세가 넘었고, 안징재는 나이 어린 소녀였던 모양입니다. 그래서 사마천은 공자의 출생에 대해 "야합해서 낳았다(野合而生)"라고 하였습니다. 야합이란, 말 그대로 들에서 합쳐 태어났다는 뜻입니다. 이는 정상적인 관계가 아니었음을 말한 것입니다. 그래서 공자는 사생아였다는 소리를 듣기도 합니다.

예전 학자들은 차마 공자를 사생아라고 할 수가 없어서 온 갖 주장으로 미화하려고 하였습니다. 당나라 때 장수절이라는 학자는, 남자는 생후 8개월부터 이가 나기 시작하고, 8세 때부터 젖니를 갈기 시작하며, 2×8은 16세 때부터 아이를 낳을 수 있는 능력이 생기고, 8×8은 64세 때부터 아이를 낳을 수 있는 능력이 끊어지는데, 여자는 생후 7개월부터 이가 나기 시작하고, 7세 때부터 젖니를 갈기 시작하며, 2×7은 14세 때부터 아이를 낳을 수 있는 능력이 생기고, 7×7은 49세 때부터 아이를 낳을 수 있는 능력이 끝난다는 것입니다. 그런데 공자의 아버지가 일흔이 넘었고 어머니가 어렸으므로 이러한 자연 법칙에서 벗어났기 때문에 '야합'이라고 한 것이지, 사생아여서 그런 것은 아니라고 강변하였습니다. 하지만 사생아였다고 해서 공자의 위대성이 줄어들지는 않습니다. 오히려 그런 어려움을 딛고 일어선 점에서 위대성이 더 돋보일 것입니다.

세 살 때 아버지를 잃은 공자는 홀어머니 밑에서 자랐습니다. 일본 학자 시라가와는 공자의 어머니가 무당 아니면 잔치 자리에서 춤추는 무녀였고, 게다가 맹인이었을지도 모른다고 했습니다. 그리고 집이 가난했기 때문에 먹고 살기 위해 잔치가 있는 곳들을 찾아다녀야 했는데, 어려서부터 공자가 맹인인 어머니 손을 잡고 잔치 자리를 돌아다녔기 때문에 일찍부터 예절에 밝았던 것이라고도 했습니다.

아무튼 공자가 어린 시절을 가난하게 보냈던 것은 사실입니다. 그래서 젊었을 때 정원을 관리하고 가축을 돌보는 일도 했고, 창고에서 물건을 내주고 받는 일을 하기도 했습니다. 사마천은 《사기》에서 공자가 가축 돌보는 일을 했을 때 가축들이 살지게 잘 자랐고, 창고 출납을 맡았을 때 셈이 정확했다고 했습니다. 이런 경험은 백성들의 어려움을 직접 체험할 수 있는 좋은 기회가 되었을 것입니다. 그러면서도 공자는 꾸준히 독학을 했던 것 같고, 20세 무렵부터 제자들이 있었던 것으로 보입니다.

공자가 살던 시대의 혼란은 주나라 초기의 굳건했던 신분제가 크게 흔들리면서부터 시작되었습니다. 주나라는 농경이라는 사회적 조건이 만들어 낸 강력한 가족제를 국가에 확대 적용한 봉건제 국가였습니다. 중국은 일찍부터 농경 사회로 자리를 잡았습니다. 농사에는 씨를 뿌릴 땅이나 열매를 맺도록 돕는 비와 햇빛도 필요하지만, 이것은 인간이 어쩔 수 있는 것이 아닙니다. 인간이 할 수 있는 것은 노동이었습니다. 그런데 농업에는 많은 노동력이 필요했습니다. 많은 노동력을 확보하려면 집단화가 필요했고, 이를 위한 가족 제도가 대가족제였습니다.

하지만 사람만 많다고 농사가 잘되지는 않습니다. 따라서 농업 중심의 대가족제는 효율적인 노동력 통제가 중요했고, 농업 노동의 효율적 통제란 사실 대가족제의 효율적 통제를 뜻했습니다. 그런데 농업에서 가장 중요한 것은 농사 경험이었고, 가장 경험이 많은 사람은 노인일 수밖에 없었습니다. 그래서 효율적인 통제를 위해 노인 중심의 대가족제 윤리인 종적 윤리, 즉 가부장적 윤리가 자리를 잡았습니다. 물론 여기에는 모계 사회에서 부

동양철학 에세이 1

계 사회로 이동하는 사회 변화도 있었습니다.

이 같은 부자 중심의 종적 윤리를 국가에 그대로 적용한 것이 봉건제였습니다. 기원전 1100년 무렵에 은나라를 무너뜨리고 등장한 주나라는 하늘의 아들, 즉 천자라고 불리는 종가집을 중심에 놓고서, 정복한 여러 땅에 자기 집안의 형제, 작은아버지, 조카 같은 친척이나 아니면 결혼으로 맺어진 사돈 식구들을 제후로 임명했습니다. 각각의 제후들은 자기가 받은 땅에서 다시 자기 집을 작은 종가집으로 놓고 자기의 형제, 친척들에게 땅을 나누어 주었습니다.

통치의 꼭대기에 천자의 친족인 종가집을 두고, 다시 그 종가집과 혈연 관계를 바탕으로 한 제후들의 작은 종가집이 있고, 또 제후들의 작은 종가집과 혈연 관계로 연결된 귀족들을 둠으로써 통치 체계 전체가 가족 관계를 이루는 강력한 지배력을 가진 국가를 만들었습니다. 이러한 가족 관계를 튼튼히 하기 위해서는 당연히 효제, 즉 부모와 자식 사이의 효와 형제들 사이의 공경을 의미하는 제가 강조될 수밖에 없었습니다.

그러나 이 제도는 시간이 갈수록 혈연 관계가 멀어지면서 점점 흔들리기 시작하였습니다. 땅을 처음 나누어 가진 이들은 형제였지만, 이삼백 년 지나 10대를 내려가서는 남과 다름없는 20촌이 되었습니다. 따라서 혈연 관계가 더는 힘을 가질 수 없었습니다. 공자가 태어난 제후국 노나라도 예외가 아니었습니다. 노나라는 노나라 왕실에서 땅을 나누어 받았던 세 명의 대부 집안이 정권을 틀어쥐고 있었습니다. 그중 하나인 계손씨가 자기

집 뜰에서 천자의 의식에서만 출 수 있는 팔일무(八佾舞)를 추게 하는 것을 본 공자는, 더는 그 무도함을 참고 볼 수가 없어서 고향을 떠났습니다. 공자 나이 35세 무렵이었습니다.

공자는 제나라를 시작으로 여러 나라를 돌아다니면서 많은 왕들을 만났고, 그 왕들이 자기의 사상을 받아들여 세상을 바로잡아 주기를 바랐습니다. 그 사이 죽을 고비를 여러 번 넘기기도 했지만, 아무에게도 받아들여지지 않았습니다. 고생스러운 여행 길에서 불현듯 고향 생각이 난 공자는 51세 무렵에 아직 익지도 않은 생쌀을 챙겨서 급히 노나라로 돌아옵니다. 아마도 노나라가 어느 정도 질서를 회복하는 기미를 보이고 있었던 듯합니다.

고향에 돌아온 공자에게 계손씨는 지금의 법무부 장관이나 대법원장에 해당하는 대사구라는 높은 벼슬을 맡겼습니다. 공자가 그 일을 맡은 지 얼마 안 가 노나라는 서서히 안정된 모습을 보이기 시작했습니다. 공자가 평생에서 처음이자 마지막으로 자신의 뜻을 펼쳐 보이려는 순간이었습니다. 그러나 노나라가 강해지는 것을 두려워한 이웃 제나라가 춤추고 노래하는 어여쁜 여자들을 보내옵니다. 그 선물을 받은 노나라 임금은 매일 잔치만 열 뿐 정치를 돌보지 않았습니다. 임금이 정신을 차리고 다시 어진 정치를 할 날만 손꼽아 기다리던 공자는 할 수 없이 다시 고향을 떠나 여러 나라를 떠돌게 됩니다. 그러다가 68세 무렵에 고향에 돌아와 제자들을 가르치고 책을 편찬하면서 만년을 보냈습니다.

공자는 참으로 불행한 삶을 살았습니다. 그는 정말 사생아였는지도 모릅니다. 그의 어머니는 무당이거나 춤추는 여자, 게다

가 맹인이었는지도 모릅니다. 어려서는 집이 가난하여 하찮은 직업들을 가졌습니다. 하나밖에 없던 아들이 공자보다 먼저 죽었고, 가장 아끼던 제자인 안회와 자로도 그보다 먼저 죽었습니다. 공자의 부인이 도망갔다는 얘기도 있습니다.

《논어》〈향당〉편에는 공자의 평소 생활 모습이 그려져 있습니다. 그는 음식이 간이 맞지 않거나 반듯하게 썰려 있지 않으면 먹지 않았고, 옷도 제대로 마름질 되어 있지 않으면 입지 않았으며, 자리도 반듯하지 않으면 앉지 않았다고 합니다. 어쩌면 공자의 부인이 그 까다로움을 이기지 못해 도망갔는지도 모르겠습니다.

게다가 공자는 무려 30여 년 동안 72명의 임금을 만나 자신의 사상을 피력했지만 아무도 받아들여 주지 않았습니다. 오죽하면 중국에서는 도가 실현되지 않으니 뗏목을 타고 바다로 나가겠다고까지 했겠습니까. 그렇게 돌아다니는 동안 죽을 고비를 만나기도 했고, 굶주림을 겪기도 했습니다. 이런 공자를 보고 당시 어떤 사람은 되지 않을 줄 알면서도 애쓰고 다니는 사람이라고 비웃었습니다. 참으로 불행한 삶이었다고 할 수밖에 없습니다.

그러나 공자의 사상은 그가 남긴 책들과 그의 제자들을 통해 오늘날까지 이어져 오고 있습니다. 공자에게는 3000명의 제자가 있었다고 합니다. 3000명은 과장이겠지만 많았던 것은 틀림없습니다. 그들은 전국 각지에서 새로운 지식을 갈구하여 공자를 찾아왔습니다. 어떤 이는 공자를 죽이려고 찾아왔다가 감복하여 제자가 되기도 했습니다.

그들은 공자가 죽은 뒤 대부분 공자 무덤 옆에서 삼년상을

동양철학 에세이 1

지냈습니다. 삼년상이 끝난 뒤에도 일부 제자들은 스승을 차마 못 잊어서 또다시 삼년상을 지내기도 했습니다. 그리고 많은 제자들이 제 고향으로 돌아가 제자들을 길렀습니다. 바로 그 제자들에 의해 공자의 사상이 중국 각지로 퍼져 나갔습니다. 이것이 공자 사상을 중국 사상의 주류로 만든 힘이었습니다.

동양의 지혜

공자 이전의 교육은 전적으로 국가가 틀어쥐고 있었고, 교육을 받을 수 있는 사람은 귀족뿐이었습니다. 이 점은 책도 마찬가지여서 민간에서는 책을 만들어 낼 수 없었습니다. 그러나 공자는 당시의 달라진 사회적 조건에 힘입어 일정한 예를 갖추고 배움을 청하는 사람이면 누구나 받아들여 가르쳤습니다. 따라서 공자는 중국에서 처음으로 사립학교를 세워 놓고 보통 교육과 평등 교육을 펼친 사람인 셈입니다.

공자 학당의 교과서는 공자가 편찬한 《시경》, 《서경》, 《주역》, 《예기》 등이었습니다. 이 밖에 공자는 당시 242년간의 역사를 '옳고 그름'이라는 관점으로 다시 기록한 《춘추》라는 역사책을 짓기도 했습니다. 오늘날 우리나라 대부분의 언론기관들이 '춘추필법'이나 '춘추정필'을 회사의 사훈으로 내걸고 있는 것은 공자가 '옳고 그름'의 잣대로 역사를 기록했던 정신을 이어받겠다는 뜻입니다.

하지만 공자 사상이 가장 잘 나타나 있는 책은 《논어》입니다. 반고가 지은 《한서예문지》에 따르면 '논어'는 '의논해서 편찬한 말'이라는 뜻입니다. 진시황의 분서갱유를 거친 한나라 초기에는 세 종류의 《논어》가 있었다고 합니다. 하나는 제나라 사람들 사이에 전해져 온 것이고, 다른 하나는 노나라 사람들 사이에 전해져 온 것이며, 나머지 하나는 공자가 살던 옛 집의 벽 속에서 찾아낸 것이었습니다. 오늘날 전해지는 《논어》는 그 가운데 제나라 본과 노나라 본을 합쳐 만든 것입니다.

지금의 《논어》는 모두 20편으로 구성되어 있습니다. 각 편의 이름은 첫머리에 나오는 두 글자나 세 글자를 따서 붙인 것이므로 편을 구분하는 의미 외에는 아무런 다른 뜻이 없습니다. 《논어》는 송나라 때 이르러 《대학》, 《중용》, 《맹자》와 더불어 사서라고 불리기 시작하면서 중요한 책이 되었습니다. 그 내용은 대체로 공자의 말과 행동, 공자와 제자 또는 공자와 다른 사람들 사이의 대화, 제자의 말, 제자들 사이의 대화로 이루어져 있습니다. 지은 사람이 누구인지는 분명하지 않으나 제자들일 것으로 짐작됩니다.

한문으로 쓰인 대부분의 동양 고전들이 그렇듯 《논어》도 많은 함축을 지니고 있습니다. 그래서 막스 베버는 《논어》를 읽으면 마치 인디언 추장의 말을 보는 것 같다고 했습니다. 우리가 많이 쓰는 '살신성인'이라든가 '극기복례' 같은 교훈적인 말들이 대부분 《논어》에 들어 있습니다. 《논어》는 도가 사상이 휩쓸던 위진 남북조 시대에도 《노장》, 《주역》과 더불어 지식인들에게 널리 읽혔고, 예전 우리나라 승려들도 《논어》를 필독했습니다. 이처럼 《논어》는 오랜 세월 동안 동양의 지혜를 담은 책으로 읽혀 왔습니다.

사람다운 사람

공자의 중심 사상은 인(仁)입니다. 《논어》에는 인이라는 글자가 무려 106번이나 나옵니다. 인은 보통 '어질다'는 뜻으로 새기지만 사실 그 풀이만으로는 공자가 말한 인의 진정한 뜻을 다 담을 수 없습니다. 서양 사람들은 인을 자비심, 인정, 박애로 해석되는 'benevolence'라고 번역하기도 하였습니다. 그러나 이 단어도 '어질다'는 해석처럼 공자가 말한 의미를 다 담지 못합니다.

역대 학자들은 인을 나름대로 해석했습니다. 맹자는 '사람이 사는 편안한 집'이라고 했고, 주자는 '하늘과 땅이 만물을 만들어 내는 마음'이라고 했습니다. 근대 중국의 학자 캉유웨이는 '사랑의 힘'이라고 했고, 후스는 '사람이 가야 할 길을 다하는 것'이라고 했습니다. 그 밖에도 펑유란은 '완전한 덕'이라고 풀었고, 차이위안페이는 '완성된 인격'이라고 했습니다. 그러나 대부분 현대적인 어감이 아니어서 쉽게 이해가 되지 않습니다.

그렇다면 인을 어떻게 새겨야 공자의 사상이 잘 표현될까요? 공자는 어떤 점에서는 그리스의 철학자 소크라테스와 비슷합니다. 소크라테스 이전의 철학은 소아시아 대륙을 중심으로 한 자연철학이었습니다. 당시 철학자들의 관심은 자연에 관한 것이었으며, 그들은 만물의 본질을 자연에서 찾으려 했습니다. 대표적인 학자가 만물의 본질을 물이라고 했던 탈레스 같은 사람이고, 그 밖에도 여러 사람들이 물, 불, 흙, 공기 등을 가지고 자연의 본질을 설명하려 했습니다. 이 같은 자연에 대한 관심을 인간에 대한 관심으로 돌려 놓은 사람이 바로 소크라테스였습니다. 소크라테스는 비록 델포이 신전에 쓰여 있던 말을 인용한 것이었지만 "너 자신을 알라"라는 유명한 명제를 제기함으로써 문제의 핵심을 바꾸어 놓았습니다.

　　공자도 그런 점에서 마찬가지였습니다. 공자 이전의 관심은 자연이나 귀신에 있었습니다. 그런데 공자가 문제의 중심을 인간으로 돌려 놓은 것입니다. 이 점은 《논어》〈선진〉 편에 잘 나타나 있습니다.

　　어느 날 자로가 공자에게 물었다.
　　"죽음에 대해 알고 싶습니다."
　　"삶도 아직 다 모르는데 어찌 죽음을 말하겠느냐?"
　　자로가 다시 물었다.
　　"귀신 섬기는 법을 말씀해 주십시오."
　　"사람도 다 못 섬기는데 어찌 귀신을 말하겠느냐?"

　　이 대화를 통해 공자의 관심이 귀신이 아니라 사람에, 사람에서도 죽음이 아니라 삶에 있었음을 알 수 있습니다. 공자가 주의를 기울였던 문제는 사람의 삶이었습니다. 그리고 여기에서 공자가 얻은 해답이 인이었던 것입니다.

《논어》에 보이는 인은 대부분 공자 스스로 말한 것이거나 남의 질문에 답한 것입니다. 그런데 어떤 경우에도 철학적인 말을 쓰면서 어렵게 설명하지 않았습니다. 다만, 이렇게 또는 저렇게 행동하라고 했을 뿐입니다. 인(仁)은 두 이(二) 자와 사람 인(人) 자를 합해 놓은 것으로, 두 사람 사이의 관계를 나타내는 말입니다. 공자의 관심은 사람 이상이나 사람 이하에 있지 않았습니다. 그런 의미에서 그는 신본주의자가 아니라 인본주의자였습니다.

그렇다면 인을 어떻게 풀어야 할까요?《중용》에서는 인을 '사람다움'이라고 풀었습니다(仁者人也). 이 말은《맹자》에도 나옵니다(仁也者人也). '사람답다'는 말이 무슨 뜻일까요? 앞서 말한 것처럼 인을 '어질다'로 풀어서는 의미가 제대로 살지 않습니다. 인은 '사람다움'이라고 풀어야 합니다. 공자의 관심은 어떻게 사는 것이 사람다움을 실현하는 길(道)인가를 밝히는 데 있었던 것입니다.

그러면 공자가 추구한 사람다운 사람은 어떠한 사람일까요? 공자는 사람을 네 등급으로 나누었습니다. 그중 맨 아래가 소인이고, 그 다음이 군자입니다.《논어》에서는 군자와 소인을 여러 곳에서 대비합니다. 소인은 이로우냐 해로우냐를 따지는 데 밝은 사람입니다. 그러나 군자는 옳으냐 그르냐를 따지는 데 밝은 사람입니다. 그래서 공자는 이로움이 될 만한 일을 보면, 먼저 그 일이 옳은 일인가를 생각해 보라고 했습니다. 또 소인은 남들과 같아지는 일은 잘하지만, 남들과 어울리지는 못합니다. 그러나 군자는 남들과 잘 어울리되 같아지지는 않습니다. 남과 같다면 자신의 존재 의미가 없습니다. 자신에게 참다운 가치가 있으려면, 자신의 역할을 누구도 대신할 수 없어야 합니다. 군자는 바로 그런 사람입니다. 반대로 소인은 누구라도 그 사람을 대신할 수 있습니다. 사실 남들과 참답게 어울린다는 것은 모든 사람이 주체가 될 때에만 가능합니다. 어느 한 사람이라도 주체를 잃고 남에게 얽매인다면, 그것은 참답게 어울리는 것이 아닙니다.

본래 군자는 다스리는 계층, 즉 군주의 자식이라는 뜻입니다. 따라서 지배 계층을 의미했습니다. 그러나 공자는 군자의 의미를 지배 계층이 아니라 덕을 쌓은 사람으로 바꾸어 놓았습니다. 그런데 공자는 "군자도 때로는 사람답지 못한[不仁] 짓을 하는 경우가 있지만, 소인으로 살아가는 사람이 사람다운[仁] 일을 하는 경우는 없다"라고 했습니다. 그렇다면 군자도 항상 사람다운 것은 아니며, 군자 위에 사람다운 사람[仁人]이 있다는 얘기가 됩니다.

군자가 되기도 어려울 텐데 그보다 한 차원 더 높은 '사람다운 사람'은 과연 어떤 사람일까요? 공자는 《논어》〈이인〉 편에서 "오직 사람다운 사람만이 정말 남을 좋아할 수도 있고 남을 미워할 수도 있다"라고 했습니다. 이 말은 예수가 "너희들 중 죄 없는 자, 이 여인을 돌로 쳐라"라고 한 말과 비슷합니다. 정말 사람다운 사람은 사리사욕이 없습니다. 그렇기 때문에 남을 좋아하거나 미워하더라도 치우치지 않을 수 있는 것입니다.

공자는 또 "사람다운 사람은 반드시 용기가 있지만, 용기 있는 사람이 반드시 사람다운 것은 아니다"라고 했습니다. 사람다운 사람의 용기는 참용기입니다. "진정한 용기란 아니라고 말해야 할 때 아니라고 말하는 것"이라는 서양 속담이 있습니다. 보통 우리는 분명히 그것이 옳지 않다는 것을 알면서도 그렇게 말하지 못하는 경우를 많이 겪습니다. 그러나 사람다운 사람은 정말 그 일로 해서 피해를 입거나 죽을 수밖에 없는 상황에 처하더라도, 아니라고 해야 할 자리이면 아니라고 하는 사람입니다. 이처럼 참다운 용기를 갖고 있기 때문에 "사람다운 사람은 맞설 자가 없다(仁者無敵)"라고 한 것입니다.

공자는 또 "뜻있는 선비와 사람다운 사람은 구차하게 살기 위해 사람다움을 포기하지 않으며, 몸을 죽여서라도 사람다움을 이룬다"라고 했습니다. 참된 용기를 지닌 사람은 일생에 딱 한 번 죽을 뿐입니다. 그의 숨이 끊어지는 날이 정말 죽는 날입니다.

그러나 비겁한 사람은 일생 동안 두고두고 죽습니다. 그가 사람답기를 포기할 때마다 그의 존재 의미는 없는 것이며 따라서 죽은 것과 마찬가지입니다. 사람다움이란 개인에게는 자신의 존재 이유입니다. 이처럼 인을 실천하는 일, 즉 사람다움을 실천하는 일이 중요하기 때문에 공자가 "사람다움을 실천하는 일에서는 스승에게도 양보하지 말라"라고 했던 것입니다.

공자의 인은 사람다움을 구현하는 과정입니다. 공자는 "사람이 사람답지 못하면 예절을 갖추어야 무슨 소용이 있으며, 사람이 사람답지 못하면 음악을 잘 연주해야 무슨 소용이 있느냐"라고 했습니다. 우리는 사람답지 못한 사람들을 낮추어 개 같다, 돼지 같다 하는 표현을 씁니다.

사람이 사람답지 못하면 아무리 겉이 번드르르해도 아무 소용이 없으며, 사람이 사람답지 못하면 아무리 아름다운 예술 작품을 만들거나 훌륭한 글을 쓴다고 해도 기교에 지나지 않습니다. 일제 시대, 훌륭한 글을 쓴 사람들이 한편으로 정신대나 학도병에 지원하라고 열심히 외치고 다녔던 일이 있습니다. 그렇게 좋은 일이고 옳은 일이라면, 남에게 권하기에 앞서 자신이 먼저 했어야 할 것입니다. 그렇지 않다면 그것은 거짓임이 분명하고 사람다운 행동일 수도 없습니다. 그래서 공자는 "사람다움을 실천하는 일이 나의 임무이며, 죽은 뒤에나 그만둘 수 있다"라고 했습니다.

공자는 사람다운 사람 위에 다시 성인을 두었습니다. 사람다움의 완성이 성인인 것입니다. 《논어》〈옹야〉 편에 공자와 제자 자공의 대화가 나옵니다.

"만일 백성들에게 널리 베풀어서 모든 사람을 구제할 수 있다면, 사람다운 사람이라고 할 수 있습니까?"

"어찌 사람답다고만 할 수 있겠느냐. 반드시 성인의 경지일 것이다. 요순도 오히려 그렇지 못할까 봐 항상 근심했다."

이 대화를 통해 공자의 목표가 성인에 있고, 성인이란 현실을 떠나 존재하는 것이 아니라 사회를 향한 큰 실천에서 나오는 것임을 알 수 있습니다.

사람다움의 실천

공자는 사람다움의 출발을 부모에 대한 효와 형제간의 우애[제]라고 보았습니다. 그리고 구체적인 실천 방법으로 충(忠)과 서(恕)를 말했습니다. 먼저 효와 제를 봅시다.

공자는 부모의 몸을 받드는 것을 효라고 보지 않습니다. 그런 것은 짐승도 다 할 수 있기 때문입니다. 그보다는 정성을 다해 부모의 뜻을 받드는 것이 중요하다고 했습니다.

어느 날, 재아라는 제자가 공자에게 삼년상이 너무 길지 않느냐고 하면서 1년 만에 상을 마치면 어떻겠느냐고 물었습니다. 공자는 재아에게 되물었습니다.

"그렇게 하고서 쌀밥을 먹고 비단 옷을 입어도 편하겠는가?"

"예, 편할 것 같습니다."

"군자가 상을 당했을 때는 기름진 음식을 먹어도 맛있지 않고, 아름다운 음악을 들어도 즐겁지 않으며, 마음 편히 안락하게 거처할 수 없기 때문에 삼년상을 하는 것이다. 하지만 네가 편하다면 네 생각대로 해라."

재아가 나가자 공자가 다른 제자들을 향해 말했습니다.

"재아는 사람답지 못하구나. 자식은 태어나서 삼 년이 지나야 부모 품을 벗어날 수 있다. 삼년상은 세상 사람이 다 지내는 것이다. 재아도 부모에게 삼 년 동안 사랑을 받지 않았는가?"

《논어》〈양화〉

공자가 말하는 효는 인간의 감정에 바탕을 둔 것입니다. 부모의 마음을 헤아려야 스스로 편하기 때문에, 또 부모의 은혜에 보답해야 스스로 편하기 때문에 자발적으로 하는 것입니다. 효와 제는 이처럼 인간의 자연스러운 감정에 바탕을 둔 것입니다. 그 실천 방법인 충과 서는 어떠한 것일까요?

어느 날 만년의 공자가 제자들과 함께 있다가 나이 어린 제자 증삼을 불렀습니다.

"삼(參)아, 내 도는 하나로 꿰뚫어져 있다."

"예, 알고 있습니다."

공자가 나가자 다른 제자들이 증삼에게 조금 전 선생님께서 하신 말씀이 무슨 얘기냐고 물었습니다. 그러자 증삼이 말했습니다.

"선생님의 도는 충과 서일 뿐입니다."   《논어》〈이인〉

증삼은 공자보다 나이가 마흔여섯 살이나 아래인 어린 제자였습니다. 하지만 후에 공자의 학문을 정통으로 이은 사람으로 평가받았습니다.

충이란 무슨 뜻일까요? 충의 본래 뜻은 국가에 대한 충성이 아닙니다. 충(忠)은 가운데 중(中) 자 밑에 마음 심(心) 자를 붙인 것입니다. 글자 모양에서 알 수 있듯이 마음속에 중심을 하나만 가지고 있는 것입니다. 그렇기 때문에 절대 흔들리지 않습니다. 그 반대는 환(患)입니다. 환(患)은 중 자를 두 개 겹쳐 놓고, 그 아래에 심 자를 쓴 것입니다. 즉 마음속에 중심이 둘이나 있어서 어느 것이 옳은지 모르기 때문에 근심하는 것입니다. 이처럼 충은 무엇이 옳은지를 확실히 알고 있기 때문에 전혀 흔들림이 없고, 그렇기 때문에 성실할 수 있으며, 자기 자신을 제대로 발휘할 수 있는 상태를 말합니다.

서(恕)는 어떤 뜻일까요? 서(恕)는 같을 여(如) 자 아래에 마음 심 자를 쓴 것입니다. 즉 남의 마음과 같아지는 것입니다. 내가 배고픈데 저 사람은 얼마나 배고플까, 내가 힘든데 저 사람은 얼마나 힘들까, 이처럼 남의 처지에서 생각해 보는 것이 서입니다. 물론 이것은 쉬운 일이 아닙니다. 공자는 자식이 내게 이렇게 해 주었으면 하는 마음으로 부모를 대하고, 반대로 부모가 내게 이렇게 해 주었으면 하는 마음으로 자식을 대하라고 했습니다. 그러므로 인, 즉 사람다움의 실천은 충서의 실천이며, 충서의 실천이란 내면적으로는 자기 자신을 다하는 일이고 밖으로는 남과의 관계에서 내 마음을 미루어 남의 마음을 헤아려 보는 것입니다. 그리고 그때 가장 중심이 되는 것은 부모와 형제 관계입니다. 따라서 효와 제가 사람다움을 실천하는 근본이었습니다.

'답게' 하는 정치

공자는 사람다움의 사회적 실현을 통해 당시의 혼란을 바로잡을 수 있다고 여겼습니다. 따라서 공자에게 정치란 사람답게 되도록 바로잡는 일에 지나지 않았습니다. 그렇다면 구체적으로 무엇을 바로잡는 것일까요?

제나라 임금이 공자에게 정치가 무엇이냐고 물었을 때 공자는 "임금은 임금답고, 신하는 신하답고, 아버지는 아버지답고, 자식은 자식다운 것"이라고 답했습니다. 정치가 무엇이냐는 질문에 대한 답변치고는 참으로 추상적입니다. 그러나 각각이 자신의 '다움'을 실현할 수 있도록 맡은 일을 다할 때 질서가 저절로 잡힐 것입니다. 실제 윗사람이 윗사람답게 아랫사람을 대하면, 아랫사람이 진정으로 윗사람을 섬기는 법입니다.

공자는 도둑이 많아서 걱정이라는 임금의 이야기를 듣고서 "당신이 백성들의 물건을 욕심내지 않으면, 백성들은 상을 준다고 해도 도둑질 하지 않을 것"이라고 일갈했습니다. 공자는 정치란 질서를 바로잡는 것이며, 그 질서는 위에서 아래로 내려가는 것이라고 생각했습니다. 그래서 지배 계층을 중심으로 사람 됨됨이와 사람 사이의 관계를 바로잡으려 했던 것입니다. 《논어》〈자로〉편에 이에 대한 유명한 대화가 나옵니다.

위나라 임금의 초청을 받은 공자가 제자들과 더불어 위나라를 향해 가고 있을 때, 자로가 공자에게 물었다.

"위나라 임금이 선생님을 모시고 정치를 잘해 보려 하는데, 선생님께서는 어떤 일을 먼저 하시겠습니까?"

"명분을 바로잡겠다."

"선생님은 사정에 너무 어두우십니다. 어째서 명분 같은 것부터 바로잡으려고 하십니까?"

"거칠구나, 자로여. 군자는 자기가 알지 못하는 일에는 함부로 나서지 않는 법이다. 명분이 바르지 못하면 말이 순할 수 없고, 말이 순하지 못하면 일이 이루어질 수 없고, 일이 이루어지지 못하면 문화가 일어나지 못하고, 문화가 일어나지 못하면 형벌이 적절할 수 없고, 형벌이 적절하지 않으면 백성들이 손발을 둘 데가 없다."

《논어》〈자로〉

우리가 쓰는 말 가운데 선생님이라는 호칭만큼 좋은 말도 드뭅니다. 그런데 언제부턴가 교육자들의 권위가 땅에 떨어지면서 선생님이라는 호칭도 값이 내려갔습니다. 그래서 아무에게나 선생이라고 부르게끔 되었습니다. 그뿐인가요. 선생님의 부인을 부르는 호칭인 사모님은 이른바 제비족도 애용하는 말이 되어 버렸습니다. 말의 인플레입니다. 호칭이 바르지 못하면 그런 호칭을 가진 사람의 말이 권위가 없어집니다. 선생님이란 호칭이 값이 떨어지니까 대부분의 학생이 선생님 말씀을 우습게 보는 것이지요. 말이 권위를 잃으면 그가 한 말대로 이루어지기 어렵습니다. 선생님이 아무리 좋은 이야기를 해 주어도 실천으로 나아가기는커녕 '쇠귀에 경 읽기'가 되고 마는 것입니다. 그런 사회는 문화가 건강할 수 없으며 그런 문화에 바탕을 둔 법이 제대로 지켜질 리가 없습니다. 그리고 그 피해를 마침내 대다수 민중이 입게 된다는 것이 공자의 생각이었습니다.

그러나 공자는 법이나 힘으로 강제해서 바로잡으려고 하지 않았습니다. 오직 덕과 예절로 바로잡으려 했을 뿐입니다. 공자는 정치와 형벌로 이끌면 백성들이 잘못을 저지르고도 처벌만 피하면 부끄러워할 줄을 모르지만, 덕으로 이끌고 예절로 다스리면 백성들이 부끄러움을 알게 되어 벌주지 않아도 스스로 잘못을 바로잡는다고 했습니다. 실제로 실정법 만능 사회에서는 양심에 부끄러운 짓을 하고도 법에만 저촉되지 않으면 죄인이 아닙니다. 공자는 법에 앞선 도덕을 말했으며, 실천에서는 윗사람이 모범을 보일 것을 강조했습니다. 그는 윗사람의 몸가짐이 바르면 명령하지 않더라도 아래에서 행하지만, 윗사람의 몸가짐이 바르지 않으면 명령을 내려도 따르지 않는다고 했습니다.

물론 공자의 생각에는 당시의 시대적 한계 때문에 귀족제를 옹호하는 내용이 들어 있습니다. 그러나 공자 사상의 가치는 인간의 보편적인 도덕성을 강조한 데 있습니다. 공자는 사회 관계가 사람 사이의 신뢰에 바탕을 둔다고 생각했습니다.

섭나라 임금이 공자에게 자기가 다스리는 어떤 마을에서 아버지가 남의 양을 훔쳤는데 그 아들이 증인을 섰다고 하면서 자기 나라 백성들의 정직함을 자랑했습니다. 그러자 공자는 정색을 하고 말했습니다.

"우리 마을의 정직한 사람은 그렇게 하지 않습니다. 아버지는 자식을 위해 숨겨 주고, 자식은 아버지를 위해 숨겨 줍니다. 정직이란 바로 그 속에 있습니다." 《논어》〈자로〉

동양철학 에세이 1

이런 생각은 제자 자공과의 대화에도 잘 나타나 있습니다.

"정치를 어떻게 하는 것이 좋겠습니까?"

"경제를 풍족하게 하고, 국방을 튼튼히 하고, 백성들이 믿을 수 있도록 해야 한다."

"그 세 가지 중 어쩔 수 없이 하나를 포기해야 한다면 무엇을 포기하시겠습니까?"

"국방을 포기하겠다."

"둘 가운데 다시 하나를 포기해야 한다면 무엇을 포기하시겠습니까?"

"경제를 포기하겠다. 예부터 사람은 누구나 죽는 법이지만 믿음이 없으면 아예 사회가 성립될 수 없는 것이다." 《논어》〈안연〉

이처럼 서로간의 믿음을 바탕으로 각각의 역할을 다하는 사회, 이것이 공자가 바란 대동 사회였습니다. 법보다 더 중요한 것이 사람들 사이의 믿음이었던 것입니다.

보상을 바라지 않는 실천

공자 사상은 동서양을 가리지 않고 많은 영향을 주었습니다. 동양에서의 영향은 한나라 때부터 유학을 공부한 사람들을 등용한 정책과 무관하지 않습니다. 특히 송나라 때 성리학이 나오고, 주자가 해설을 붙인 사서와 오경이 과거 시험의 기본 교과서가 되면서부터 더욱 큰 영향력을 발휘하였습니다.

공자의 영향이 동양에만 머물지는 않았습니다. 라이히바인은 공자 사상이 18세기 서구 계몽 사상을 뒷받침했다고 했습니다. 뿐만 아니라 오늘날 중국에서도 문화 혁명기 동안 비판받았던 공자가 개혁 개방과 더불어 다시 조명을 받고 있습니다. 한국, 일본, 싱가포르, 타이완, 홍콩처럼 유교 문화권에 들어 있는 국가들의 수준 높은 자본주의적 발전을 보면서, 유교가 비록 전근대에서 나온 사유 체계이기는 하지만 자본주의에도 여전히 이바지할 점이 있다고 주장하는 유교 자본주의론도 있습니다.

역사적으로 공자 사상은 봉건제 사회의 전제 군주제를 합리화하는 강력한 이데올로기로 이용되어 왔습니다. 어떤 면에서는 현대에서도 계층간의 질서를 강조함으로써 사회적 모순을 감추고 경제적 지배를 확고히 하려는 사람들에게 이용되고 있습니다. 그러나 사실 공자 사상의 가치는 인문 정신의 극치라는 점에 있습니다. 그의 사상은 신본주의가 아닌 인본주의였습니다. 공자에게는 인간다움의 회복을 통해 사회 혼란을 바로잡으려는 열정이 있었고, 그 열정이 교육을 통해 열매 맺음으로써 오늘날까지 인류의 도덕 의식에 영향을 주고 있습니다.

또한 공자 사상은 그것을 정치적으로 이용한 이데올로그들이나, 이론을 좀더 치밀하게 다듬어 낸 이름난 사상가들에 의해 맥을 이어 온 것이 아닙니다. 오히려 공자의 가르침에 따라 인간답게 살려고 한 무수히 많은 사람들의 실천을 통해 끈질긴 생명력을 가지고 역사 속에서 쉼 없이 이어져 온 것입니다.

그런데 그러한 실천이 자기 마음속에서 만족을 얻는 것 외에 달리 보상 받을 길이 없다는 점이 공자 사상의 비극입니다. 공자 사상에는 내세가 없습니다. 따라서 왜 그렇게 해야만 하는가 하고 묻는다면, 그렇게 하는 것만이 인간다움을 실현하는 길이기 때문이라는 대답밖에 들을 수 없습니다.

부하들을 살리기 위해 흉노에게 항복하여 포로가 된 장군 이릉을 변호하다가 남자로서 가장 수치스러운 형벌을 받은 사마천은, 그가 지은 《사기》를 통해 유교의 밑바닥에 숨어 있는 이 같은 비극적인 면을 잘 드러내 보였습니다. 사람다움을 실천함으로써 사람다움을 이루었다고 공자가 극찬한 백이숙제에 대해, 사마천은 옳은 일을 하고도 불우한 삶을 살았다고 평가했습니다. 또 공자의 가장 뛰어난 제자 안회는 끼니를 잇기 어려울 정도로 가난했던 반면, 이름난 도적인 도척은 온갖 못된 짓을 하면서도 수천의 부하를 거느리고 부귀영화를 누렸다고 썼습니다. 이런 예를 들면서 사마천은 하늘의 도라는 것이 과연 옳은 것인가 하고 문제 제기를 합니다. 이 점이 바로 현실에서의 실천이 이승에서든 저승에서든 보상 개념으로 연결되지 않는 유교의 비극적 세계관을 잘 드러낸 셈입니다.

그러나 바로 여기에 공자 사상의 강점이 있습니다. 어떤 일을 할 때 그 일이 결과적으로 내게 이로울 것인가 해로울 것인가를 따지지 말고, 오직 옳으냐 그르냐를 따지라는 것이 공자의 생각입니다. 그리고 옳다면, 비록 그 일을 하다 해를 입을지라도 꼭

해야 하는 것이 사람다움을 이루는 길입니다. 공자 사상에는 행위에 대한 인과응보가 없습니다. 다만, 스스로 부끄럽지 않아야 한다는 당위가 있을 뿐입니다. 그 당위는 사람이 마땅히 갖는 책임이나 사명 의식일 수도 있습니다. 아무런 보상을 바라지 않고 그 당위를 따라간 많은 이들의 실천은 굽히지 않는 비판 정신으로 이어져 왔습니다.

우리나라 학자들은 전통적으로 유학의 정통 맥을 사림파에 두었습니다. 그 까닭은 사림파가 앎과 실천을 일치시켜 간, 옳고 그름에 따라 행동한 사람들이기 때문입니다. 한말 의병 운동이나 항일 무장 투쟁도 마찬가지였습니다. 그들은 현대식 화력으로 무장한 외세와 맞서 싸우면서 이길 수 있다고 생각하진 않았습니다. 다만, 사람답게 살기 위해서는 그렇게 해야만 한다고 생각했을 뿐입니다. "의병을 처음 일으킬 때 이기느냐 지느냐는 생각하지 않았다"라는 의병장들의 글이 이러한 생각을 잘 보여 줍니다. 이처럼 보상을 바라지 않는 실천이 공자 사상의 알맹이입니다.

동양철학 에세이 1

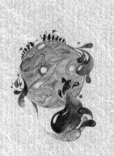

모기가 물어 대면 밤새 잘 수가 없다.

지금 인의 도덕을 말하는 것은

귀찮게 인심을 어지럽혀 혼란만 더하는 것이다.

백조는 매일 목욕하지 않아도 희고,

까마귀는 매일 물들이지 않아도 검다.

하늘은 저절로 높고, 땅은 저절로 두껍고,

해와 달은 저절로 빛나고, 별은 저절로 늘어서 있고,

초목은 본래 종류가 여럿이다.

거기에 다시 인의를 말할 필요가 있을까?

그것은 마치 북을 두드려

잃어버린 양을 찾는 것과 같다.

노자

인생의 보배를 간직하라

노자와 장자의 사상은 제자백가 가운데 도가 학파를 이루었습니다. 도가는 특히 공자와 맹자가 대표인 유가 사상과 대결하였습니다. 유가와 묵가의 싸움, 유가와 도가의 싸움, 유가와 법가의 싸움 등으로 이어진 전국시대의 논쟁은 진한대를 거치면서 정리 과정에 들어갑니다. 평등의 이념을 강하게 내세웠던 묵가는 거의 자취를 잃었고, 유가는 법가 등 여러 학파의 이론을 흡수하면서 지배 이념으로 자리 잡습니다. 또한 노장 사상은 민간의 주술적 신앙과 결합한 도교에 이용되면서 변형된 형태로 대중 속에 깊숙이 뿌리를 내립니다.

그러므로 진나라의 통일 이후 중국 역사에서 유가와 도가는 중국 사상의 커다란 두 흐름을 이룬다고 할 수 있습니다. 유교는 지배층의 통치 이념으로 자리 잡고, 도교는 민중의 의식 속에 '잡초와 같은 철학'으로 살아남은 것입니다. 그러나 노장 사상은 단지 민간에서만 살아남은 것이 아니라 지배 계층에서도 계속 읽혔기 때문에 전국시대에 나온 어떠한 학파의 저술보다 다양하게 해석되었습니다.

이러한 과정에서 《노자》의 저자인 가상 인물 노자가 신비화되고, 도가 학파의 상징적 존재가 됩니다. 특히 도교에서는 노자를 높이 받들어 중국 민중의 마음속에 깊이 자리 잡게 됩니다. 우리가 '대륙적 기질'이다, '허허실실'이다, '외유내강'이다 하는 용어를 쓸 때, 그 의미는 노자의 사상과 연관이 깊습니다.

고전 중의 고전

《맹자》라는 책은 맹자의 사상을 담고 있고, 《순자》라는 책은 순자의 사상을 담고 있습니다. 그러면 《노자》라는 책도 노자라는 인물의 사상을 담고 있어야 할 것입니다. 그러나 노자라는 인물은 맹자나 순자만큼 행적이 확실하지 않습니다.

이 인물의 전기가 사마천의 《사기》에 들어 있는데, 이 기록에서 이미 노자는 전설적인 인물로 그려집니다. 먼저 노자의 성명을 이이(李耳)라고 해 놓고, 다시 초나라 사람 노래자나 주나라 역사학자 담이란 인물이 노자일지도 모른다고 하여 혼란스럽게 만들었습니다. 또한 노자의 나이가 160세 혹은 200세라는 소문이 있다고 기록하여 노자를 신선처럼 여기게 하였습니다.

《사기》의 다른 기록에 비하여 노자에 관한 기록은 매우 못 미덥게 되어 있습니다. 그래서 학자들은 노자의 전기를 거의 의심합니다. 예를 들어, 공자가 젊은 시절 주나라 도서관 관리자로 있던 노자에게 '예'를 물으러 갔다는 이야기나, 주나라가 쇠약해지자 노자가 직책을 사임하고 길을 떠났는데 도중에 관문의 경비 책임자 윤희라는 사람의 간절한 요청을 못 이겨 도덕에 관한 책 상하편을 지었다는 이야기도 신빙성이 없습니다.

이 기록에 나오는 '도덕에 관한 책 상하편'이 바로 《노자》라는 것인데, 지금 학자들은 이 책이 대개 기원전 350년에서 200년 경 사이에 집단 작업으로 이루어졌다고 봅니다. 이렇게 되면 공자와 같은 시기에 공자보다 선배였던 노자가 《노자》라는 책을 쓴 것이 아니게 됩니다. 노자에게 예를 물으러 간 공자가 노자에게서 '교만하게 나서서 설치지 말라'는 내용의 주의를 듣고 나와서 다른 사람들에게 노자를 용과 같은 위대한 인물이라고 말했다는 대목도 논란이 많습니다.

중국 고대에는 족보책 두꺼운 집이 양반이라는 식의 논리가 통하여서, 자기 학파가 오랜 전통을 가졌다는 것으로 학파의 우월성을 증명하려 하였습니다. 그래서 묵가는 우임금, 유가는 요순, 도가는 황제를 끌어와 연원이 깊음을 경쟁하였습니다. 노자가 공자보다 선배라는 이야기도 이러한 사고 방식에서 만들어진 허구라는 주장이 있습니다.

아무튼 우리는 지금 노자라는 책을 지은 사람과 노자라는 인물에 대해 확실히 이야기할 수 있는 것이 거의 없습니다. 다만 《노자》라는 책을 초기의 도가 사상을 연구하는 자료로 삼을 수 있을 뿐입니다.

지금의 《노자》는 81개 장, 5000자가 조금 넘는 분량이며, 각 장은 대개 짤막한 운문체 문장으로 되어 있습니다. 《노자》를 '노자 도덕경'이라고도 부르는데, 1장에서 37장까지가 상편으로 '도경'이고, 38장에서 마지막 81장까지가 하편으로 '덕경'이 된다는 것입니다. 1장의 첫 문장은 "말로 표현할 수 있는 도는 참된 도가 아니다"로 시작하고, 38장의 첫 문장은 "최상의 덕은 스스로 덕이 있다고 여기지 않으니, 이 때문에 덕이 있는 것이다"로 시작합니다.

그런데 중국 창사라는 곳에 있는 한나라 때 고분에서 나온 책은 이것과 배열이 다릅니다. 창사 마왕퇴 고분은 1972년부터 발굴되기 시작하였고, 이때 2000여 년 전의 여자 미라가 거의 완전한 형태로 발굴되어 화제가 되기도 하였습니다. 1973년 2호, 3호 묘를 계속 빌굴하였는데, 3호 묘에서 나무 조각에 쓴 글, 비단에 쓴 글이 나왔고 여기에 의학책과 《노자》 등이 포함되어 있었습니다.

마왕퇴 고분에서 나온 《노자》는 비단에 쓰여 있기 때문에 '백서 노자'라고 합니다. 백서 《노자》에는 상하편의 순서가 거꾸로 되어 있습니다. 그러므로 《노자》는 원형이 이루어진 뒤에도 다시 정리되고 개정되었다고 볼 수 있습니다.

《노자》의 문장은 시구처럼 아름다우면서도 내용이 의미 심장하여 기이한 책으로 알려졌습니다. 도교와 불교가 성행하던 시기에 《노자》, 《장자》, 《주역》을 '삼현(三玄)', 즉 깊은 이치를 담고 있는 세 책으로 높였습니다. 그 때문에 도가 사상가들뿐 아니라 유가와 불교 쪽에서도 《노자》를 연구하고 주석서를 내게 되었습니다. 이러한 상황은 《노자》를 일관되게 해석하는 데 어려움을 주기도 하지만, 한 책이 이처럼 여러 입장의 사람들에게 주목받았다는 점은 그 책의 무게를 알려주는 것이라 하겠습니다.

《노자》는 연원이 깊은 물줄기와 같아서 고전 중의 고전이라고 할 수 있습니다.

공자의 도와 노자의 도

큰 도가 사라지니 인의(仁義)가 나오고 지혜가 생겨 큰 거짓말이 있게 되었다. 가까운 친척이 서로 화목하지 않자 효도니 사랑이니 하는 말이 생기고, 국가가 혼란하니 충신이 나오게 되었다.

《도덕경》18장

공자는 사람을 사랑하는 마음을 온 천하에 미치게 하면 천하가 태평해질 수 있다고 하였습니다. 부모가 자식을 사랑하고, 자식이 부모에게 효도하는 것이 그 출발점이라고 가르쳤습니다. 공자가 강조한 도덕은 큰 도가 무너지고 가정이 불화하며 나라가 어지럽게 된 뒤에 그것을 수습하려는 것이었지만, 노자는 그것을 큰 거짓말이라고 생각하였습니다. 공자가 노자를 찾아갔을 때 노자는 이렇게 말하였답니다.

모기가 물어 대면 밤새 잘 수가 없다. 지금 인의 도덕을 말하는 것은 귀찮게 인심을 어지럽혀 혼란만 더하는 것이다. 백조는 매일 목욕하지 않아도 희고, 까마귀는 매일 물들이지 않아도 검다. 하늘은 저절로 높고, 땅은 저절로 두껍고, 해와 달은 저절로 빛나고, 별은 저절로 늘어서 있고, 초목은 본래 종류가 여럿이다. 거기에 다시 인의를 말할 필요가 있을까? 그것은 마치 북을 두드려 잃어버린 양을 찾는 것과 같다. 《태평광기》〈신선〉 1장

공자는 주나라의 통치 질서가 무너져 신하가 임금을 몰아내고, 큰 나라가 작은 나라를 빼앗는 사태를 보고 주나라의 예법을 회복하기 위한 도덕 의식 개혁 운동에 몸바쳤습니다. 노자는 공자의 이런 노력이 백성들을 편히 잠들지 못하게 하는 모기와 같다고 보았습니다.

노자는 잃어버린 양을 기다리라고 합니다. 북을 치면서 찾으면 양이 있는 곳을 더욱 알기 어렵다는 것입니다. 만물을 있는 그대로 두는 것이 큰 도를 찾는 방법이라고 합니다.

노자는 "말로 표현할 수 있는 도는 참된 도가 아니다"라고 하면서, 유가의 도덕 규범은 그들이 지어낸 도일 뿐, 진정한 도가 아니라고 주장했습니다.

천지는 사랑하는 마음이 없어 만물을 추구(芻狗)로 여긴다. 성인은 사랑하는 마음이 없어 백성을 추구로 여긴다. 《도덕경》 5장

'추구'는 풀로 만든 강아지인데, 제사 때 만들어 쓰고는 아무 데나 버립니다. 이 주장은 유가에서 "하늘의 뜻은 인(仁)이다",

"성인은 인의 실현자다" 하고 말하는 것을 비판한 것입니다. 노자의 도는 인간에 대하여 어떤 자애의 감정을 가진 존재가 아니며, 인간의 일에 대하여 무정하고 냉담합니다.

도는 공평무사하여, 선인이니 악인이니 아름다우니 추하니 하는 인간적인 기준들에 아무런 제약도 받지 않는다고 합니다. 유가에서는 '지성이면 감천' 또는 '인자무적'이라 하여 하늘이 착한 사람을 편드는 것처럼 말하지만, 노자의 도는 인간의 바람이나 기대에 어떤 반응도 보이지 않습니다.

사람들이 착하다, 악하다 하고 구분한 것도 도와는 관계가 없습니다. 노자의 도는, 악하다고 비난 받는 사람이 잘살고 착한 사람이 고생하는 것에 대하여 인간적인 정의감을 발동하여 분노하고 벌을 내리는 그런 존재가 아닙니다.

도의 형상, 도의 작용, 도의 속성

큰 덕의 모습은 도와 같다. 도는 오직 황홀하기만 하여 그 형상을 분간해 인식할 수 없다. 볼 수도 없고 잡을 수도 없는 그 속에 물(物)이 있다. 잡을 수도 볼 수도 없는 그 속에 형상이 있다. 도는 아득히 멀고 그윽이 어둡기만 한데, 그 속에 정기가 있다. 그 정기는 지극히 진실(眞)하다. 그 속에 믿음(信)이 있다. **《도덕경》 21장**

혼합하여 이루어진 것이 있는데, 천지보다도 먼저 생겼다.

고요히 소리도 없고 형체도 없다. 짝도 없이 홀로 있다. 언제나 변함이 없다. 어디나 안 가는 곳이 없건만은 깨어지거나 손상될 위험이 없다. 그것은 천하 만물의 어머니가 될 만하다. 나는 그 이름을 알지 못한다. 그래서 그저 부르는 이름이 '도'다. 억지로 이름 붙여 '큰 것(大)'이라 한다.

《도덕경》 25장

보려 해도 보이지 않으니 '이(夷)'라고 한다. 들으려 해도 들리지 않으니 '희(希)'라고 한다. 손으로 잡으려 해도 잡히지 않으니 '미(微)'라고 한다. 이 세 가지는 말로 밝힐 수 없다. 그래서 뒤섞어서 '하나(一)'라고 한다. 그것은 위가 더 밝지도 않고, 아래가 더 어둡지도 않다. 긴 끈처럼 꼬여서 이어져 있으니 이름 붙일 수가 없다. 결국은 아무것도 없는 상태로 돌아간다. 이것을 꼴 없는 꼴이라 하고, 실체(物) 없는 형상이라고 한다. 이것을 황홀이라고 한다.

《도덕경》 14장

도는 일(一)을 낳고, 일은 이(二)를 낳고, 이는 삼(三)을 낳는다. 만물은 음기(陰氣)를 겉에 가지고 양기(陽氣)를 안에 간직하며, 충기(沖氣)로 조화를 이룬다.

《도덕경》 42장

천하 만물은 유(有)에서 나오고, 유는 무(無)에서 나온다.

《도덕경》 40장

도는 비어 있는 듯하나, 그 작용은 가득 찬 듯도 하고 아닌

듯도 하다. 깊고 아득하여 만물의 근원(宗)이며, 맑아서 있는 듯 없는 듯하다. 나는 그것이 누구의 자식인지 모른다. 하느님보다 먼저인 듯하다. 　　　　　　　　　　　　　　　　　《도덕경》 4장

　　도는 혼합하여 이루어진 것으로, 만물을 생성하는 근원이고 다른 것에 의존하지 않는 독립적인 존재이지만 사람의 감각으로 느낄 수 없고, 상식적으로 설명할 수 없어 '황홀'하다고 표현하였 습니다. 이 표현들을 보면 노자는 남들이 말하지 않았던 무엇을 본 듯하고, 그것에 '도'라는 이름을 붙이면서도 이름 붙이기를 몹 시 어려워하고 있습니다. 그러나 내용이 명확하지 않아 우리가 그 뜻을 분명히 이해하고 해석하기는 어렵습니다.

　　우리가 주목할 것은, 이 글 속에 철학사에서 중요한 의미를 가지는 내용이 들어 있다는 것입니다. 하나는 고대부터 내려오던 인격신인 '상제(上帝)'에 대한 관념을 바꿔 놓은 내용입니다. 다른 하나는 '무', '자연'이란 말로 도의 성질을 나타내, 도가 무한하고 객관적인 존재라고 한 것입니다.

　　중국 고대에는 자연계의 운행도, 인간 세상의 사건도 모두 상제의 의지에 따라 결정된다는 신앙이 있었습니다. 왕은 상제의 뜻을 받아 지상을 지배하는 하늘의 아들입니다. 그래서 왕을 천 자(天子)라고 하였습니다.

　　천자는 상제에게 제사를 올리고, 상제의 뜻을 받들어 정치를 시행할 의무가 있습니다. 만약 제사를 게을리하거나 상제의 뜻 에 어긋나는 정치를 하면 상제는 가뭄과 홍수, 그 밖의 천재지변

으로 왕에게 벌을 내립니다. 개인의 경우일지라도 사람답지 못한 행위를 한 자는 천벌을 받는다고 생각하였습니다.

그러나 노자의 도는 인간적인 감정이나 의지가 없습니다. 인간의 기대나 의지에서 독립하여 존재합니다. 도란, 인간의 역사에 관여한다고 믿어 온 상제를 부정하는 개념입니다. 그러면서 만물의 근원입니다. 감각에 들어오는 만물은 총괄하여 '있는 것〔有〕'에서 나옵니다. '있는 것'은 인간의 감각에 잡히고 인간이 이름 붙일 수 있는 한정된 것입니다. 도는 인간이 한정할 수 없는 존재, 이름 붙일 수 없는 존재이기 때문에 그 성격이 무한한 것, 규정할 수 없는 것이 됩니다. 그러한 성격을 '무'라고 하였습니다. 도는 또한 다른 것에 의존하거나 무엇에서 생긴 것이 아니기 때문에 '독립'한다고 하고, 그러한 성질을 '자연'이란 말로 표현하였습니다.

도가 크고 하늘이 크고 땅이 크고 인간도 크다. 우주 안에 네 가지 큰 것이 있는데 인간이 그중에 하나를 차지한다. 인간은 땅을 따르고, 땅은 하늘을 따르고, 하늘은 도를 따르고, 도는 자연을 따른다. 《도덕경》 25장

노자가 말하는 '자연'이란 우리가 '자연 과학' 혹은 '자연 보호'라고 할 때의 '자연'과 전혀 다른 뜻입니다. 노자의 자연은 대상 세계를 가리키는 것이 아니라 도의 상태와 성질을 나타낸 말입니다. 글자 그대로 '저절로 그러하다', '스스로 그러하다', '본래

그러하다'라는 뜻입니다. 이 말은 도가 다른 것에 의존하여 존재하지 않으며, 다른 어떤 존재의 영향도 받지 않는 존재라는 것입니다.

노자는 세계를 설명하는 범위를 넷으로 크게 나눈 다음, 그 사이에 단계를 두었습니다. 인간과 땅과 하늘은 결국 도를 본받지만, 도는 더 본받을 것이 없고 스스로 그러한 존재입니다. 다만, 인간은 언어, 지혜, 기교를 씀으로써 도의 자연에 거슬리고 어긋나는 행위를 한다는 것입니다. 노자의 사상은 이 도 개념을 근거로 유가를 비판하면서 정치와 인생에 대한 독특한 견해를 내놓았습니다.

노자의 정치론

나라가 작고, 백성 수가 적어야 한다. 온갖 도구가 있지만 쓰지 않게 하며 백성들이 생명을 중시하도록 하면, 살던 곳을 버리고 멀리 옮겨 가는 일이 없을 것이다. 배나 마차가 있어도 탈 필요가 없고, 갑옷과 무기가 있어도 쓸 일이 없다.

노끈을 묶어서 글자 대신 쓰던 고대의 소박한 상태로 되돌아가게 하면, 먹는 그대로 맛있고 입는 그대로 아름답고 사는 그곳이 편하다고 여기고 그 풍속을 즐겨서, 이웃 나라가 바라보이고 닭 우는 소리와 개 짖는 소리가 서로 들려도 죽을 때까지 서로 왕래가 없을 것이다. 《도덕경》 80장

동양철학 에세이 1

총명과 지혜를 끊어 버리면 백성의 이익이 백 배로 늘어날 것이다. 인과 의 같은 도덕을 끊어 버리면 백성들이 옛날처럼 효성스럽고 자애롭게 될 것이다. 정교하고 편리한 물건들을 없애 버리면 도적이 없어질 것이다. 이 세 가지 소극적 방법만으로는 불충분하다. 그러므로 적극적으로 외모는 수수하고 마음은 소박하게 하며, 이기심과 욕망을 줄이게 한다. 《도덕경》 19장

똑똑한 사람을 높이지 않음으로써 백성들이 다투지 않게 만든다. 얻기 힘든 물건을 귀하게 여기지 않음으로써 백성들이 도적질하지 않게 한다. 욕망을 일으킬 만한 것을 보여 주지 않음으로써 백성들의 마음을 혼란스럽게 하지 않는다.

그러므로 성인의 다스림은 마음을 비우고 배를 채우며, 의욕을 줄이고 뼈를 튼튼히 하여 늘 백성들이 무지(無知)하고 욕심이 없게 만들며, 지식인들이 제멋대로 주장할 수 없게 만든다. 무위(無爲)로 다스리면 다스려지지 않는 것이 없다. 《도덕경》 3장

천하는 불가사의한 그릇이어서 인위적으로 어찌할 수 없다. 잘하려고 애쓰면 실패하고, 꽉 잡고 장악하려 하면 천하를 잃고 만다. 《도덕경》 29장

언뜻 보면 원시적 자연 부락의 생활로 되돌아가자고 주장하면서, 백성들을 아무 생각이 없는, 그저 배부르면 좋다 하는 '행복한 돼지'로 만들려는 것처럼 보입니다. 그러나 노자의 '도'에 대

한 이해를 가지고 이 말들을 새기면, 단순히 원시 사회로 돌아가 자거나 우민 정치를 해야 한다는 주장이 아님을 알 수 있습니다. 이 말들이 겨누고 있는 현실은, 생산력의 발달로 주나라의 종법 제도가 무너지면서 옛 귀족과 새롭게 신분 상승을 꾀하던 신흥 지주 사이에 이익 다툼이 일어나고, 그 과정에서 나온 여러 가지 정치적 이론들이 서로 논쟁하던 상황입니다. 그런 상황에서 직접 일하지 않고 지식을 밑천으로 살아가는 계층이 인기를 얻고 확대 되어 가고 있었습니다.

노자는 학자라는 자들이 학파를 만들고 서로 논쟁하는 것이 천하를 위하여 도움이 되지 않을 뿐 아니라, 옳고 그름도 각기 달 라 혼란만 더한다고 본 것입니다.

길을 잃고 헤맬 때 길을 찾는 가장 좋은 방법은 우선 잘못 들어섰다고 생각되는 지점으로 되돌아가는 것입니다. 마찬가지 로 천하를 평안하게 할 방도를 놓고 이론이 분분하여 어느 도가 올바른 도인지 모르는 상황에서, 노자는 이미 잘못 들어선 길을 포기하고 원점으로 돌아와서 생각하자고 주장합니다. 노자는 이 러한 입장을 이론화하였습니다.

노자는 만물의 근원인 도의 성질이 '저절로 그러함(자연)'이 듯이 인간을 다스리는 정치의 도는 '무위', 즉 억지로 하지 않는 것이라고 합니다. 인위적으로 계획하고 조장하고 간섭하지 않는 것입니다. 유가에서도 가장 이상적인 정치를 한 요순 임금은 '남 쪽을 향하여 앉아 있는 것'으로 천하를 평안히 하였다고 합니다. 이것을 '남면(南面)의 통치술'이라고 하는데, 임금이 자기 자리에 앉아 완전한 인격의 모범을 보임으로써 들에서 일하는 백성들까지도 착하게 만든다는 것입니다. 그러나 노자가 말하는 '무위'는 유가의 도덕적 모범과 다른 뜻입니다. 노자의 도는 유가의 도덕과 내용이 다르기 때문입니다.

'무위'의 통치술을 좀더 설명하면, '요점을 지킨다'는 방법과 '공평무사하다'는 성격으로 표현됩니다. '요점'이란 곧 노자의 '도'이며, 그것은 저절로 그러한 것이기 때문에 인위적으로 할 필요가 없습니다. 그래서 천하를 천하에 맡기는 방법이 되는 것입니다. 저절로 그러한 것을 따르지 않고 사사건건 간섭하여 바로잡아 주는 것은 도를 잃었다는 증거입니다. 노자는 정치를 생선 굽는 일에 비유하여, 자꾸 이리지리 뒤적이면 생선이 다 부서지고 타 버리는 것과 같이, 정치가 백성들에게 끼어들수록 천하가 뒤죽박죽이 된다고 합니다.

도가 천지 만물에 대하여 인정사정이 없는 것처럼 '무위'의 정치도 백성들에게 인정사정이 없습니다. 무위의 이 '공평무사'라는 관념은 나중에 법가 사상의 법 개념에 영향을 미칩니다. 법가는 지위와 신분을 따지지 않고 인정사정없이 법을 적용하려 하였습니다. 그러나 법가의 법이 국가의 이익을 가치 기준으로 삼은 반면, 노자의 무위는 백성들의 본래 그러한 삶을 기준으로 삼았습니다. 백성의 본래 그러한 상태를 회복하는 것이 노자의 정치입니다.

큰길이 넓으나 백성들은 샛길을 좋아한다. 관청은 깨끗하게 지었으나 논밭이 황무지가 되었고, 창고가 바닥을 드러내고 있는데 권력자들은 좋은 옷을 입고 고급 마차를 타고 돌아다니며, 밤마다 연회를 열어 음식이 싫증날 정도다. 그러고도 재물을 남도록 가졌으니, 이것은 도둑질하여 사치에 쓰는 것이다. 이것은 결코 도가 아니다. 《도덕경》53장

무위의 정치는 통나무와 같은 자연 상태를 유지하여야 하고, 어쩔 수 없어 관청에 기구를 설치하더라도 되도록 기구를 축소하여 자연 상태에서 크게 벗어나지 않아야 위태롭지 않다고 합니다. 놀고 먹는 자가 많거나, 일하는 사람보다 감독자가 잘사는 것은 거꾸로 된 세상이라는 것입니다. 이것도 요점을 지키는 정치를 가리킨 것입니다.

정치가 너그럽고 간섭하지 않으면 백성들이 순박해진다. 정치가 자질구레한 구석구석까지 감시하면 백성들이 불만을 품게 된다. 《도덕경》58장

최고 수준의 통치자는 백성들이 그가 있다는 것만 알게 할 뿐이다. 그 다음 수준의 통치자는 백성들에게 인기가 있고 칭송을 듣는다. 그 다음 수준은 백성들이 그를 두려워하고, 그 아래는 백성들이 그를 경멸한다. 《도덕경》17장

노자의 이러한 정치론은 현대 사회의 정치와 매우 거리가

먼 주장입니다. 인류 역사가 흘러 온 방향과도 맞지 않으며, 기본적으로 인간의 계획과 노력의 가치를 믿지 않고 있습니다. 노자의 무위의 정치는 '예측할 수 있는 정치'나 '위로부터의 개혁' 같은 방법과 180도 다른 의미를 가지고 있습니다. 그러면서도 노자의 '대도(大道)'라는 것은 전제 군주의 교묘한 통치술의 모습을 띠기도 합니다.

장차 그것을 축소하려면 먼저 그것을 확장해야 한다. 장차 그것을 약화하려면 먼저 그것을 강화해야 한다. 장차 그것을 없애려면 먼저 그것을 진흥해야 한다. 장차 빼앗고자 하면 먼저 주어야 한다. 이러한 것을 은미한 지혜라 한다. 《도덕경》 36장

부드럽고 약한 것이 단단하고 강한 것을 이긴다. 그러므로 강한 물고기가 부드러운 물을 벗어나지 못하는 것이다. 국가를 이롭게 하는 수단을 백성들이 보게 해서는 안 된다. 《도덕경》 36장

여기에서 노자의 '대도'는 전제 군주의 비밀 정치를 옹호하고 군주의 통치술에 의존한 정치만을 논하였으며, '대도' 자체가 매우 주관적인 것이므로 민주적인 논의와 제도적 장치를 통한 합리적 통치와는 거리가 멀다고 할 수 있습니다. 그런 점에서 노자의 정치론은 전제 군주를 위한 '제왕학'이라고 보아야 할 것입니다.

원초적 인간의 모습

호사스런 생활을 즐겼던 중국의 어떤 왕은 한 끼 식사에 이백 가지 반찬을 놓았다는 이야기도 있지만, 우리는 어쩌면 고대의 제왕들보다 더 잘 먹는지도 모릅니다. 아무리 중국의 왕이라 해도 아르헨티나에서 생산된 바나나나 북태평양에서 잡아 온 참치를 먹지는 못했을 것이고, 브라질산 커피 맛도 몰랐을 것입니다. 어쩌면 우리는 중국의 왕들이나 특별한 사람들만이 볼 수 있었던 책을 손쉽게 구해서 읽고 있는지도 모릅니다.

《노자》라는 책은 이런 성격이 강합니다. 《노자》에서 말하는 도와 덕은 일반 백성들을 위한 것이 아닐 것입니다. 그것은 그 시대에 어쩔 수 없는 일이었습니다. 우리 자신이 왕이 된 기분으로, 노자가 인생을 어떻게 강의하였는지 살펴봅시다.

최고의 덕을 가진 사람은 의식적으로 덕을 얻으려고 애쓰지 않는다. 그래서 덕이 완전하게 나타난다. 수준이 낮은 사람은 의식적으로 덕을 얻고자 하며, 또 그것을 잃지 않으려고 안달한다. 그래서 덕이 완전하게 나타나지 않는다. 그리고 최상의 덕은 덕을 얻고자 애쓰지 않으며 그것을 바깥으로 자랑하려 하지도 않는다. 그러나 낮은 덕은, 덕을 얻고자 애쓸 뿐만 아니라 그것을 바깥에 나타내어 남에게 과시하려 한다. 《도덕경》 38장

높은 덕은 오히려 골짜기처럼 낮아 보이고, 넓은 덕은 부족

한 것처럼 보이고, 꾸준한 덕은 건전하지 않아 보이고, 진실한 덕은 변하기 쉬워 보인다. 《도덕경》 41장

정말로 덕을 지닌 사람은 갓난아이와 같다. 갓난아이는 무지하고 무심하므로 독충도 찌르지 않고 맹수도 덤벼들지 않고 사나운 짐승도 발톱을 대지 않는다. 뼈가 연약하고 근육이 부드러우나 꽉 움켜쥔 주먹은 단단하다. 아직 남녀의 성교도 모르는데 고추가 서 있다. 정기가 최고로 충만해 있다는 증거다. 하루 종일 울부짖어도 목이 쉬지 않는다. 자연과의 조화가 최고로 유지되고 있다는 증거다. 《도덕경》 55장

자연의 도를 따르는 사람은 총명하고 지혜로워 보이지 않습니다. 덕은 자연의 도가 인간에게 나타난 것입니다. 최고의 덕을 지닌 인간이 곧 본래 모습의 인간이라고 할 수 있는데, 그 사람은 어린아이와 흡사하다는 것입니다. 지혜와 총명은 이러한 본래 모습을 해치는 것이라고 합니다.

지혜는 도의 시각에서 보면 단순한 장식물에 지나지 않고, 인간을 어리석게 만드는 원인이 되는 것이다. 《도덕경》 38장

지식과 분별심이 발달하고 나서 인간의 기교에 의한 큰 거짓이 나타났다. 《도덕경》 18장

안다는 것이 사물의 실상을 아는 게 아님을 아는 것은 최상의 지혜요, 안다는 것이 사물의 실상을 아는 게 아님을 모르는 것은 착오다. 착오를 착오로 자각하는 것에 의해 비로소 착오에서 해방되는 것이다. 도를 체득한 사람은 착오에 빠지지 않는다.

《도덕경》 71장

인간이 분별하고 순서와 등급을 매기고 함으로써, 있는 그대로의 세계를 보지 못하고 자기 위주로 생각하게 되어 자연스런 덕을 잃는다는 것입니다. 저절로 그러한 자연의 세계를 인간의 잣대로 평가하면서 사람들은 원래 없던 것을 만들어 내기도 합니다. 만물을 창조한 인격적 존재 같은 것을 말입니다.

제나라의 전씨가 저택 뜰에서 어떤 사람의 송별회를 열었다. 손님이 천 명이나 모여들었는데, 그중에 물고기와 기러기를 선물로 가져온 사람이 있었다. 전씨는 고마워하면서 말했다.

"아, 하늘의 은총은 참으로 깊도다. 인간을 위해 오곡을 만들고, 물고기와 새를 길러 인간에게 쓰이게 해 주시는구나."

둘러선 손님들이 입을 모아 전씨의 말에 찬동하였다. 그때 포씨의 열두 살짜리 아들이 나서며 말했다.

"당신의 말은 틀렸습니다. 천지 만물은 모두 우리와 같은 동료입니다. 동료들 사이에 귀천의 차별은 없습니다. 다만, 크고 작은 차이, 지혜와 힘의 차이에 따라 서로 잡아먹고 있을 뿐이지, 다른 것에게 소용되기 위해 만들어진 것은 아닙니다. 인간이 제

동양철학 에세이 1

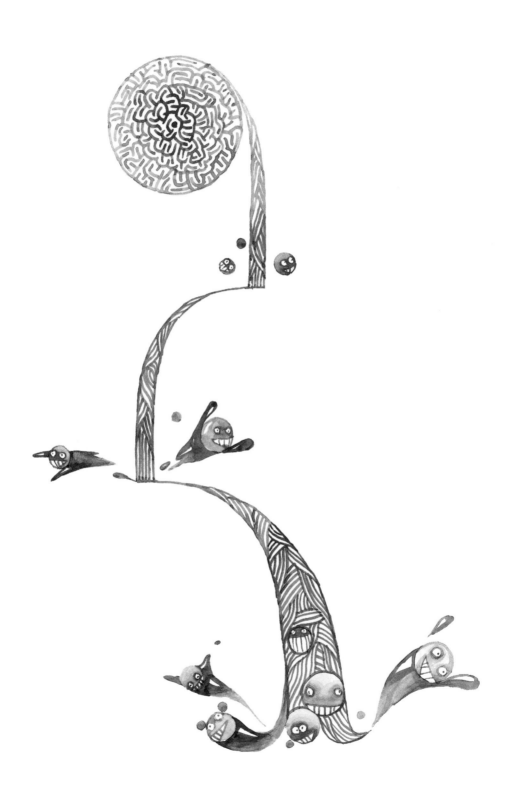

멋대로 먹을 수 있는 것을 잡아먹을 따름이지, 하늘이 인간에게 먹이기 위해 그것들을 만든 것은 아닙니다. 모기나 파리 떼가 인간의 피를 빨고 호랑이와 늑대가 동물들을 잡아먹는다고 해서, 하늘이 모기와 파리를 위하여 인간을 만들고, 호랑이와 늑대를 위해서 동물들을 만든 것은 아닙니다." 《열자》〈설부〉 1장

원초적 인간의 모습은 서로 평등한 것이었다고 봅니다. 누가 누구를 위해서 있는 것이 아니었습니다. 노자는 더 나아가 가장 도에 가까운 인간은 물과 같다고 하였습니다.

최고의 선은 물과 같다. 물은 만물에게 큰 이익을 주면서도 자기를 주장하여 다투지 않고, 누구나 싫어하는 낮은 장소에 머무르고 있다. 그래서 도의 본래 모습에 가깝다. 《도덕경》 8장

만들어 내고도 소유하지 않으며, 일을 하고도 공로를 자랑하지 않으며, 윗자리에 있으면서도 마음대로 간섭하지 않는다. 이것을 '심원한 덕(玄德)'이라고 한다. 《도덕경》 51장

원초적 인간은 평등한 관계일 뿐 아니라 이기적이지 않고 양보하며 겸손하다고 합니다. 노자는 "원수를 은혜로 갚으라"라고 하였는데, 공자는 "은혜는 은혜로 갚고, 원수는 정의(直)로 갚으라"라고 하였습니다. 노자는 세상에서 말하는 악이란 '선이 결핍된 상태'를 말하는 것일 뿐이고, 도는 선과 악을 갈라서 악을

박멸하자는 것이 아니라고 합니다. 악을 박멸하겠다는 강직한 태도를 갖는 것은 죽음의 무리라고 하였습니다.

공자는 '사람의 삶은 본래 곧은 것'이라고 하였습니다. 그러나 노자는 사람의 삶이 본래 '부드럽고 약한 것'이라면서 살아 있는 모든 것은 부드럽고 약하며, 죽음에 가까울수록 단단하고 강해진다고 합니다. 어린아이나 새싹처럼 부드럽고 약한 것이 삶의 본래 모습이며, 이것을 지키려고 한 것이 노자의 철학입니다.

인생의 무게를 지키는 방법

정말로 흰 것은 언뜻 보면 물들어 있는 것처럼 보인다. 가장 큰 사각형은 각이 보이지 않는다. 큰 그릇은 완성이 더디다. 큰 소리는 귀에 들리지 않는다.   《도덕경》 41장

정말로 똑바른 것은 마치 굽어 있는 것 같고, 정말로 능란한 것은 마치 몹시 서투른 것 같고, 진정한 웅변은 오히려 말주변이 없는 것 같다.   《도덕경》 45장

원초적인 삶의 모습을 잃고 세상이 지혜와 총명의 격전장으로 변해 갈 때, 진정한 인생의 무게를 지키려는 사람은 먼저 통속적인 가치를 뒤집어서 판단할 수 있어야 합니다. 또한 그것을 세상 속에서 실현할 특별한 방법이 필요합니다.

수컷의 강함을 알고 암컷의 약함을 지켜 가면, 온갖 냇물이 모여드는 계곡이 된다. 그러면 도가 몸에서 떠나지 않고, 무심한 갓난아이의 상태로 되돌아간다. 《도덕경》 28장

영광이 무엇인지를 다 안 다음에 치욕의 입장을 지켜 가면, 만물을 포용하는 골짜기가 된다. 그러면 도가 온전히 그 몸에 실현되어, 인공이 가해지지 않은 통나무같이 자연 그대로의 소박한 상태로 되돌아간다. 《도덕경》 28장

세상에서 물만큼 부드럽고 약한 것이 없지만, 단단하고 강한 것을 공격하는 데 물을 능가하는 것은 없다. 《도덕경》 43장

재주의 날카로운 칼끝을 누르고, 마음의 이해타산을 버리고, 지혜의 빛을 감추고, 속세의 먼지 속에 묻혀 산다. 이것이 도와 일체가 되는 것이다. 《도덕경》 4장

근원으로 되돌아가는 것이 도의 운동 모습이며, 약하고 부드러운 것이 도의 작용 방식이다. 《도덕경》 40장

모든 현상은 세계의 어머니(道)에게서 태어난 자식이다. 모든 현상의 근원인 도를 알아야 그 자식인 사물을 알고, 그래야 일생을 통해 불행이나 재난을 만나는 일이 없는 것이다. 《도덕경》 52장

노자는 어린아이나 새싹처럼 부드럽고 약하게, 물처럼 겸허하게, 골짜기처럼 포용력 있게, 통나무처럼 본래 모습을 지키는 것, 즉 근원에서 떠나지 않는 것이 인생의 무게를 간직하는 방법이라고 합니다. 장자는 세속적 가치를 버리고 나서 우리가 무엇을 할 것인지를 분명하게 말하지 않은 반면, 노자는 우리에게 행동 지침을 분명하게 제시합니다. 그것은 여성적이고 수동적이며, 방어적이고 소극적인 가치들로서 어떤 일관성을 가지고 있는데, 노자는 이것으로 거짓으로 치닫는 분열된 세상의 도도한 흐름을 잠재울 수 있다고 믿었습니다. 노자는 자기의 방법을 세 가지로 요약하였습니다. 첫째 포용하여 사랑할 것, 둘째 요점을 단단히 지킬 것, 셋째 천하의 앞에 나서지 말 것입니다.

"부드러운 것이 강한 것을 이긴다", "물러서는 것이 전진하는 것이다." 이런 노자의 말이 마오쩌둥의 유격 전술에 나타났습니다. 국민당의 초토화 작전에 밀리면서 마오쩌둥 군대는 2만 5000리 대장정에 올랐습니다. 그때 유격 전술의 전법은 '적이 공격해 오면 달아난다. 적이 쉬고 있으면 괴롭힌다. 적이 후퇴하면 쫓아간다'였습니다.

《한비자》에 이런 이야기가 나옵니다.

송나라의 한 시골 사람이 가공하지 않은 옥돌을 주워 대신인 자공에게 선물로 바치려 했다. 그런데 자공은 극구 받지 않았다. 그래서 그 사나이가 자공을 만나 말했다.

"이것은 값비싼 보물입니다. 대신 같은 고귀한 분에게나 어울리는 것이지, 우리 같은 천한 자들이 가질 물건이 아닙니다. 그런데 어째서 거절하시는 겁니까?"

자공이 대답했다.

"자네는 옥돌을 보배라고 말하지만, 나는 그것을 받지 않는 것을 보배라고 생각하네."

《한비자》〈유로〉

노자의 철학에서는 세상에서 추구하는 가치가 모두 값진 것이 아닙니다. 명예나 권력이나 돈이나 모두 쓸데없는 것들입니다. 노자가 추구한 것은 공자처럼 도덕을 닦아 훌륭한 인격을 완성하는 것도 아니었습니다. 그 인격도 남들의 입방아에 날리는 쭉정이 같은 것입니다. 노자가 보배라고 생각한 것은 기본적인 생명의 욕구, 자연스러운 생명 활동을 온전하게 실현하는 것이었습니다.

끝으로 인생의 본래 모습을 지키며 살다 간 노자의 독백을 들어 봅니다.

세상 사람들은 마치 진수성찬이라도 받아 놓은 듯 신바람이 났네.
화창한 봄날, 정자에 올라 꽃구경이라도 하듯이.
그러나 나만은 담담하고 조용하며 마음이 동하는 기미가 없네.
마치 아직 웃을 줄도 모르는 갓난아이처럼.
마치 아주 지쳐 돌아갈 집도 없는 강아지처럼.
사람들은 무엇이든 남아돌 만큼 가지고 있지만,
나만은 모든 걸 잃어버린 것 같네.

아, 나는 바보 같구나, 아무것도 모르고 멍하니.
세상 사람들은 똑똑한데, 나는 그저 멍청할 뿐.
남들은 딱 잘라 잘도 말하는데, 나만은 우유부단, 우물쭈물.
흔들흔들 흔들리는 큰 바다 같네.
쉴 줄 모르고 흘러가는 바람이네.　　　　　　《도덕경》 20장

만일 당신이 무슨 일 때문에

어딘가로 떠난다고 하자.

맡은 임무가 위험하고 길이 험해서

돌아오지 못할지도 모른다면,

당신은 처자식을 어떤 사람에게 맡기겠는가?

자기 가족이나 다름없이 당신 가족을

돌봐 줄 사람에게 맡기겠는가,

아니면 당신 가족보다 자기 가족을

먼저 생각하는 사람에게 맡기겠는가?

묵자

약자를 지키는 방패

초나라에 공수반이라는 사람이 있었습니다. 그는 천민 출신인데도 기술이 뛰어나서 대부 자리에까지 올랐습니다. 공수반은 아무리 높은 성에도 쉽게 올라갈 수 있는, 구름까지 닿을 만큼 높은 사다리를 제작해 놓고 송나라를 공격하려 했습니다. 제나라에 있다가 이 소식을 들은 묵자가 발에 물집이 잡히도록 꼬박 열흘을 걸어 초나라로 와서는 공수반을 찾아갔습니다. 공수반이 놀라서 물었습니다.

"선생이 무슨 일로 이 먼 곳까지 오셨습니까?"

"북쪽 지방에 사는 어떤 사람이 나를 귀찮게 하는데, 당신이 그 사람을 없애 주었으면 합니다."

이 말을 들은 공수반이 매우 불쾌해 하자 묵자는 다시 정중하게 부탁하였습니다.

"그렇게 해 주면 천금을 드리지요."

"나는 의기가 있는 사람이라서 남을 죽이지 않습니다."

묵자는 마음속으로 비웃으면서도 겉으로는 탄복했다는 듯이 자리에서 일어나 공수반에게 두 번 절했습니다.

"좋습니다. 그런데 듣자하니 당신이 구름 사다리를 만들어 송나라를 공격하려 한다던데 송나라가 무슨 죄를 지었나요? 땅과 백성이 남아돌 정도로 많으면서 땅도 좁고 백성도 적은 나라를 공격하는 것은 지혜롭지 못합니다. 더구나 죄 없는 나라를 공격하는 것은 어질지 못합니다. 지혜롭지도 어질지도 못한 일임을 알면서도 임금에게 그만두라고 말하지 않는다면 충성스럽지 못한 것이고, 잘못임을 지적하면서도 임금을 끝내 설득하지 못한다면 강직하다고 할 수 없습니다. 당신은 한 사람도 죽일 수 없다고 하면서 왜 많은 송나라 사람을 죽이려 합니까?"

묵자의 말을 들은 공수반은 그제서야 잘못을 깨달았습니다. 하지만 이미 구름 사다리 공격 계획을 왕에게 보고한 뒤라 이제 와서 취소할 수는 없다며 난감해 했습니다. 묵자는 공수반과 함께 초나라 왕을 만났습니다.

묵자가 왕에게 말했습니다.

"좋은 것을 많이 가지고 있으면서도 남이 가진 보잘것없는 것을 훔치는 사람이 있다면 그는 어떤 사람일까요?"

"도벽이 있는 사람이겠지요."

"제가 보기에 넉넉하고 풍요로운 초나라가 가난하고 약한 송나라를 공격하는 것은 도벽과 다를 게 없습니다. 더구나 임금께서는 포악하다는 비난만 듣게 될 뿐, 전쟁에서 승리할 수 없을 것입니다."

"하지만 공수반은 내게 구름 사다리를 만들어 주면서 반드시 송나라를 이길 수 있다고 장담했소."

묵자는 허리띠를 끌러 땅에다 원형으로 둘러놓고 그 안에 들어가 선 다음, 품속에서 첩이라는 이상한 도구를 꺼냈습니다. 그리고는 공수반더러 모형 구름 사다리를 이용해 공격해 보라고 했습니다. 공수반이 아홉 가지 방법을 써서 공격했지만 묵자는 다 막아냈습니다. 공수반의 공격 기술이 바닥났는데도 묵자에게는 아직 쓰지 않은 방어 기술이 여럿 남아 있었습니다.

공수반이 묵자에게 퉁명스럽게 말했습니다.

"내가 선생을 물리칠 수 있는 방법을 알기는 하지만 말하지 않겠소."

"나도 당신이 얘기하는 그 방법이 무엇인지 알지만 얘기하지 않겠소."

두 사람의 이야기를 듣고 있던 왕이 궁금해서 물었습니다.

"그 방법이라는 게 도대체 뭡니까?"

"공수반의 생각은 저를 죽이면 된다는 것입니다. 지금 이 자리에서 저만 죽여 없애면 송나라를 이길 수 있다는 것이지요. 하지만 지금 송나라에선 제가 훈련시킨 제자 300명이 이 도구로 무장한 채 기다리고 있습니다. 그러니 저를 죽여 봐야 소용이 없습니다."

결국 초나라 왕은 공격을 포기하고 말았습니다.　《묵자》〈공수〉

이 일화는 묵자의 사상과 함께 묵자가 매우 실천적인 인물이었음을 잘 보여 줍니다.

묵자가 살던 때는 강대국들이 약한 나라를 집어삼키는 겸병 전쟁이 극심하던 시기였습니다. 대다수 약소국들이 엄청난 고통을 받았습니다. 그러나 사실 큰 나라들도 사정은 마찬가지였습니다. 전쟁 비용을 조달하기 위해 민중의 고혈을 짜 막대한 세금을 거둬들여야 했으며, 성을 쌓거나 직접 전쟁에 나가 싸우는 일도 민중의 몫이었습니다.

묵자는 대다수 피지배 민중과 약소국의 편에 섰습니다. 그러고는 강대국과 지배 집단을 향해 서로 사랑하고 함께 나누라고 외쳤습니다. 묵자가 주장한 것은 정치적 평등과 경제적 평등이었습니다. 묵자는 이런 이상을 실현하기 위해 결사까지 만들었습니다. 당시로 볼 때 묵자의 주장은 가히 혁명적이었으며, 그는 민중의 편에 가장 가깝게 선 사상가였다고 하겠습니다.

피지배층의 대변자

묵자는 성이 묵(墨)이고, 이름은 적(翟)입니다. 공자·맹자·순자·노자·장자는 잘 알려져 있지만 묵자는 약간 생소한 느낌이 듭니다. 묵자는 태어난 나라도 불분명하고, 태어나고 죽은 해도 확실하지 않습니다. 대체로 공자보다 조금 뒤, 맹자보다 조금 앞이라고 짐작할 뿐입니다. 사마천의《사기》에도 묵자는 아주 간단하게 소개되어 있습니다. 그만큼 묵자의 사상이 지배층에게 반가운 사상이 아니었음을 알 수 있습니다.

묵자의 성이 본래 묵씨가 아니라는 주장도 있습니다. '묵(墨)'

자에는 검다는 뜻이 있고, 또 붓글씨 쓸 때 사용하는 먹을 가리키기도 합니다. 어떤 학자는 그가 묵형이라는 형벌을 받았기 때문에 묵씨라 불렸다고 주장합니다. 묵형이란 죄인의 얼굴에 죄명을 먹으로 떠 넣는 형벌을 말합니다. 우리나라 조선 시대에도 도둑질을 하면 얼굴에 '도(盜)' 자를 문신처럼 새겨 넣기도 했습니다. 그런데 당시 주나라에서는 지배층을 형벌로 다스리지 않았고, 피지배층에게만 형벌을 가했습니다. 그렇다면 묵자는 형벌로 다스려지는 하층민이었다는 얘기가 됩니다.

또 어떤 학자는 묵자의 피부가 검었기 때문에 묵씨라 불렸다고 합니다. 오늘날 노동자를 '블루 칼라'라고 부르듯이, 피부가 검다는 것은 그가 노동을 하는 계층이었음을 말해 줍니다. 아무튼 묵자는 피지배 계층이었던 것 같습니다. 묵자의 주장 속에 먹줄 같은 집 짓는 데 쓰는 도구들이 비유로 많이 등장하는 것도 이런 생각을 하게 해 줍니다. 또한 그의 사상을 따른 사람들이 대부분 하층 무사 집단이나 기술자 집단이었던 점도 묵자의 출신 계층을 짐작하게 합니다. 공자가 전설적 제왕인 요임금과 순임금을 높인 것과 달리, 묵자는 황허를 다스리는 데 공이 컸다는 우임금을 높였습니다. 이 점 또한 묵자가 기술과 일의 효용을 중시했음을 보여 줍니다.

묵자도 처음에는 공자의 학문을 공부했습니다. 그러나 곧 공자를 배격하고 새로운 주장을 세웠습니다. 공자의 사상이 지배 계층을 중심으로 한 것과는 달리 묵자의 사상은 일관되게 피지배 계층을 옹호하는 특징을 가지고 있습니다.

묵자 사상은 피지배 계층에게 엄청난 호응을 받았기 때문에 공자 이후 가장 큰 세력을 형성했습니다. 맹자가 "세상이 양주와 묵적의 주장으로 가득 찼다"라고 한탄한 것을 보면, 당시 묵자의 영향력이 대단했음을 짐작할 수 있습니다. 또 《한비자》, 《순자》, 《장자》 같은 책에서도 '유묵'이라고 하여 유가와 묵가를 나란히 놓고 있습니다.

묵자는 뛰어난 기술자였고, 많은 도구를 개발했습니다. 그러나 대부분 실용적인 물건들뿐이었습니다. 한번은 공수반이 정교한 모형 까치를 사흘 동안 하늘에 띄운 적이 있었지만, "하루 걸려 만든 수레보다 쓸모가 없다"라고 비판하였습니다. 묵자는 그런 점에서 철저한 공리주의자였습니다. 묵자가 만든 도구 가운데는 전쟁 무기가 많았습니다. 그러나 그것들은 공격이 아닌 방어용 무기였습니다. 묵자가 만든 방어용 무기들이 약소국 제후들에게 환영을 받았고, 그래서 그는 송나라의 대부 벼슬에 오를 수 있었습니다.

묵자의 사상을 볼 수 있는 책이 《묵자》입니다. 《묵자》는 본래 71편이었다고 하는데 18편이 없어져 오늘날에는 53편만 남아 있습니다. 묵자 자신이 쓴 글도 있지만 대부분 제자들이나 후대 사람들이 썼다고 합니다. 대화체로 된 글도 있고 논문 형태의 글도 있습니다. 주목되는 것은, 방어 위주의 병법이 쓰여 있는 11편과 논리학적 내용을 담고 있는 6편입니다. 특히 논리학적 내용이 담긴 6편을 묶어 '묵변'이라고 부릅니다. 이 밖에도 《묵자》에는 수준 높은 고대 과학 기술의 성과가 들어 있습니다. 그 가운데에는 도구 제작에 관련된 기하학, 빛의 굴절 등에 대한 광학적 분석 등도 보입니다.

묵자는 춘추전국시대의 다른 사상가들과 마찬가지로 자기 사상을 펼쳐 보려고 여러 나라를 돌아다녔습니다. 그러나 힘있는 제후들은 대부분 그를 반기지 않았습니다. 그 까닭은 그가 비천한 계층 출신이었기 때문이기도 하지만, 근본적으로는 그의 사상이 지배층의 이익을 위한 부국강병책이 아니었기 때문입니다. 민중을 옹호한 묵자의 사상은 진나라에 의한 통일의 기운이 무르익어 가면서 약해지기 시작했고, 통일 이후 중앙 집권적 전제주의가 강화되자 역사의 무대에서 사라져 갔습니다. 묵자 사상이 다시 주목받기 시작한 것은 청나라 고증학자들에 의해서이며, 오늘날 중국에서는 사회주의와 유사한 부분에 초점을 맞추어 활발히 연구하고 있습니다.

강철 같은 조직

묵자의 사상을 따르는 사람들은 집단을 이루고 살았습니다. 집단의 우두머리는 거자라고 불렸는데, 거자는 구성원을 죽이거나 살릴 수 있는 강력한 권한을 가지고 있었습니다. 《회남자》라는 책에는 이렇게 적혀 있습니다.

묵자를 따르는 무리가 180명인데, 그들은 우두머리의 명령이 떨어지면 불 속에 들어가는 일이건 칼날을 밟고 서는 일이건 절대 주저하지 않을 사람들이다.

《사기》에서도 묵가 집단의 무사들은 말이 믿음직하고 용감하며, 약속을 성실하게 지키고, 몸을 아끼지 않고 위험에 뛰어들었다고 했습니다.

묵가 집단의 초대 지도자가 바로 묵자였습니다. 묵가 집단은 거자를 뽑을 때 선임 거자가 지명하기도 하고, 때로는 집단 구성원들이 직접 선출하기도 했습니다. 집단 구성원들은 대부분 하층민이었으며, 하급 무사나 기술자들이 많았습니다. 그들은 집단적 결속을 통해 자신들이 처한 예속적 지위를 벗어나려 했습니다.

그들의 생활은 엄격하게 통제되었습니다. 그들은 비좁은 방에서 살았고, 기둥에 조각을 하거나 벽을 화려하게 꾸며서는 안 되었습니다. 음식은 흙으로 빚은 그릇에 담긴 옥수수밥이나 조밥과 국뿐이었습니다. 옷도 여름에는 베옷, 겨울에는 사슴 가죽만을 입어야 했습니다. 노래나 오락은 철저히 금지되었고, 장례도 얇은 관 하나만 가지고 검소하게 치러야 했습니다.

그들은 이런 금욕적인 규율을 철저히 지켜야 했고, 오로지 남을 위해 일해야 했습니다. 규율을 어겼을 때는 조직에서 엄한 벌을 받았습니다. 구성원 중 누가 어떤 나라에 가 벼슬을 하면 봉록의 일부를 집단에 바쳐야 했습니다. 어떤 사람은 벼슬 자리에 있다가 묵가 집단의 금기 사항인 공격 전쟁에 참가했다 하여 거자에게 소환당하기도 했습니다.

묵가 집단의 엄격한 조직력을 잘 보여 주는 일화를 두 가지 소개하겠습니다.

진나라의 복돈이 거자를 맡고 있을 때 그의 아들이 살인죄를 저질렀다. 복돈은 나이도 많은 데다가 대를 이을 사람이라곤 그 아들 하나뿐이었다.

진나라 혜왕이 복돈에게 말했다.

"당신은 늙었고 또 외아들이니 죄를 감해 주겠소."

"묵가의 법에 따르면 남을 죽인 자는 죽어야 하고, 남을 해친 자는 벌을 받아야만 합니다. 이것이 온 세상의 대의입니다. 나는 묵가 사람이니 묵가의 법을 지킬 수밖에 없습니다."

복돈은 이렇게 대답하고 자기 아들을 처형하였다.

《여씨춘추》〈거사〉

거자 맹승은 형나라의 양성군과 아주 가까이 지냈다. 양성군은 맹승에게 성을 지켜 달라고 부탁하고 왕의 장례에 참석하러 갔다가, 정치적 사건에 휘말려 돌아오지 못하고 다른 나라로 망명해 버렸다. 그러자 형나라에서는 양성군의 땅을 몰수하기 위해 군대를 파견하였다. 맹승은 양성군과의 약속을 지켜야 한다면서 묵가 집단에게 성을 사수할 것을 명령했다.

한 제자가 반론을 제기했다.

"우리가 여기서 모두 죽는 것은 양성군에게 아무런 도움이 안 되고, 그러다간 묵가 집단이 끊어지고 말 것입니다."

"묵가의 지휘권은 송나라에 있는 전양자가 계승할 것이니 묵가가 끊어지는 일은 없을 것이다. 우리가 양성군과의 약속을 어긴다면 앞으로 그 누구도 묵가 집단과 약속을 하지 않을 것이다."

맹승은 이렇게 말하고 끝까지 싸울 것을 명령했다. 그 말을 들은 제자는 자기 잘못을 깨닫고 자결했고, 맹승과 그 부하들도 모두 전사하였다. 전양자에게 거자 자리를 넘겨 준다는 맹승의 서신을 전하러 간 두 사람이 있었는데, 그들은 서신을 전하고 나서 전양자에게 말했다.

"저희는 이제 다시 돌아가 싸우다 죽겠습니다."

전양자가 그들을 말렸다.

"이제는 내가 거자이니 내 말을 들으시오."

그러나 두 사람은 극구 돌아가서 자결하고 말았다. 그러나 이 두 사람이 보인 행동은 후대 묵가 사람들에게 거자의 명령을 따르지 않은 잘못된 행동이라는 비판을 받았다.　　《여씨춘추》〈상덕〉

한자어에 묵수(墨守)라는 말이 있습니다. 철저하게 끝까지 지킨다는 뜻인데, 이 말은 묵가 집단의 이러한 행동 양식에서 유래한 것입니다. 묵가 집단에는 하급 무사들이 많았습니다. 그러나 그들은 보통 군인과는 달랐습니다. 보통 군인이라면 어떤 전쟁이든 가리지 않고 참여했을 것입니다. 그러나 묵가 집단에게는 오직 강자의 횡포로부터 약자를 지키는 방어 전쟁만이 의미 있는 전쟁이었습니다. 또 보통 군인들에게 군인이란 지위는 생계를 유지하기 위한 직업에 불과했습니다. 그러나 묵가 집단에게는 군인

생활이 자신들의 철학을 실현해 가는 실천이었습니다. 일반 군인들은 누구를 위한 싸움인가를 따지지 않고 오직 이기겠다는 생각에만 머물러 있었지만, 묵가 집단은 전쟁 윤리를 승화시켜 새로운 세계를 지향하는 철학으로 높여 갔습니다. 이 점은 묵자와 공수반의 대화에서 잘 나타납니다.

묵자는 자신의 사상을 인과 의라는 말로 자주 표현하였습니다. 어느 날 공수반이 이를 비웃으며 말했습니다.

"나는 해전에서 상대방의 배를 잡아당기는 갈고리와 상대방의 배가 접근하지 못하도록 밀어내는 밀대를 만들었습니다. 선생은 걸핏하면 인이니 의니 하는데, 선생이 떠드는 인의에도 내가 만든 갈고리나 밀대 같은 것이 있소?"

"내가 만든 갈고리와 밀대는 당신이 만들어 낸 것들보다 더 훌륭하지요. 나는 사랑을 이용해서 남을 끌어들이고, 겸손을 이용해서 남을 밀어냅니다. 사랑이 아니면 남들이 당신을 가까이하지 않고, 겸손이 아니면 남들이 당신에게 대들게 되지요." 《묵자》〈노문〉

평범한 기술자의 논리와 묵가 집단의 논리가 어떻게 다른지를 잘 알 수 있는 이야기입니다. 그들은 단순한 군인이나 기술자가 아니었습니다. 그들은 새로운 세계관을 가진 철학자들이었으며, 그 이상을 실현하기 위한 강철 같은 조직의 동지들이었습니다. 사실 묵가 집단의 결속은 그들의 목적을 실현하기 위한 가장 현실적인 방법이었던 셈입니다.

서로 사랑하고 이익을 나누자

묵가 집단을 이렇게 강한 힘으로 결속시키고 끌고 나간 철학은 무엇이었을까요? 그들 철학의 핵심은 겸애와 교리였습니다. 겸애는 서로 사랑하자는 뜻으로 정치적 평등의 요구였고, 교리는 서로 이익을 나누어 갖자는 의미로 경제적 평등의 요구였습니다. 그러나 이 두 가지는 서로 다른 것이 아닙니다. 겸애가 이루어지면 교리는 저절로 따라오는 것입니다. 묵자는 겸애의 반대를 별애라고 했습니다. 겸애가 무차별적인 사랑이라면, 별애는 차별적인 사랑입니다.

그러면 묵자는 무엇으로부터 겸애 철학을 끌어냈을까요? 앞에서 말했듯이, 묵가 집단에는 하급 무사들이 많았습니다. 어떤 학자는 묵자의 무차별적인 사랑 철학이 바로 이 하급 무사 집단의 행동 양식에서 온 것이라고 합니다. 예를 들어, 군인들이 전쟁을 한다고 해 봅시다. 특히 묵가 집단처럼 방어 전쟁을 할 때 성벽에 둘러서서 적을 맞아 싸우는데, 성의 어느 한쪽이라도 무너지는 날이면 결국 다같이 죽을 수밖에 없습니다. 따라서 우리 편 누구 하나 중요하지 않은 사람이 없을 것이며, 서로 사랑으로 아끼고 돕지 않으면 안 될 것입니다. 바로 이 같은 극한 상황에서 동고동락하던 체험을 철학화한 것이 겸애라는 주장입니다. 묵자는 겸애란 자기를 위하듯 친구를 위하고, 내 부모를 위하듯 친구의 부모를 위하는 것이라고 했습니다. 그리고 반대로 차별적인 사랑이라면 자신을 위하듯 친구를 위할 수 없으며, 내 부모를 위하듯 친구 부모를 위할 수 없게 된다고 했습니다.

　묵자는 자신의 주장이 옳다는 것을 다음과 같은 이야기로 증명했습니다.

　만일 당신이 무슨 일 때문에 어딘가로 떠난다고 하자. 맡은 임무가 위험하고 길이 험해서 돌아오지 못할지도 모른다면, 당신은 처자식을 어떤 사람에게 맡기겠는가? 자기 가족이나 다름없이 당신 가족을 돌봐 줄 사람에게 맡기겠는가, 아니면 당신 가족보다 자기 가족을 먼저 생각하는 사람에게 맡기겠는가? **《묵자》〈겸애 하〉**

　묵자는 큰 나라가 작은 나라를 공격하고, 강한 자가 약한 자를 못살게 굴고, 많은 수를 가지고 적은 수를 괴롭히고, 귀한 자리에 있는 자가 천한 자리에 있는 사람을 함부로 부리고, 교활한 자가 어리석은 사람을 이용해 먹는 것은 모두 차별적인 사랑 때문이라고 하면서, 이 모두를 겸애, 즉 무차별적인 사랑으로 극복해야 한다고 주장했습니다. 그리고 묵자는 맹자의 표현처럼 "머리부터 발꿈치까지 갈아 없어진다 해도 그렇게 해서 세상에 이로울 수 있다면 하겠다"는 신념을 가지고 자신의 철학을 실천해 나갔습니다. 바로 묵자의 이러한 사랑을 가리켜 겸애라고 하는 것입니다.

　묵자는 자기를 위하듯 남을 위하고, 자기 나라를 위하듯 남의 나라를 위한다면, 온 세상이 이로워져서 결국 그 이익이 자기에게 돌아올 것이라고 보았습니다. 묵자 사상의 이런 점을 가리켜 공리주의라고 합니다. 사실 묵자의 이런 생각은 인간의 감정이 아니라 이성에 호소하는 것입니다. 본래 인간의 감정은 자기중심적입니다. 따라서 감정에 기초한다면 남보다는 나를, 남의 부모보다는 내 부모를, 남의 자식보다는 내 자식을, 남의 나라보다는 내 나라를 위하는 것이 자연스러운 행위입니다. 그러나 묵자는 그 같은 차별애가 사회 혼란을 가져오고, 급기야는 자신에게도 해가 된다는 것을 합리적으로 따져 보자고 했습니다.

묵자는 따져 보는 기준으로 세 가지를 제시했습니다.

첫째, 옛날부터 훌륭한 임금이라고 전해 오는 사람들이 했던 일을 생각해 보면 알 수 있다는 것입니다. 그들은 모두 자신을 돌보기보다는 백성을 위해 힘썼던 사람들입니다.

둘째, 백성들이 눈과 귀로 직접 보고 들은 사실을 보면 알 수 있다는 것입니다. 이를 통해 그들이 참으로 무엇을 원하는지를 알 수 있다는 것입니다.

셋째, 구체적인 정책이나 제도를 통해 어떤 효용이 나타나는가를 보면 알 수 있다는 것입니다. 즉 결과가 국가와 백성들에게 이익이 되는가, 아니면 해가 되는가 하는 문제입니다.

묵자가 제시한 세 가지 기준은 경험에 근거를 두고 있으며, 피지배 계층의 시각에 판정의 토대를 두고 있습니다.

이처럼 논리적인 묵자의 주장을, 피지배 계층이어서 문화적 훈련을 쌓을 기회가 적었던 대다수 묵가 집단 성원들이 쉽게 이해하기는 어려웠을 것입니다. 그래서 묵자는 자신의 주장을 강화하기 위해 하늘의 뜻을 끌어왔습니다. 하늘의 뜻이 모든 백성을 차별 없이 사랑하는 데 있기 때문에, 통치자 역시 백성들을 차별 없이 사랑해야 한다는 것입니다. 그래서 통치자가 하늘의 뜻을 잘 따라 모든 백성을 사랑하면 하늘이 상을 주고 복을 내리지만, 안 그러면 하늘이 재앙을 내린다고 주장했습니다. 미신적인 이야기처럼 들리지요? 그러나 '하늘의 뜻'은 묵자가 자신의 사상을 실현시킬 목적으로 빌려온 것일 뿐입니다. 묵자 사상에서 하늘은 종교적 외피에 지나지 않는다는 말입니다. 뒤에서 보겠지만, 이점은 묵자가 운명을 부정하고 사치스런 장례나 제사를 반대하는 데서 잘 나타납니다.

묵자는 무차별의 사랑을 실현하기 위해 현실적 힘인 강력한 통치자의 규제를 요청하기도 했습니다. 물론 여기서 말하는 강력한 통치는 전제 군주의 막강한 힘을 뜻하는 것이 아니라, 하늘의 뜻인 무차별의 사랑을 실현하기 위한 것일 뿐이었습니다.

묵자가 강력한 군주의 통치를 말하는 까닭은 다음과 같습니다. 묵자는 사람마다 가지고 있는 기준이 다르다고 보았습니다. 따라서 제각기 자신의 기준이 옳다고 고집한다면 혼란이 올 수밖에 없겠지요. 그는 이 문제를 해결하려면 마을에서 가장 현명한 사람을 뽑아 우두머리로 삼고, 그의 결정을 마을 사람 모두가 따라야 한다고 했습니다. 마을들이 모인 큰 부락에서는 각 마을의 우두머리 가운데서 가장 현명한 사람을 뽑아 부락의 우두머리로 삼고, 더 나아가 여러 부락이 모인 지방 단위에서는 각 부락의 우두머리 가운데서 가장 현명한 사람을 뽑아 지방의 우두머리로 삼자고 했습니다. 이렇게 해 나가면 천자는 온 세상에서 가장 현명한 사람이 될 것이며, 그가 진정 현명하다면 그의 뜻은 하늘의 뜻과 같을 것입니다. 따라서 하늘의 뜻에 따라 통치하는 천자에게 복종해야 한다는 논리가 나옵니다.

앞에서 보았듯이 묵가 집단들이 그들의 우두머리인 거자의 명령에 철저하게 복종했던 것도 바로 이러한 제도의 반영이었습니다. 하지만 이러한 묵자의 사상에는 당시 춘추전국이라는 엄청난 혼란 속에서 중앙 집권의 강화를 통해 혼란을 종식시켜 보려는 바람이 숨어 있습니다. 이런 측면에서 묵자의 사상은 집단주의라는 비판을 받기도 했습니다.

유가 비판

묵자 사상은 매우 합리적이며 실용적입니다. 이런 점은 유가에 대한 비판 가운데에 잘 나타나 있습니다. 당시 유·묵이라고 병칭된 이유는 두 사상 사이에 대결 의식이 있었기 때문입니다.

첫째, 묵자는 사람이 죽으면 장례를 후하게 지내고 상복을 입는 기간도 긴 유가의 예제를 반대했습니다. 그 까닭은 장례가 너무 화려해서 마치 이사 가는 사람 같으며, 이것이 재산을 탕진하게 한다고 생각했기 때문입니다. 또 3년 동안 상복을 입고 일을 안 하기 때문에 산업이 부진해지고, 그동안은 아이도 안 낳기 때문에 인구가 감소해서 정의로운 전쟁에 필요한 사람이 부족해진다는 것입니다.

둘째, 묵자는 유가의 악, 즉 음악을 연주하거나 춤추고 노래하는 것을 반대했습니다. 악기를 만들고 음악을 연주하려면 많은 시간과 돈이 들지만, 생기는 이익이 전혀 없기 때문입니다.

사실 당시 사회 조건에서 화려하게 장사 지내고 음악을 들으면서 춤과 노래를 즐길 수 있는 사람은 지배층뿐이었으며, 묵가 집단은 그런 생활을 할 수 없는 가난하고 천한 사람들이었습니다. 묵자가 화려한 장례나 음악과 노래, 춤을 반대한 것은 지배 계층의 특권을 부정한 것이며, 그 까닭은 이런 일들이 모두 피지배 계층에게는 아무런 이익이 되지 않기 때문이었습니다. 그런 점에서 묵자는 철저한 공리주의자였습니다.

셋째, 묵자는 운명론을 반대했습니다. 당시 사람들은 명(命)을 하늘이 주는 것이라고 생각해서 천명(天命)이라고 불렀습니다. 천명에는 여러 의미가 담겨 있지만, 특히 운명적 요소가 강하게 들어 있었습니다. 묵자는 자기가 운명을 반대하는 이유는 사람들이 모든 것을 운명이라고 생각하여 열심히 일하지 않기 때문이라고 했지만, 본뜻은 세습에 의한 차별성을 반대한 것이었습니다.

일반적으로 당시 사람들은 일찍 죽을 것인가 오래 살 것인가, 세상이 평안할 것인가 혼란할 것인가, 부자가 될 것인가 가난할 것인가 등을 모두 운명이라고 믿었습니다. 그리고 귀족으로 태어나 귀족 신분과 부를 세습하는 것도 운명이라고 생각했습니다.

묵자는 운명이란 포악한 임금이 만들어 낸 궁색한 변명이며, 나아가 백성을 속이는 것이라고 했습니다. 운명이란 것을 본 사람이 없을뿐더러 세상 모든 일은 운명이 아니라 인간의 노력에 달려 있고, 운명을 믿으면 노력하지 않게 되기 때문에 운명론이 세상에서 가장 큰 해악을 일으킨다고 보았습니다. 그는 당시 사람들이 가장 큰 운명이라고 생각했던 세습적 신분제에 반대했습니다. 지배층이 항상 귀한 것이 아니며 피지배층이 끝내 천한 것이 아니라고 하면서, 인재를 쓸 때 차별을 철폐하라고까지 주장하였습니다.

넷째, 묵자는 유가가 하늘과 귀신이 있다고 하면서도 그것을 신령스럽게 여기지 않는다고 비판했습니다. 유가에서 말하는 하늘은 모든 것을 낳은 생명의 근원이자 도덕의 뿌리였습니다. 그러나 묵가의 하늘은 겸애를 실천하는가를 살피는 감독의 기능이 강했습니다. 그래서 앞에서 보았듯이 상과 벌로 평가 결과를 보이는 것입니다. 이는 묵가의 합리성에 비추어 보면 맞아떨어지지 않는 주장이지만, 묵자가 자신의 주장에 무게를 싣기 위해 '신령한 하느님'을 활용한 것으로 보아야 할 것입니다.

반전 평화론

춘추전국시대의 혼란은 이기심에서 왔습니다. 이기심은 본질적으로 차별적인 사랑을 낳으며, 차별적인 사랑은 자기 자신, 자기 집안, 자기 나라에 대한 사랑으로 나타납니다. 묵자는 지배 집단의 차별적 사랑 때문에 생긴 침략 전쟁의 물결을 거슬러서 무차별적 사랑에 기초한 전쟁 반대론을 주장하였습니다. 사실 묵자의

전쟁 반대론은 겸애를 실현하기 위한 가장 현실적인 주장이었습니다.

그러나 그는 전쟁을 반대한다고 외치는 것만으로는 아무런 의미가 없다고 생각했습니다. 아무리 강력한 구호도 작은 실천을 따라갈 수 없습니다. 그래서 묵가 집단은 그러한 전쟁에 맞서는 방어 전쟁에 직접 참여하기도 했고, 방어를 위한 무기들을 새롭게 만들어 내기도 했습니다. 어떤 학자는 묵가 집단의 이런 모습을 가리켜 방어전을 위한 전쟁 청부업이라고도 했습니다.

묵자가 전쟁을 반대한 가장 큰 이유는 전쟁이 파괴적이고 비생산적이며, 개인의 사욕을 채우기 위한 것이기 때문입니다. 묵자는 그럴듯한 명분으로 전쟁을 벌이는 지배 집단을 도둑에 비유했습니다. 남의 집에 들어간 좀도둑이 처벌을 받는 것과 달리, 남의 나라를 침략한 큰 도둑은 오히려 칭찬을 받는다고 비난했습니다. 또 죄 없는 사람 한 명을 죽이면 살인자가 되고 열 사람을 죽이면 인간 백정이 되는데, 전쟁을 일으켜 수만 명을 죽인 자는 도리어 영웅이 되니 어찌 된 일이냐고 했습니다.

침략 전쟁을 막기 위한 묵자의 노력은 첫머리에 소개한 일화에서 보았듯이 눈물겹습니다. 묵자는 그 밖에도 제나라 임금을 설득하여 노나라에 대한 침략을 막았고, 초나라 임금을 설득하여 정나라에 대한 공격을 막았습니다. 묵자의 전쟁 반대 의지는 그만큼 강했습니다.

꿈으로 남은 묵자 철학

묵자 철학은 중국 고대 철학 가운데 피지배 계층의 편에 가장 가까이 선 철학이었습니다. 그는 당시 억압과 수탈을 일삼은 지배 계층을 향해 똑같이 사랑하라고 외침으로써 정치적 평등을 확보하려 했고, 서로 나눠 갖자고 주장함으로써 경제적 수탈에 대항했습니다. 백성들에게 아무런 이익도 주지 못하는 지배층의 음악·노래·춤을 반대했고, 화려한 장례를 반대했습니다. 현실적인 지배를 운명이라고 합리화하는 지배 논리에 맞섰고, 강자의 영토 확장 욕구를 채우기 위한 침략전을 막기 위해 직접 무기를 만들고 싸우기까지 했습니다.

　묵자의 사상은 지배층 누구에게도 환영받지 못했습니다. 그것은 당연한 일이었습니다. 그래도 아직 통일의 기운이 한곳으로 모이지 않았을 때는 많은 약소국이 묵자의 뛰어난 방어전 기술을 필요로 했기 때문에, 이런 상황이 묵가 집단을 유지시키는 사회적 조건이 되었습니다. 그러나 세력 균형이 깨져 몇몇 강대국 중심으로 세력이 재편되면서부터 묵가의 영향력이 약해지기 시작했고, 진시황이 중국을 통일한 후 왕권이 안정되자 묵자 사상은 완전히 소멸하고 묵가 집단도 없어졌습니다. 다만, 그 뒤로는 협객들의 집단, 즉 의적 같은 비밀 결사들을 통해 명맥을 이어 나갔을 뿐입니다.

　묵자 사상이 소멸된 원인은 다른 사상과의 관계에서도 찾을 수 있습니다. 묵자 사상이 상당히 호응을 얻고 있을 때 맹자는 묵자를 맹렬하게 비난했습니다. 맹자는 묵자의 겸애가 자기 아버지와 남의 아버지를 똑같이 사랑하라는 것이기 때문에, 결국은 자기 아버지를 부정하는 것이라고 공격하였습니다. 묵자의 유가 비판에 대한 유가의 대응이었던 셈입니다. 사실, 묵가와 유가 사이의 이러한 대결 의식은 묵가가 상당한 세력을 유지하는 동안 끝없이 이어졌지만, 그 당시는 정부의 통제 밖에 있는 자유로운 대립이었습니다. 그런데 진나라를 이어 중국을 평정한 한나라가 유가 이론을 통치 원리로 받아들이면서 묵자의 철학이 더 지속될 수 없었던 것입니다.

묵자에게는 서로 사랑하고 함께 나누는 사회에 대한 꿈이 있었습니다. 묵자의 사상은 2500여 년 전이라는 상황을 전제하지 않더라도 혁명적 사상임이 틀림없습니다. 그러나 그 꿈은 이루어지지 않았습니다. 그 까닭은 어디에 있을까요?

묵자는 꿈을 실현하기 위해 집단을 만들었고, 강자에 맞서 싸우기까지 하였습니다. 그러나 묵자는 혁명을 꿈꿀 수 없었습니다. 이 점은 그의 사상에 혁명적 요소가 있다는 사실과는 별개의 문제입니다. 묵자가 피지배 계층에 의한 혁명을 인정한다면 그것은 또 다른 공격 전쟁을 의미하게 되고 공격 전쟁은 겸애에 어긋나는 것이니, 스스로 자기 철학의 가장 핵심적인 부분을 부정하는 결과를 낳습니다. 이 점이 묵자의 꿈이 이루어질 수 없었던 내부 요인입니다.

그러나 더 큰 원인은 다른 데 있는 것 같습니다. 묵자 사상은 사회주의는 아니지만 사회주의와 유사한 점이 많습니다. 우

동양철학 에세이 1

리는 1990년을 전후하여 사회주의 국가들의 몰락을 보았습니다. 사회주의는 인간의 사회적 실천을 강조하면서, 헌신적인 자기희생과 꿋꿋한 도덕성을 바탕으로 유지되어 왔습니다. 그러나 인간 내면에는 또 다른 욕구가 있습니다. 그것은 다름 아닌 이기심입니다. 사회주의는 강한 조직력과 이성적 판단에 근거하여 지탱되었고, 경험과 실천이 그 사회의 추동력이었습니다. 그러나 조직력에 틈이 생기고, 그 틈을 이기적인 욕구가 뚫고 나왔을 때 사회주의는 몰락의 길을 걸을 수밖에 없었습니다.

묵자도 이성에 호소함으로써 묵가 집단을 강철 같은 대오로 이끌어 갔습니다. 물론 여기에는 하늘의 뜻이라는 외피도 있었지만, 주된 동력은 이상 사회에 대한 간망과 꿈이었고, 이를 통해 내적 성실성과 아울러 외적인 배척력을 함께 가질 때 유지될 수 있었습니다. 즉 팽팽한 긴장이 강한 단결력을 가져왔던 것입니다. 그러나 춘추전국의 혼란이 영원히 지속될 수는 없었습니다. 혼란의 종말은 지배 집단의 몰락을 가져온 것이 아니라, 오히려 그들을 강화하였습니다. 혁명 이론이 없는 묵자의 철학이 이런 상황에서 더는 지탱될 수 없었던 것입니다. 또한 그러한 틈을 이기적 욕구가 그대로 놓아둘 리도 없었습니다. 결국 2500여 년 전 중국의 획기적인 사상은 꿈으로 남았던 것입니다.

상자를 열고 주머니를 뒤지고
궤짝을 여는 도둑에 대비하려면,
반드시 끈으로 묶고 자물쇠를 채워야 한다.
이것이 세상에서 말하는 현명함이다.
그러나 큰 도둑은 궤짝을 지고 상자를 들고
주머니를 둘러메고 달아나면서 오히려
끈과 자물쇠가 약해 끊어지지 않을까 걱정한다.
세상에서 말하는 현명함이란 결국
큰 도둑을 위하여 봉사하는 것이 아닌가?

장자

광활한 정신 세계의 끝없는 이야기

몇 해 전에 어느 대학의 철학과 2학년생들에게 '노장 철학'을 강의한 적이 있었습니다. 노장 철학은 노자와 장자의 철학을 합쳐서 부르는 이름이고, 노자와 장자는 중국 고대 도가 사상의 대표자로 알려져 있습니다. 그렇지만 노자와 장자의 철학을 똑같은 철학으로 설명할 수 없는 부분도 있고, 노자나 장자라는 인물이 어디서 무엇을 한 사람인지도 분명하지 않습니다. 그렇기 때문에 대개 《노자》와 《장자》라는 책을 중심으로 강의를 하게 됩니다. 그때 한 여학생이 《장자》를 읽고 써 낸 독후감이 매우 인상적이어서 지금 기억에 남아 있는 대로 일부분을 소개합니다.

아프리카에는 양과 닮은 스프링복이라는 야생 동물이 있답니다. 그놈들은 수백, 수천 마리씩 떼를 지어 풀밭을 찾아다니는데, 풀밭을 만나면 뜯어먹고 다 먹으면 또 다른 곳으로 옮겨 간답니다. 그런데 어떤 때는 풀밭이 있어도 계속 달리는 경우가 있답니다. 그건 앞쪽에서 풀을 죄다 뜯어먹어 버려 먹을 게 없어진 뒷놈들이 앞에 가는 놈들을 밀어붙이기 때문이랍니다. 한번 달리기

동양철학 에세이 1

시작하면 점점 더 빨라져 새로운 풀밭이 나타나도 먹지 못하고, 떼를 지어 계속 달리다가 낭떠러지에 떨어져 한꺼번에 죽는 수도 있답니다. 장자의 눈으로 우리 현대인들을 본다면, 바로 이 스프링복이라는 양 떼와 같지 않을까 하는 생각이 듭니다. 선생님께서는 어떻게 생각하시는지요?

우리는 날마다 바쁘게 달리고 있습니다. 우리가 무엇 때문에 이토록 바쁘게 살아야 하는지 알고 있는 사람은 얼마 되지 않을 것이고, 대부분은 이런 생각을 할 여유조차 없는 것 같습니다. 우리가 장자와 함께 산에 오르면 이런 대화를 하게 될지도 모릅니다.

"저 아래 차들과 사람들을 보게. 분주히 무엇인가를 쫓아다니지 않는가? 저들이 무얼 찾고 있는지 알겠는가?"

"저 사람들은 가족의 생계를 책임지고, 회사를 위해 열심히 일하며, 나라의 장래를 걱정하여 바쁘게 뛰고 있습니다. 벌건 눈으로 권력과 명예와 부와 사치 향락을 좇는 자들도 있겠지만, 저나 선생님처럼 실업자가 되어 산기슭이나 어슬렁거리는 것보다는 부지런히 살아가는 게 좋지 않습니까?"

"답을 모르면 모른다고 할 것이지, 왜 딴소리를 하는가? 나도 실업자가 되고 싶어서 된 것은 아닐세. 그건 그렇고 나는 저 사람들이 저렇게 바삐 찾아다니는 것이 무엇인지 안다네. 저들은 매우 '소중한 것'을 잃어버린 게 분명해. 그러니까 열심히 찾아다니는 것 아니겠나? 그런데 저 사람들은 너무 바빠서 이제 자기가 잃어버린 것이 무엇인지도 잘 모르는 것 같아."

우리가 잃어버린 것: 도(道)

도는 길입니다. 길은 사람들이 다니는 곳입니다. 그러므로 사람들이 다니면 길입니다. 그래서 공자는 "사람이 길을 넓히지, 길이 사람을 넓히는 것이 아니다"라고 했습니다. 사람이 길 아닌 곳으로 가면 가시 덩굴이나 진흙탕에 빠져 고생하게 됩니다. 그래서 사람은 길로 가야 합니다. 사람이 마땅히 가야 하는 길이 있습니다. 그것이 인간의 도리(人道)입니다. 요즈음은 인도보다 차도 이야기를 많이 합니다. 사람이 갈 길에 차들이 점점 쳐들어와 인도가 차도가 됩니다. 그래서 우리는 인도를 잃어 가고 있습니다.

공자가 말한 인도는 '효제충신'이었습니다. 공자는 이렇게 생각했습니다.

"사람은 부모에게 효도하고 윗사람을 공경하며, 스스로 최선을 다해야 하고 남에게 미더워야 한다. 이 인도를 잘 닦으면 어진 사람(仁人)이 된다. 어진 사람은 사람다운 사람이고, 남과 공감할 수 있는 사람이다. 남의 감정과 고통과 의도를 이해하지 못하는 사람과는 인도에 대해 말할 수 없다. 그러므로 인은 모든 도덕의 근원이다."

차는 사람이 몰고 가는 것이므로 차도도 결국 인도입니다. 공자는 어진 사람이면 차를 타도 좋다고 생각했습니다. 비바람이 치는 날, 막 뒤집힐 듯한 우산을 요리조리 가누면서 인도로 걸어가는 사람과 자가용 뒷자리에 편안히 앉아 음악을 들으며 차도로

동양철학 에세이 1

가는 사람을 상상해 봅시다. 얼마나 불공평합니까? 그러나 공자는 차 안에 앉아 있는 사람이 걸어가는 사람에게 흙탕물을 튀기지 않도록 주의하는 정도의 배려만 있다면 이런 불평등은 문제되지 않는다고 합니다. 그래서 공자는 길을 넓히는 데 반대하지 않으며, 때로는 새 길을 만들 수도 있다고 말합니다.

장자는 공자의 말이 그럴듯하긴 하지만 실제로는 속임수라고 합니다. 사람다운 사람은 차도로 가도 좋고 길을 넓힐 수도 있다는 공자의 말은, '사람다운 사람'의 이름을 빌린 인간들이 길을 넓힌다는 명목으로 이웃 나라를 침략하는 것을 옹호해 주고, 가난한 백성이 부역과 전쟁에 동원되어 가족과 떨어져 객지에서 죽고 마는 상황을 합리화한다고 장자는 생각하였습니다. 공자가 군대(군사력), 식량(경제력), 백성들의 신뢰(권력의 정당성) 가운데 정치가가 끝내 잃어서는 안 되는 것은 백성들의 신뢰라고 한 것을 생각해 보면, 장자의 비난이 지나친지도 모릅니다. 그러나 장자는 '부국강병'을 외치는 법가나 '도덕 정치'를 외치는 유가나, 춥고 배고픈 백성들의 눈으로 보면 그놈이 그놈이라고 생각했습니다. 장자의 생각은 이랬습니다.

'길이란 무엇인가. 공자가 말하는 길은 진정한 길이 아니다. 진정한 길은 어떤 사람만이 만들 수 있고, 또 어떤 사람만 편하게 가는 그런 것이 아니다.'

한번은 장자가 문혜군이라는 왕을 초청해 놓고, 소 잡는 기술자를 강사로 내세워 도를 강의하게 했다. 강사는 먼저 실기로 왕에게 시범을 보였다. 그의 손놀림과 자세, 칼을 쓰는 동작은 마치 아름다운 음악을 연주하는 것 같았다.

　문혜군이 경탄하며 말했다.

　"아아, 훌륭하도다! 기술이 이런 경지에 이를 수도 있는가?"

　소 잡는 기술자가 칼을 놓고 말했다.

　"제가 좋아하는 것은 도입니다. 기술이 아니지요. 제가 처음 소 잡는 일을 시작했을 때는 보이는 것이 소뿐이었습니다. 그런데 3년이 지나자 소가 한눈에 다 들어오지 않았습니다. 그리고 이제는 마음으로 소와 만날 뿐 눈으로는 보지 않습니다. 감각의 작용이 멈췄고, 마음만 움직입니다. 오직 소의 결대로 칼을 움직여 살과 뼈 사이의 큰 틈을 쪼개 벌리고, 뼈와 뼈 사이의 빈 곳에 칼을 밀어넣고, 소의 몸에서 원래부터 빈 곳을 따라가니, 뼈나 살이 엉겨 붙은 곳에 칼이 닿는 일이 없으며, 하물며 큰 뼈에 닿는 일은 전혀 없습니다.

　솜씨 좋은 사람도 해마다 칼을 바꾸는데, 그것은 살이 엉긴 곳을 베기 때문입니다. 보통의 백정은 다달이 칼을 바꾸는데 그것은 뼈를 자르기 때문입니다. 그러나 저의 칼은 지금 19년이 되었습니다. 잡은 소가 수천 마리는 됩니다. 그런데도 칼날이 금방 숫돌에 간 것 같습니다. 원래 소의 뼈마디 사이에는 빈틈이 있고, 칼날에는 두께가 없습니다. 두께가 없는 것을 틈이 있는 곳에 집어넣으니, 자연히 넉넉하고 넓어 아무리 칼을 휘저어도 반드시 남는 구석이 있게 마련입니다. 그래서 19년이나 쓴 칼날이 아직도 금방 숫돌에 갈아 낸 것 같지요.

하지만 살과 뼈가 얽히고설킨 곳에서는 저 역시 어려워집니다. 두렵고 조심스럽기만 하고, 눈이 한곳에 고정되어 손놀림이 더뎌집니다. 따라서 칼의 움직임도 매우 미묘해집니다. 그래서 찢고 벌려 다 가르고 발라내면, 마치 흙덩이가 땅에 쌓이듯 고깃덩이가 쌓이는 것입니다. 그제야 비로소 저는 칼을 들고 서서 사방을 돌아보며 흐뭇해합니다. 그러고는 칼을 닦아 넣어 두지요."

"정말 훌륭하다. 나는 그대의 말을 듣고 비로소 양생의 비결을 알았다."

《장자》〈양생주〉

위의 예화는 이렇게 말하고 있습니다.

"도는 빈 것이다. 그것은 무다. 그러므로 만물을 낳고 포용할 수 있다. 만물 중 하나인 인간은 도를 따라야 한다. 도를 벗어나면 오직 스스로가 상할 뿐이다. 도를 따르지 않고 쓴 칼날이 무디어지듯이."

"도는 원래 그런 것이고, 인간이 이렇게 저렇게 넓힐 수 있는 것이 아니다. 유가에서 말하는 도는 자기들이 지어낸 도다. 그들은 '이것이 사람이 갈 길이다' 하고 가르치지만 '도는 이것이다' 하고 말할 수 없는 것이다. 도는 말할 수도 없고, 볼 수도 없고, 만질 수도 없는 것이다."

도는 감각과 사유로 알 수 없다

《장자》에는 '혼돈의 죽음'이라는 유명한 이야기가 나옵니다.

> 남쪽 바다의 황제는 숙이고, 북쪽 바다의 황제는 홀이며, 중
> 앙 땅의 황제는 혼돈이다. 숙과 홀이 때로 혼돈의 땅에서 만나면
> 혼돈이 극진히 대접해 주었다. 숙과 홀은 혼돈의 덕에 어떻게 보
> 답할까 의논한 끝에 이렇게 결정했다.
> "사람은 모두 일곱 구멍이 있어 보고 듣고 먹고 숨쉬는데, 혼
> 돈은 홀로 이것이 없으니 우리가 뚫어 주세."
> 그리하여 날마다 한 구멍씩 뚫었는데, 일주일째에 혼돈은 죽
> 고 말았다. 　　　　　　　　　　　　　　《장자》〈응제왕〉

도는 우리의 감각으로 알아낼 수 있는 것이 아닙니다. 사람
의 오관은 각기 외부 사물의 모양과 색깔, 냄새, 맛, 촉감을 받아
들이지만, 도는 오관에 잡히지 않습니다. 그래서 장자는 "귀로 듣
지 말고 마음으로 들어라, 마음으로 듣지 말고 기로 들어라" 하고
말했습니다. 감각뿐만 아니라 생각으로도 도를 완전히 알 수 없
다는 말입니다.

그렇다면 장자는 무엇을 위해 도를 가르친 것일까요?

우리의 삶은 유한하고, 알아야 할 것은 무한하다. 유한한 것
으로 무한한 것을 좇는 일은 위태로울 뿐이다. 그럼에도 스스로

알았다고 여기는 것은 더욱 위태롭다. 착한 일을 하더라도 유명해지지 말고, 나쁜 짓을 하더라도 형벌에 걸리지는 말라. 중도(中道)를 기준으로 삼으면 몸을 상하지 않고, 생긴 대로 자기를 실현할 수 있으며, 부모를 잘 모실 수 있고, 타고난 수명을 다할 수 있다.

《장자》〈양생주〉

장자는 통이 커서 별을 따다가 공기놀이를 하는 이야기나 기를 타고 우주 여행을 하는 이야기만 할 줄 알았는데, 이 이야기는 너무 자잘합니다. 겨우 몸 다치지 말고 오래 살자는 이야기 아닙니까? 젊은 남자들이 군대 갈 때, 어른들이 한결같이 충고하는 말과 다를 게 없습니다.

"건강이 제일이다. 몸조심하거라."

"앞에 나서지도 말고 뒤에 처지지도 마라. 그저 중간만 가라."

이런 이야기는 철학이라기보다는 비굴하고 교활한 처세술 정도로 보입니다. 그러나 무질서한 세상을 건지겠다는 공자의 도를 비웃은 장자의 '큰 도'는, 사실 개인의 생명과 그것의 온전한 발현을 이루어 가는 문제와 단짝입니다. 이런 점에서 유가의 문제나 장자의 문제나 모두 인간들 속의 인간의 삶의 문제였습니다. 다만, 장자는 유가에서 규정해 놓은 '사람이 마땅히 가야 할 길'에 동의할 수 없었습니다. 그러면 이것은 누구를 위한 철학일까요?

기계를 싫어하는 인간 기계들

어떤 작품에 이런 이야기가 나옵니다.

"아주 옛날에는 여자들만 살았다. 어느 날 여자들이 모두 모여 토론하였다. '우리는 일하느라고 시간을 죄다 써 버린다. 힘든 노동을 벗어날 방법이 없을까?' 긴 토론 끝에 말도 잘 듣고 일도 잘하는 동물을 만들기로 결론이 났고, 이렇게 해서 생겨난 것이 남자다."

역사의 어느 시기엔가 직접 들에서 일하지 않고도 밥을 먹는 사람들이 나왔을 것입니다. 어떤 숨어 사는 노인이 공자를 "오곡도 분간하지 못하는 사람"이라고 비웃은 것이나, 맹자가 "육체를 쓰는 사람이 정신을 쓰는 사람을 먹여 주고, 정신을 쓰는 사람이 육체를 쓰는 사람에게 받아먹는 것은 옛날부터 내려오는 당연한 관계"라고 한 것에서도 이런 사정을 알 수 있습니다. 물론 맹자는 정신을 쓰는 사람은 육체를 쓰는 사람을 '위하여' 살아야 하고, 엄격한 자기규율로 정의와 도덕의 모범이 되어야 한다고 강조했습니다. 그러나 맹자는 훌륭한 어머니를 만난 덕택에 들에 나가 뙤약볕을 쬐면서 땅을 파는 것이 얼마나 힘든지 직접 경험해 보지는 않았을 것입니다.

장자는 찢어지게 가난했던 모양입니다. 지방 관리에게 쌀 꾸러 갔다가 푸대접 당하는 이야기, 짚신을 엮어서 생활한 이야기, 누더기를 입고 거지꼴로 위나라 왕을 만난 이야기 등이 나옵니다. 장자의 제자들 중에는 직접 농사짓는 사람들이 많았던 것 같습니다. 물론 사냥도 하고 고기도 잡았겠지요. 그 가운데는 기계 혐오증을 가진 사람들이 있었던 모양입니다. 춘추시대에 나온 철제 농기구가 장자가 살던 시대에는 이미 널리 보급되었으며, 소를 농사에 이용하고, 거름을 주는 방법을 개발하는 등 농업 생산에 새로운 변화가 일어났습니다. 새 발명품 중에 물을 길어 올리는 기계가 있었습니다.

공자의 제자 중 당대에 손꼽히는 부자였던 자공이 길을 가다가 한 농부를 만났습니다. 농부는 우물에서 물을 길어 가뭄으로 시들어 가는 곡식에 뿌려 주느라 땀을 뻘뻘 흘리고 있었습니다. 돈 버는 재주가 뛰어났던 자공은 새로운 발명품들에 대한 소식을 잘 알고 있었고, 그래서 이 농부에게 새로 나온 물 긷는 기계를 권했습니다. 농부는 자기도 그런 기계가 있는 것을 잘 알지만 일부러 쓰지 않는다고 대답하여 새 소식을 전해 주려 한 자공을 무안하게 만듭니다. 기계를 사용해서 편해지면 인간의 본마음이 변질된다고 하면서, 자기는 땀 흘리는 것을 일부러 선택했다고 자랑스럽게 말합니다.

《장자》에 실려 있는 이 이야기는 기계나 노동에 대한 것이라기보다 정치적인 이야기라고 볼 수 있습니다. 즉 기계를 사용하여 더 많이 생산하는 사회적인 변화가 생산을 담당하는 농부들에게 돌려주는 이득이 별로 없다는 뜻입니다. 옛날 방식으로 살 때는 임금이 있는지 없는지도 몰랐고, 일한 만큼 수확하여 그에 맞추어 먹고 살았지만, 이제는 관리들이 와 세금도 내라 하고, 일하는 데도 간섭하고, 부역이나 전쟁에 끌고 가려 하니 좋을 것이 없다는 것이지요. 그들은 기계가 가져다주는 편리함은 인간의 자연스런 자기발현을 포기하는 대가로 주어진다고 생각하였습니다. 그것은 기계와 인간의 문제인 동시에 인간과 인간의 문제였습니다.

사실 기계는 오히려 묵자 학파나 장자 학파에서 더 잘 만들었습니다. 고대인들도 자동으로 일하는 기계가 있으면 얼마나 좋을까 생각하였을 것입니다. 이 시기 문헌에는 전쟁 무기용 발명품들도 나오고, 용도가 무엇인지 모르지만 사흘 밤낮을 자동으로 날아다닌 모형 비행기 이야기도 나옵니다.

장자 시대보다 뒤에 쓰인 것이지만, 역시 도가 사상가들의 저술인 《열자》라는 책에 이런 이야기가 있습니다.

주나라 5대 천자인 목왕이 서쪽 제후국들을 둘러보는 길에 어느 나라에서 언사(偃師)라는 이름을 가진 기술자를 선물로 받았다. 그는 천자를 위해 특별히 솜씨를 발휘하여 꼭두각시 인형을 만들었다. 걸음걸이도 능숙하고 몸놀림도 능란하여 살아 있는 사람과 다름없었다. 턱을 움직여 노래 부르고 손을 흔들어 춤추는 모양을 보고 천자는 진짜 인간이 아닌가 의심하였다. 그런데 연기를 한 차례 끝낸 이 인형이 천자를 모시고 있는 총희에게 윙크를 하는 게 아닌가.

천자가 크게 노하여 당장 언사를 죽이려 하였다. 언사는 벌벌 떨면서 인형을 풀어헤쳐 천자에게 보였다. 가죽·나무·아교·옻·백흑(白黑)·단청(丹靑)을 합쳐서 만든 것이었다. 천자가 하나하나 살펴보니, 안에는 간·쓸개·심장·폐·비장·신장·창자·위장이 있고, 겉에는 근육과 뼈, 마디, 가죽과 털, 이빨과 머리털이 있는데 모두 모조품이었다. 천자가 시험 삼아 인형의 심장을 떼어내니 입으로 말을 하지 못했다. 간을 없애니 눈으로 보지 못했다. 신장을 없애니 발로 걷지 못했다.

천자는 비로소 기뻐하며 말했다.

"사람의 기술이 이처럼 조물주와 같을 수 있는가!" 《열자》〈탕문〉

진짜 사람으로 착각할 만큼 완벽한 인형을 상상한 도가 사상가들의 직업은 무엇이었을까요? 왕과 대신들의 눈과 귀를 즐겁게 하기 위해 억지로 물렁뼈가 되어야 하는 광대를 대신할 기계가 있었으면 하는 바람은 없었을까요?

《장자》에 매미 잡는 사람 이야기, 호랑이 사육사 이야기, 활 잘 쏘는 사람 이야기 등등이 나오는 것은, 이 책을 쓴 사람들이 직접 경험하지는 않았더라도 그런 일을 하는 사람들과 가까웠거나 그들에게 애착을 가졌기 때문이라고 생각됩니다. 근대 이전의 기술은 '예술'의 의미를 가지듯이 《장자》에는 예술가로서의 기술 이야기가 많이 나옵니다. 장자의 무리들은 육체를 쓰는 사람들의 편이었습니다.

그들의 이야기라면 처절하고 한 맺힌 것이어야 할 텐데 어째서 장자의 이야기는 그토록 화려하고 황당한 것일까요?

장자의 우주 여행

북쪽 바다에는 물고기가 있으니, 그 이름을 곤이라 한다. 곤의 크기는 몇 천 리인지 알 수 없다. 변하여 새가 되니, 그 이름을 붕이라 한다. 붕의 등은 몇 천 리인지 알지 못한다. 한번 떨쳐 날면 그 날개가 하늘에 드리운 구름과 같다. 이 새는 바다가 움직이면 남쪽 바다로 옮겨 간다. 남쪽 바다는 하늘의 못(天池)이다. 《제해》는 괴상한 것을 기록한 책이다. 그 책에 "붕이 남쪽 바다로 옮길 때, 물길을 갈라 치는 것이 삼천 리요, 요동쳐 오르는 것이 구만 리이며, 여섯 달을 가서 쉰다"라고 하였다.   《장자》〈소요유〉

    매미와 산비둘기가 웃으며 말한다.
    "우리는 용을 써서 날아도 느릅나무나 박달나무 가지에 겨우 오르며, 때론 거기에도 이르지 못해 땅에 떨어지는데, 어찌 구만 리를 솟아올라 남쪽으로 간단 말이냐?"
    야외로 소풍 가는 이는 세 끼 먹고 돌아와도 배가 부르며, 백 리를 가는 이는 밤새 양식을 찧고, 천 리를 가는 자는 석 달 동안 양식을 모은다.
    이 두 벌레가 무엇을 알겠는가?   《장자》〈소요유〉

    아주 유명한 《장자》의 첫 부분입니다. 큰 뜻을 품고 길을 떠나는 위대한 인간의 모습을 표현할 때 쓰는 '붕정만리(鵬程萬里)'라는 말이 여기서 나온 것입니다.

조선 시대 실학자들은 지구가 둥글다는 사실을 매우 신기하게 받아들였습니다. 그리고 그것을 이해한 뒤로는 중국 중심의 사대주의를 벗어나는 데 이용하였습니다. 개화기 선각자들도 지구의를 갖다 놓고 빙빙 돌리면서 사람들을 깨우쳤다고 합니다.

"천하의 중앙은 어느 나라일까요? 중국일까요, 미국일까요? 이리 돌리면 이 나라고, 저리 돌리면 저 나라가 됩니다. 우리도 부강해지면 천하의 중앙이 될 수 있습니다."

그러나 지구가 둥글다거나 우주가 넓다는 생각은 이미 2300년 전에 장자의 머릿속에 있었습니다. 장자는 자기의 우주 여행 보고서를 이렇게 썼습니다.

"하늘의 푸르고 푸른 것이 자기의 본래 모습일까? 저쪽에서 이 땅을 보라. 그러면 역시 마찬가지일 것이다."

장자는 어떤 우주선을 타고 갔을까요? 지네는 다리가 많은데도 뱀보다 느려 뱀을 부러워하였습니다. 그러나 발 없이 빨리 가는 뱀은 형체도 없이 자기보다 빠른 바람을 부러워하였습니다. 인간의 마음은 발도 없고 형체도 없지만, 우주의 끝까지 달려갈 수 있습니다. 장자는 자기의 정신을 천지 자연의 기에 태우고 여행한 것입니다.

맹자처럼 정신을 쓰는 사람만 생각하는 것이 아니라 육체를 쓰는 사람도 생각을 합니다. 농부도 이 지구를 내려다볼 수 있는 정신이라는 것을 가지고 있습니다. 기계가 편리하지만 자기를 빼앗아 간다는 것도 알고, 위정자들이 어떻게 도둑질하는지도 압니다. 장자는 이 정신을 타고 천지를 왕래하였습니다.

맹자가 정신을 쓴 것은 집안 걱정, 나라 걱정, 헐벗고 굶주리고 외롭고 약한 삶들을 걱정한 것이었지만, 장자가 저 위에 올라가서 보니 두 나라의 전쟁이란 것이 달팽이 뿔 위에서 싸우는 꼴이었습니다. 좀더 올라갔더니 땅덩어리는 물과 흙으로 되어 있고, 다시 더 올라갔더니 마치 하나의 달처럼 보였습니다. 그래서 장자는 더 넓게, 더 멀리 보고 와서 세상을 말하기 시작하였습니다. 육체를 써서 서류나 장부를 만지작거리는 사람들을 먹여 살리는 동료들에게 정신을 쓰는 사람들이 모르는 것을 가르치기 시작한 것입니다.

도는 어디에 있는가

동곽자가 장자에게 물었다.
"도는 어디에 있는가?"
"없는 곳이 없다."
"구체적으로 이름을 지적하여 말해 보시오."
"쇠파리에 있다."
"도가 어찌 그렇게 지저분한 데 있는가?"
"가라지나 피 같은 잡초에 있다."
"어째서 더 하찮은 것에 있는가?"
"옹기 조각에 있다."
"왜 점점 더 심해지는가?"

"똥오줌에 있다."

"……."

장자가 말하였다.

"당신의 질문은 본질을 물은 것이 아니다. 구체적인 사물을 벗어나 도를 이야기하려 해서는 안 된다. 지극한 도는 이와 같고, 위대한 말도 이와 같다."

《장자》〈지복유〉

도는 바로 우리들 가까이에 있습니다. 그것은 고상하고 깨끗하고 상상할 수 없는 그 무엇이 아닙니다. 우리의 삶 속에, 우리가 만지는 그릇 속에, 농부가 이용하는 거름 속에, 우리와 더불어 사는 하찮은 미물들 속에 있습니다. 도는 많이 배운 사람들에게 있는 것도 아니고, 육체를 쓰는 사람들을 관리하는 이들에게 있는 것도 아닙니다. 그런데 왜 공자나 맹자가 말하는 도는 특별한 사람들에게만 해당하고, 땀 흘리며 일하는 사람들과는 거리가 먼 것처럼 느껴질까요?

도를 분열시킨 것

《장자》33편 중 두 번째 편의 제목은 '제물론'입니다. 제물론은 모든 이론을 가지런히 한다, 다시 말해 서로 다투는 온갖 의견들을 잠재운다는 뜻입니다. 전국시대는 나라 간의 전쟁과 학파 간의 이론 경쟁이 치열한 시기였고, 장자는 이러한 상황이 평화와 공존의 상황으로 바뀌기를 바랐습니다. 그래서 그는 지식인들이 자기 주장을 퍼뜨리고 세상을 구제하겠다고 나설수록 세상이 더 혼란스러워진다고 주장했습니다.

상자를 열고 주머니를 뒤지고 궤짝을 여는 도둑에 대비하려면, 반드시 끈으로 묶고 자물쇠를 채워야 한다. 이것이 세상에서 말하는 현명함이다. 그러나 큰 도둑은 궤짝을 지고 상자를 들고 주머니를 둘러메고 달아나면서 오히려 끈과 자물쇠가 약해 끊어지지 않을까 걱정한다. (……) 세상에서 말하는 현명함이란 결국 큰 도둑을 위하여 봉사하는 것이 아닌가(지식인이란 자들은 나라를 전쟁으로 빼앗는 군주들의 종이 아닌가)?　　　　　《장자》〈거협〉

도덕은 명예욕 때문에 흔들리고, 지략은 전쟁 속에서 나온다. 명예욕은 서로를 파괴하고, 지략은 전쟁 무기가 된다. 이 두 가지는 흉한 것이니 추구할 만한 것이 아니다.　　　　　《장자》〈인간세〉

장자는 침략 전쟁으로 나라를 훔치는 군주에게 봉사하는 지식인들의 이론이 어떠한 맹점을 가지고 있는가를 깊이 문제 삼았습니다. 그는 당시 지식인들이 서로 자기가 옳다고 주장하는 이론들은 어떻게 말해도 정당화될 수 없다고 보았습니다.

너와 내가 논쟁을 하여 네가 이겼다면, 과연 너는 옳고 나는 틀린 것인가. 내가 너를 이겼다면, 과연 나는 옳고 너는 틀린 것인가. 우리가 결론을 내릴 수 없어 제삼자를 부른다면, 우리는 누구에게 바르게 판정해 달라고 할 수 있을까. 너와 의견이 같은 사람은 이미 너와 의견이 같으므로 바르게 판정할 수 없다. 나와 의견이 같은 사람은 이미 나와 의견이 같으므로 바르게 판정할 수 없다. 우리와 의견이 다른 사람이라면, 이미 우리와 다른데 어떻게 바르게 판정할 수 있겠는가. 우리와 의견이 같은 사람이라면 이미 우리와 같은데 어떻게 바르게 판정할 수 있겠는가. 그러므로 너와 나와 제삼자가 모두 서로 알 수 없는데, 또 다른 사람을 부른다고 해결되겠는가. 　　　　　　　　　　　《장자》〈제물론〉

　논쟁자들은 왜 논쟁을 마무리할 수 없는 걸까요? 그것은 옳고 그름의 표준을 삼을 수 있는 기준이 없고, 언어 자체가 하나의 세계를 분열시키고 시비를 일으키는 단서이기 때문입니다.

　(세계가 하나라면) 이미 하나라고 했으니 말한 것이 있지 않은가. 이미 하나라고 했으니 말한 내용이 있지 않은가. 하나인 세계와 하나라는 말이 있으니 둘이 되고, 둘과 하나가 셋이 된다. 이 이하는 계산이 뛰어난 사람도 다 헤아릴 수 없는데, 처음부터 여럿일 경우는 어떠하겠는가. 　　　　　　　　　　《장자》〈제물론〉

　결국 언어를 가지고 세계를 말하면, 하나인지 둘인지도 합의할 수 없습니다. 그러므로 장자는 통일된 전체상을 보지 못하고, 만물을 낱낱이 구분하여 한 모퉁이를 본 것을 가지고 스스로 옳

다고 주장하는 논쟁을 거부하였습니다.

　유명한 논리학자 혜시는 장자의 친구였습니다. 둘은 이런 논쟁을 하였습니다.

　장자와 혜자가 호의 다리 위에서 한가하게 거닐고 있었다.

　장자: 피라미가 자유롭게 놀고 있구나. 이것이 물고기의 즐거움이지.

　혜자: 자네는 물고기가 아닌데 어떻게 물고기가 즐거운 줄 아는가?

　장자: 자네는 내가 아닌데 어떻게 내가 물고기의 즐거움을 모르는 것을 아는가?

　혜자: 나는 자네가 아니니 자네를 모르는 것은 당연하네. 자네는 물고기가 아니니 자네가 물고기의 즐거움을 모르는 것도 틀림없네.

　장자: 처음으로 돌아가서 생각해 보세. 자네가 나에게 어떻게 물고기가 즐거운 줄 아느냐고 물은 것은, 이미 내 말을 알아듣고 물은 것이네. 어떻게 알았는지 말하겠네. 나는 이 물가에서 알았네.　　　　　　　　　　　　　　　　　　《장자》〈추수〉

　느긋한 마음으로 산책하면서 무심코 한 말을 논리적으로 따지는 혜시와 그 때문에 기분이 상해서 벌건 얼굴로 대꾸하는 장자의 모습이 떠오릅니다. 푸르른 수풀과 맑은 시내, 싱그런 바람을 맞으며 장자는 물고기가 헤엄치는 모습을 아무 부담 없이 보

고 있었습니다. 물고기가 그리는 유려한 곡선과 아무런 거리낌도
없는 그 모습을 보고 장자는 이것이 있는 그대로의 모습이고, 자
유스런 모습이라고 느꼈습니다. 혜시도 장자의 기분을 충분히 공
감하고 있었지만 습관적으로 말장난을 걸었습니다. 장자는 이런
말장난이 싫었습니다.

장자는 여기서도 만물은 서로 연관되어 있고, 하나로 통일
되어 있다는 자기의 사상을 표현하고 있습니다. 장자는 물고기와
통할 수 있었습니다. 만물이 하나임을 아는 사람만이 시비를 초
월하고, 선악과 생사를 초월하여 무한한 자유의 세계를 누릴 수
있다는 것이 장자의 주장입니다.

이 세상에 쓸모없는 존재는 없다

장자의 '만물은 연관되어 있다'는 사상은 만물을 평등하게 보는
기초입니다. 사람들은 대개 꽃은 향기롭고 아름답다고 생각하고,
똥은 더럽고 추한 것이라고 생각합니다. 그렇지만 꽃이란 식물이
물과 햇빛과 영양분을 받아들여 피운 것이고, 식물에게 좋은 영
양분은 똥에 들어 있습니다. 꽃은 줄기나 잎, 공기나 물, 거름과
연관되어 있는 것입니다. 이 연관을 아는 사람은 단순히 꽃은 아
름답고, 똥은 더럽다고 하지 않습니다.

아름다움과 추함이 구분되면 사람들은 아름다운 것을 좋아
하고, 추한 것을 싫어하게 됩니다. 또 좋아함과 싫어함은 사람들

이 좋아하는 것을 선택하고, 싫은 것을 버리게 합니다. 이러한 분별 때문에 사람들은 서로 좋은 것을 차지하고 싫은 것을 벗어나려 경쟁하고 싸우게 된다는 것입니다.

만물이 연관되어 있고 세계가 하나임을 아는 사람을 지극한 사람, 달통한 사람이라고 합니다. 이 사람들의 눈으로 볼 때는, 세상에 쓸모없는 존재가 없습니다.

장자의 친구 혜시가 선물로 받은 박씨를 심었는데, 지금까지 보지 못한 큰 박이 달렸습니다. 너무 커서 바가지를 만들면 펑퍼짐해서 물을 뜰 수가 없고, 물을 담으면 무게를 견디지 못해 쪼개졌습니다. 쓸모없는 박이라고 투덜거리는 혜시에게 장자는 이렇게 말했습니다.

"왜 호수에 띄워 놓고 배처럼 쓰지 않느냐?"

박은 바가지를 만들어 쓴다는 사람들의 분별, 선입견에 갇혀서 너무 큰 박은 쓸모없다고 결론을 내린 것은, 아직 만물을 있는 그대로 보지 못하기 때문이라는 것입니다. 장자는 사람들이 인위적인 분별 규정 때문에 세계의 본모습을 못 보게 된다고 하였습니다.

발바닥이 놓이는 자리만 따진다면, 우리가 걸어갈 때 필요한 길의 너비는 30센티미터면 충분할 것입니다. 하지만 강 위에 30센티미터 폭의 다리를 만들어 놓으면, 곡예사의 연기 무대는 될지 모르나 보통 사람들은 다 떨어지고 말 것입니다. 장자는 이런 비유를 써서 우리가 밟지 않는 땅도 쓸데없는 것이 아니라고 설득합니다. 이러한 주장은 인간의 주관적인 편견을 벗기려는 의도를 가지고 있습니다.

장자는 사람들이 미인 대회를 열어 고르고 고른 미인이라도 물고기가 보고는 물속으로 숨고, 새들에게 다가가면 날아가 버리고, 사슴이 보고는 결사적으로 도망칠 것이니, 미인 대회에서 뽑은 미인은 진정한 미의 기준에 맞는 것이 아니라 인간의 편견이 만들어 낸 것이라고 했습니다. 이것은 인간과 동물 이야기가 아니라, 인간들 사이의 판단 차이를 비유한 것입니다. 이런 생각 때문에 장자는 세상에서 소외된, 세상의 기준에서 비정상이라고 하는 사람들이 온전한 덕과 인간미를 가졌다는 이야기를 많이 합니다.

장자의 주장은 우리가 열린 마음으로 세상을 바라볼 때 세상의 본래 모습을 볼 수 있고, 이름 모를 풀 한 포기나 벌레 한 마리도 함부로 대하지 않을 것이며, 싫어하고 미워하고 싸우던 사람들이 서로를 포용할 수 있으리라는 것입니다.

상대주의의 한계

그렇다면 지금 우리가 믿고 있는 시비, 선악, 미추의 기준을 허물어 버릴 때, 우리에게 어떤 기준이 남을까요? 장자가 말한 대로 옳고 그름, 착함과 악함, 아름다움과 추함이 우리가 지어 낸 환상일 뿐이고, 세계의 본모습이 아니라고 할 수 있는 근거는 무엇일까요? 이 물음이 지나치게 철학적인 논쟁을 몰고 온다면, 한 걸

동양철학 에세이 1

음 물러나 장자의 말대로 모든 것을 평등하게 바라보면 우리는 무엇을 할 수 있을까 하고 물을 수 있습니다.

우리에게 다가오는 모든 대상이 같은 것이라면, 우리는 특별히 어떤 것을 선택하려고 애쓸 필요도 의욕도 생기지 않을 것입니다. 달동네에 살든 고급 아파트에 살든, 월급을 50만 원 받든 200만 원 받든, 걸어다니든 전용 비행기를 타고 다니든, 남에게 존경을 받든 비난을 듣든, 직위가 높든 낮든 아무 차이도 없는 것이라면, 우리가 지금 추구할 일은 무엇일까요? 이러한 생각을 극단으로 밀고 나가면, 삶과 죽음도 같은 것인데 우리는 왜 살까 하는 질문에 부딪치게 됩니다.

우리의 이런 질문에 대한 장자의 대답은 '그대로 좋다', '모든 것이 좋다'일 뿐입니다. 그러나 장자에게도 기준은 있습니다. 그것은 '인위적인 것을 버리고 자연을 따르라'는 것입니다. 도가 사상에서 '인위'와 '자연'이란 말은 우리가 쉽게 이해하기 어려운 말입니다. '자연'이란 저절로 그러하다는 뜻입니다. 소가 네 다리를 가진 것은 자연이고, 코뚜레를 하고 멍에를 쓴 것은 인위입니다.

인간의 행동에서 저절로 그러한 것은 무엇일까요? '자연스런 행동'이라고 할 때 그 기준은 모호합니다. '자연스럽다'는 것도 우리의 주관적 판단이기 때문입니다. 노자나 장자의 '자연'은 인간 중심의 편견을 벗어난 객관적인 무엇이고, 인간은 그것에 대하여 수동적인 방식으로 존재해야 한다고 주장하는 듯 보입니다. 때문에 순자는 장자의 사상을 '자연에 가려서 문명을 팽개친 사상'이라고 비판하였습니다. 순자는 자연의 법칙을 알아내 인간의 삶에 이용하여 문명을 이룩하는 것이 동물과 다른 인간의 위대함이라고 생각했습니다. 순자의 입장에서 보면 장자의 사상은 인간을 조직하고 관리하여 문명을 건설하고 미래를 계획하는 주체적 인간상과는 거리가 멀고, 오히려 능동적이고 주체적인 사람들에게 등을 돌리고 그들이 끌고 가는 방향에 반대하는 주장이라고 하겠습니다.

장자가 제자들과 함께 길을 가다가 옹이가 많고 구불구불한 수천 년 된 고목을 보고 "이 나무는 사람들이 쓸모없다고 생각하였기 때문에 이렇게 오래도록 살아남을 수 있었다"라고 하면서 쓸모없는 것의 쓸모 있음을 강의하였다. 그런데 잠시 후 주막에서 쉬는데, 주인이 잘 울지 않는 닭을 '쓸모가 없다'고 목을 비트는 것을 보고 장자는 '쓸모 있음과 쓸모없음의 사이'에서 처신해야 할 것이라고 강의하였다. 《장자》〈산목〉

학자들은 장자의 사상을 오래 살기 위한 처세술로 해석하는 것에 반대합니다. 그래서 《장자》에 나오는 장생불사하는 신선 이야기나 특별한 수련을 하여 초인이 되는 이야기는 장자의 아류들이 지어 낸 것이라고 주장합니다. 장자는 삶과 죽음의 구별조차 거부한 사상가라는 것입니다. 그러나 이러한 해석의 논쟁도 실은 허무한 것입니다. 장자는 자신의 온갖 주장들도 하나의 헛된 이론일지 모른다고 하였습니다. 유명한 '호랑나비 꿈' 이야기를 통해 장자는 우리가 세계를 해석하는 일, 우리가 틀림없다고 믿는 주장들이 실은 꿈일지도 모른다고 하였습니다. 우리는 죽음 이후의 세계에 대하여 알지 못합니다. 따라서 죽음 이후의 세계가 참세계고, 우리가 삶이라고 생각하는 이 세계는 한갓 꿈일지도 모른다는 것입니다. 그래서 우리는 끊임없이 자신의 꿈에서 깨어나야 하고, 큰 꿈에서 깨어나야 참모습을 볼 수 있다고 합니다. 이러한 장자의 사상을 상대주의라고 합니다.

장자 학파 사람들은 당시의 현실 세력과 정치 문화의 중심에서 소외된 집단이었습니다. 그들은 자신들이 처한 현실과 자신들의 철학 사이에 놓인 커다란 틈을 보았고, 자신들의 철학과 현실적 삶이 이중적인 것이 될 수밖에 없다는 문제를 안고 있었습니다. 그런 이유로 장자 학파 안에서 현실 타협과 기회주의적 태도를 보이는 사상들이 나타나게 됩니다. 그러나 어떤 학자들은 장자의 사상이 상대주의가 아니라 외부 세계의 상대성을 극복하고 세계를 통일적으로 설명하는 주체성이 강한 사상이라고 봅니다.

장자가 남긴 것들

장자의 사상은 중국의 문학과 예술에 큰 영향을 끼쳤고, 불교가 중국에 들어와 중국 불교의 특징인 선불교로 자리 잡는 데 큰 매개 역할을 하였습니다. 이른바 '선불교'는 인도 불교와 장자 사상의 결합이라고 합니다. 또한 노자와 장자의 사상은 정치 권력의 중심부에 참여하지 못한 소외된 집단의 이론에서 출발하여 그 정서가 민중에게 잘 들어맞는 측면이 있었기 때문에 중국 역사에서 200년 주기로 일어난 농민 봉기에서 하나의 혁명 정신으로 나타났습니다. 위진 남북조와 수당 시대에 불교와 도교가 성행할 때는 불로장생과 신선 세계를 꿈꾸는 신비주의적 사상으로 발전하였습니다. 한편 현실 정치를 등지고 자연 속에 은둔하는 도가적 전통은, 자연을 관찰하고 연구하는 사람들을 탄생시켜 연단술, 점성술 등을 통해 중국의 의학·천문학·농학에 영향을 끼쳤습니다.

《장자》에 그림자가 싫어서 계속 도망가는 사람 이야기가 나옵니다. 빨리 달리면 달릴수록 그림자도 더 빨리 따라오니 그는 더 빨리 달아나려고만 합니다. 장자는 그 사람에게 이렇게 충고합니다. 당신이 나무 그늘에서 쉬면 그림자도 따라오지 않을 것이라고.

현대 사회의 여러 가지 문제점들을 보면서 우리는 장자의 이러한 처방에 대하여 생각해 봅니다. 과학 기술의 발달로 우리는 엄청난 일을 해내고 있습니다. 무인 우주선을 보내 태양계를 탐사하고 전파 망원경으로 우주의 끝을 보려고 합니다. 입자 가속기를 설치하여 우주의 시초를 밝히려 하며, 유전 암호를 해독하여 생명의 신비를 벗기려 합니다. 그러나 한쪽에서는 전쟁이 끊이지 않고, 굶어 죽는 사람이 수천만을 헤아리며, 핵의 위협과 공해 문제를 안고 있습니다. 지구의 온도가 점점 높아진다고도 하고, 오존층이 파괴되어 극지방에 가까울수록 백내장 같은 눈병이 많이 생긴다고 합니다. 머지않아 지금의 농토가 사막으로 변해 갈 것이라고 하고, 쓰레기가 인간을 덮어 버릴 것이라는 경고

도 들립니다.

　인간이 개발과 발전이라고 추구한 노력이 결국 이런 문제만 낳는 것이라면, 인간을 쓰레기만 늘리는 지구의 오염자라고 부르는 것이 적합할 것 같습니다. 장자는 문명의 그림자인 쓰레기를 만들지 않으려면 나무 그늘 아래서 쉬라고 하였습니다. 그러나 대체로 과학자들은 인간을 더욱 편하게 살 수 있게 하면서 이 모든 문제를 해결할 길이 과학 기술의 발전에 있다고 생각합니다. 장자의 소극적인 방법으로 이 문제를 해결할 수도 없고, 그렇게 하지도 않을 것입니다. 그런 점에서 장자가 추구한 이상은, 꿈은 현실보다 턱없이 높고 힘은 현실보다 턱없이 약한 사람들의 이야기처럼 느껴집니다.

　다만, 현대인들은 자신이 누리는 편리함과 자유로움 가운데 사치스러운 것이 없는지 반성하지 않으면 안 될 것입니다. 그런 점에서 장자가 제기했던 주체의 해체 방법을 다시 생각해 볼 필요가 있습니다. 우리가 추구해 온 가치가 한바탕 꿈이 아닌지 반성해야 한다는 말입니다. 우리는 자본주의 사회가 조작해 낸 욕망의 굴레 속에서 진정으로 자기가 무엇인지 모르면서 그저 통속적인 목표를 향하여 쏘아진 화살처럼 날아가고 있는 것은 아닐까요? 이것은 인간이 소의 코를 꿰고 말에 재갈을 물릴 때 이미 예고된 일인지도 모릅니다.

　사람들이 소와 말을 옥죄기 시작할 때 그것이 비자연이며 도가 아니라고 경고한 사상가가 장자입니다. 그때도 그랬고 지금도 그렇지만, 장자의 사상은 균형 잡힌 사상이 아닙니다. 다시 말

　　　　　　　　　　　　　　　　　동양철학 에세이 1

해 현실적이지 않습니다. 그들은 예술가는 될지언정 과학자는 되지 않으려 하였습니다. 그들은 견디기 어려운 현실의 무게를 정신적으로 견디려 하였습니다. 현실의 모순을 누구보다 잘 감지하였으면서도 한 눈을 감고 지나치려 하였습니다. 때로는 모두 틀렸다고 하고 때로는 모두 옳다고 하여, 현실적 대결에서 어느 편에도 서기 어려웠습니다. 장자 사상의 해체적 성격은 역사 속에서 영원한 재야 세력으로 남을 듯하였지만, 동아시아 사상사에서 이미 지배 계층 속에 당당하게 한 자리를 차지한 것 또한 명백한 사실입니다.

우리는 장자라는, 2300년 전의 어느 육체 노동자가 틈틈이 정신 여행을 하면서 느꼈던 생각의 단편들을 훑어보았습니다. 장자와 아주 가까운 사람이 썼으리라고 짐작되는 〈천하〉 편에 있는 장자에 대한 평가를 소개하는 것으로 이야기를 맺으려 합니다.

세계는 항상 홀연히 흘러가니 일정한 형태가 없다. 모든 존재는 무상하게 변화해 가는 것이다. 무엇이 삶이고 무엇이 죽음인가? 나는 자연과 함께 가는 것인가? 정신은 어디로 움직여 가는 것인가? 그들은 홀홀 어디로 가고 총총히 어디로 떠나는가? 모든 존재가 눈앞에 펼쳐져 있으되, 돌아갈 곳을 모르는구나! 옛날 도술에 이러한 것이 있었으니 장주(장자)가 듣고서 기뻐하였다.

그는 언제나 터무니없는 환상, 황당한 이야기, 끝없는 변론으로 제멋대로 사설을 늘어놓지만, 편견을 고집하지 않았고, 한쪽 면으로만 이해하지 않았다. 그는 세상이 더러워서 정중한 말을 쓸 수 없다고 생각하였다. 두서없이 흘러가는 말로써 변화무쌍하게 담론하고, 옛 성현의 말씀으로 진실을 믿게 하고, 비유로써 도리를 펼쳤다.

그는 홀로 천지자연과 더불어 정신을 교류하였으나 스스로 뽐내어 다른 사물을 경시한 적이 없었다. 그리고 옳고 그름을 따지지 않고, 세속에 섞여 살았다. (······) 그의 정신은 위로는 천지를 만든 자와 함께 노닐었고, 아래로는 삶과 죽음, 처음과 끝을 넘어서 존재하는 자연과 벗이 되었다. 그의 철학 사상은 원대하고 넓고 깊고 무한하다. 그의 사상의 핵심은 조화와 적절함에 있으니, 최고의 경지에 이르렀다고 할 수 있다. 그러면서도 모든 변화에 적응하고 모든 존재를 해석하는 데에서 그의 이론은 무진장하다. 그 이론의 전개는 끝이 없고 홀홀망망하여 다 파악될 수 없도다!

『저는 아무래도 왕도 정치를 할 수 없나 봅니다.

제게는 재물을 좋아하는 못된 버릇이 있습니다』

『그것이 무슨 어려움이 되겠습니까?

재물 좋아하는 것을 백성과 함께 하십시오.

떠나는 사람이 언제나 임금 창고의 곡식을 가지고 떠날 수 있고,

그대로 머물러 사는 사람들이 언제나

임금 창고의 곡식을 먹을 수 있으면 됩니다』

맹자

유가의 파수꾼

전국시대 강력한 제후국 가운데 하나였던 제나라의 선왕은 천하 통일의 야심을 가진 사람이었습니다. 어느 날 제선왕이 맹자를 보고 말했습니다.

"제나라 환공과 진나라 문공이 한 일을 들려주시기 바랍니다."

"공자나 그 제자들이 두 사람에 대해 말한 적이 없기 때문에, 저도 잘 알지 못합니다. 괜찮으시다면 제가 잘 아는 '참다운 임금의 길'에 대해 말씀드리지요."

제나라 환공과 진나라 문공은 춘추시대 초기에 강력한 패권을 쥐었던 제후들입니다. 사실 《논어》에는 두 제왕에 대한 공자의 평가가 나옵니다. 그러므로 공자 문하에 그들에 대한 이야기가 없다는 맹자의 말은 거짓말입니다. 다만, 힘에 의한 통치를 반대하는 맹자로서는 하고 싶지 않은 이야기였을 뿐입니다.

제선왕이 다시 물었습니다.

"도대체 어떤 덕을 가져야 온 세상을 다스리는 왕이 될 수 있겠습니까?"

"참으로 백성을 아끼고 보살피는 왕이라면, 아무도 그가 온 세상의 왕이 되는 걸 막을 수 없습니다."

"나같이 모자라는 사람도 백성을 아끼고 보살필 수 있겠습니까?"

"하실 수 있습니다."

"무엇을 보고 그렇게 말씀하십니까?"

"제가 전에 어떤 신하에게 들으니, 왕께서 이러신 적이 있으셨다지요?"

맹자는 제선왕에게 자기가 호흘이라는 신하에게 들은 이야기를 해 줍니다.

왕이 하루는 당 위에 앉아 있는데, 그 아래로 어떤 신하가 소를 한 마리 끌고 지나갔다. 물끄러미 보고 있던 제선왕이 신하에게 물었다.

"소를 어디로 끌고 가는가?"

"예, 흔종(새로 만든 종의 갈라진 틈을 소의 피로 메우는 의식)에 쓰려고 합니다."

"놓아 주도록 해라. 벌벌 떨면서 죄도 없이 죽으러 끌려가는 모습을 차마 못 보겠구나."

"그러면 흔종을 그만둘까요?"

"어떻게 그만둘 수 있겠느냐? 양으로 바꾸도록 해라."

맹자가 이런 일이 있었는지를 묻자 왕이 대답합니다.

"그런 일이 있었습니다."

"바로 이런 마음이면 참다운 임금 노릇을 하실 수 있습니다. 큰 소를 작은 양으로 바꾸게 하였기 때문에 백성들은 임금이 참 인색하다고들 말하지만, 저는 왕께서 정말 그 소가 불쌍해서 그러신 줄 잘 알고 있습니다."

"그렇게 말하는 백성들이 있다는 것을 저도 압니다. 제나라가 작기는 하지만 아무려면 소 한 마리를 아끼겠습니까? 저는 정말 소가 불쌍해서 양으로 바꾸라고 한 것입니다. 선생이 제 마음을 알아주시니 고맙습니다."

"하지만 백성들이 임금을 인색하다고 하는 것도 어쩌면 당연하지요. 큰 소를 작은 양으로 바꾸셨으니까요. 그런데 소는 불쌍히 여기시면서 어찌 양은 불쌍하지 않으셨습니까?"

"그것 참, 저도 그 마음이 어떻게 된 건지 모르겠군요. 그러고 보니 소가 아까워서 양으로 바꾸라고 한 것은 아니었지만, 백성들이 인색하다고 하는 것도 틀린 말은 아니군요."

"그렇게 낙심할 일은 아닙니다. 임금께서 소는 보셨지만 양은 보지 못했기 때문에 그러셨을 뿐입니다."

"아, 선생의 말씀을 듣고 나니 마음이 놓입니다. 그런데 그런 마음이 참답게 왕 노릇하는 데 알맞다는 것은 무슨 말입니까?"

"어떤 사람이 임금께 자기는 삼천 근 정도 무게도 넉넉히 들 수 있지만 깃털 하나는 들지 못하며, 아주 작은 것까지도 볼 수 있지만 수레에 가득 실은 장작 한 짐은 보지 못한다고 말하면 믿으시겠습니까?"

"믿을 수 없지요."

"왕의 마음 씀씀이가 소에게까지 미쳤으면서도 백성들에게 나타나지 않는 것은 무슨 까닭입니까? 이것은 백성들에게 참답게 은혜를 베풀지 않았기 때문입니다. 그러므로 왕께서는 훌륭한 정치를 안 하시는 것이지, 못 하시는 것이 아닙니다." 《맹자》〈양혜왕 상〉

맹자의 말솜씨는 대단했습니다. 누구든 맹자에게 걸리면 빠져나올 수 없을 정도였습니다. 앞의 대화에서도 제선왕은 맹자의 의도에 점점 말려들어 마침내 올바른 임금의 길을 실천하지 않을 수 없게 되어 버렸습니다. 게다가 맹자는 의기가 굳센 사람이었습니다. 그는 아무 임금에게든 자신이 하고 싶은 말을 강하게 주장하고 나섰습니다.

맹자의 뛰어난 말솜씨에 대해 공도자라는 제자가 물었습니다.

"사람들은 모두 선생님을 말하기 좋아하는 사람이라고 하는데, 왜 그렇게들 말하는지 말씀해 주십시오."

"내가 어찌 말하기를 좋아하겠는가. 어쩔 수 없어서 그럴 뿐이다. 우임금은 황하를 다스려서 온 세상을 편하게 했고, 주공은 오랑캐를 막아 내고 사나운 짐승을 쫓아내서 백성을 편하게 했으며, 공자는 《춘추》를 지어 못된 신하와 불효자 들을 두려움에 떨게 했다. 나는 이분들을 본받아 사람들의 마음을 바로잡고 못된 이론들을 막아내려고 한다. 말솜씨가 뛰어난 것이 어찌 말하기를 좋아해서겠는가? 어쩔 수 없어서 그런 것이다." 《맹자》〈등문공 하〉

공자의 뒤를 이어

맹자는 기원전 372년에 나서 298년에 죽었습니다. 공자가 죽은 뒤 100년쯤 지나서 태어난 셈입니다. 앞의 대화에서 보았듯이 맹자 스스로도 공자를 이었다고 자부했으며, 후세 사람들도 맹자를 '공자에 버금가는 성인〔亞聖〕'이라고 불렀습니다. 그래서인지 생존 연대가 잘 맞지 않는 문제가 있음에도, 맹자가 공자의 손자인 자사의 문인에게서 배웠다고 전해집니다.

맹자는 전국시대의 철학자였습니다. 전국시대는 공자가 활동했던 춘추시대보다 혼란이 더 심했습니다. 봉건 체제 내의 하극상이 매우 잦아졌고, 민중에 대한 수탈이 극에 달했습니다. 맹자의 표현처럼 들에는 굶어 죽은 시체가 그득하고, 살아 있는 민중들도 굶주린 기색이 뚜렷했습니다. 그래서 위로는 부모를 모시기에 부족하고, 아래로는 처자식을 먹여 살리기가 어려웠습니다. 그런데도 지배자들은 사치와 탐욕과 침략 전쟁을 일삼았습니다. 그런 가운데 점차 몇몇 세력 있는 제후들에게로 힘이 모아졌고, 맹자는 그 가운데 일부 임금들에게 질서 회복의 기대를 걸기도 했습니다. 그들이 제선왕, 양혜왕, 등문공 등이었습니다.

그러나 제후들 대부분은 맹자의 뛰어난 말솜씨에 걸려들기는 했지만, 그의 말대로 실천하려 하지는 않았습니다. 당시 왕들에게 환영받은 주장은 부국강병 전략인 합종책과 연횡책이었을 뿐입니다.

맹자의 이름은 가(軻)이고, 공자가 태어난 노나라와 아주 가까운 추나라에서 태어났습니다. 추나라는 오늘날 중국의 산둥 성 남쪽 지역에 해당합니다. 맹자에게는 성장과 관련된 몇 가지 고사가 있습니다.

부모가 자식 교육을 위해 애쓰는 것은 예나 지금이나 마찬가지겠지만, 맹자 어머니도 아들 교육을 위해 무던히 애썼던 모양입니다. 처음에 맹자네는 묘지 근처로 이사를 갔습니다. 거기서 흔히 볼 수 있는 일이 장사 지내는 일이었기에, 맹자는 동네 친구들과 어울려 장사 지내는 흉내를 내며 놀곤 했습니다. 이런 모습에 놀란 맹자의 어머니는 아들을 위해 집을 옮겼습니다. 이번에는 시장 부근에서 살았습니다. 그러자 맹자는 물건을 팔고 사는 흉내를 내면서 놀았습니다. 맹자 어머니는 다시 학교 부근으로 이사했습니다. 그러자 맹자는 공부하는 흉내를 내면서 놀았고, 그제서야 맹자 어머니는 마음을 놓았습니다. 이 이야기가 유명한 '맹모삼천지교'입니다.

'맹모단기지교'라는 일화도 있습니다. 어느 정도 자란 맹자가 집에서 멀리 떨어진 곳에 가서 공부를 하게 되었습니다. 하루는 맹자가 어머니가 몹시 보고 싶어서, 하던 공부를 중단하고 집으로 돌아와 버렸습니다. 이때 비단을 짜고 있던 맹자 어머니는 틀에 걸린 비단을 칼로 끊어 버림으로써 아들에게 가르침을 주었다고 합니다.

맹자의 생애에 대해서는 정확한 기록이 남아 있지 않습니다. 다만, 분명한 것은, 공자가 했던 것처럼 제자들과 함께 여러 나라를 찾아다니면서 도덕을 바탕으로 한 왕도 정치를 부르짖었다는 점입니다. 당시 제나라는 수도의 남쪽 문인 직문(稷門) 아래에 학자 마을을 세워 놓고, 훌륭한 선비들을 초빙하여 우대하였습니다. 여기 모인 사람들을 직하학파(稷下學派)라고 불렀는데, 맹자도 한때 그곳에 머물렀습니다.

맹자의 주장에는 임금들이 선뜻 받아들이기 어려운 부분이 많았습니다. 민본 사상이나 혁명 사상이 그랬습니다. 따라서 어느 임금에게도 받아들여지지 않았습니다. 결국 맹자는 공자와 마찬가지로 일흔 무렵에 고향으로 돌아와 제자들을 가르치고 저술을 했습니다.

맹자의 사상이 잘 나타나 있는 책이 《맹자》입니다. 이 책을 지은 사람이 누구인지는 분명하지 않습니다. 다만, 맹자가 쓴 글도 있고 제자들이 정리한 것도 있을 것으로 짐작됩니다. 맹자는 모두 일곱 편이고, 각 편이 상하로 나뉘어 있습니다. 뒤에 주자가 《대학》,《중용》,《논어》와 한데 묶어 사서로 만들고 나서 유명한 책이 되었습니다.

무엇이 인간의 참모습인가

공자가 살던 시기에도 인간의 본성에 대한 관심이 없었던 것은 아니지만, 중심 주제는 아니었습니다. 공자는 "인간의 본성은 서로 비슷한데, 습관에 의해 서로 멀어진다"라는 말을 했을 따름입니다. 본성론은 맹자에 이르러 철학의 중심 주제로 자리 잡습니다.

동양철학 에세이 1

이 같은 변화는 당시의 급격한 사회 변동과 관련이 있습니다. 혈연 관계에 기초한 강력한 통치력을 갖추고 있던 주나라가 후기에 접어들며 혈연 관계가 점점 엷어지면서 큰 혼란에 빠졌고, 이 틈을 타서 제후들이 영토 확장을 위한 전쟁을 끊임없이 벌였습니다. 이러한 상황은 자식을 서로 바꿔서 잡아먹었다는 기록이 있을 정도로 엄청난 혼란을 가져왔습니다. 전국시대 중기와 후기의 사상가였던 맹자와 순자에서 인간 본성에 대한 관심이 논의의 핵심 주제가 된 것은 이런 사회 변동과 무관하지 않습니다.

그렇다면 맹자 이전에는 어떤 것을 인간의 본성으로 보았을까요? 본성이라고 할 때의 성(性)은 심(心)과 생(生)을 합쳐 만든 글자입니다. 글자대로 풀면 '마음속에서 생겨난 자연스러운 것'이라고 할 수 있습니다. 그런데 마음속에는 도덕적인 면만 있는 것이 아니라 생리적 욕구와 감정이 같이 들어 있습니다. 원시 상태에서 인류가 본 자신의 모습은 도덕적인 면이 아니었을 것입니다. 그보다 생리적인 면과 감정적인 면이 더 자연스러운 본질로 보였을 게 당연합니다. 이 같은 생각은 맹자 무렵까지도 계속 이어져 왔습니다.

맹자는 여기에 정면으로 반기를 들었습니다. 도덕성을 인간의 본질로 본 맹자의 성선설은 그때까지 내려온 인간의 자기규정을 뒤엎은 혁명이었습니다.

맹자 당시에 인간의 본성에 대해 구체적으로 어떤 논의들이 있었을까요? 《맹자》에는 다음과 같은 세 가지 견해가 소개되어 있습니다.

첫째, 본래는 착한 요소도 없고 악한 요소도 없다는 주장입니다.

둘째, 착해질 수 있는 요소와 악해질 수 있는 요소가 동시에 들어 있다는 주장입니다.

이 두 견해는 결과적으로 선으로도 악으로도 갈 수 있다는 점에서 보면 같은 생각입니다. 그러나 인간의 본성을 채우고 있는 내용을 본다면, 정반대인 셈입니다.

셋째는, 날 때부터 본성이 착한 사람도 있고 나쁜 사람도 있다는 주장입니다.

이러한 주장들에 맞서 맹자는 확신에 찬 목소리로 인간의 본성은 착하다고 했습니다. 맹자의 이러한 주장은 공자가 사람의 본질로 내세운 '사람다움', 즉 인을 체계화한 것이라고 평가됩니다.

그러면 맹자의 주장은 어디에 근거를 두고 있을까요?

맹자는 용자라는 사람의 말을 인용하면서, 만일 어떤 사람이 누구를 위해 신발을 만들어 준다고 할 때, 그 사람의 발 크기를 모른다고 해서 신발 모양을 삼태기처럼 만들지는 않는다고 말합니다. 그 까닭은 모든 사람의 발 모양이 비슷하기 때문이라는 것입니다. 이처럼 맹자는 사람의 겉모습에 공통점이 있다고 말합니다. 그리고 다시 겉모습만이 아니라, 맛을 보고 소리를 듣고 모습을 보는 데도 공통점이 있다고 합니다. 그런데 외모나 감각 기관에만 공통점이 있을까요? 그런 것이 아니라 마음에도 공통점이 있으며, 이것이 바로 사람들의 도덕적 품성이라는 것입니다.

외모나 감각에서 마음의 공통점을 이끌어 낸 것은 뛰어난

동양철학 에세이 1

유추입니다. 그러나 다른 한편으로는 비약이기도 합니다. 사실 미각·청각·시각 자체는 생리적 본능에 속하는 감각이며, 맛있다거나 아름답다거나 소리가 듣기 좋다거나 하는 느낌은 감각 능력을 통한 결과로, 의식 형태의 범주에 속합니다. 그런데 맹자는 본질적으로 선의 요소가 마음에 들어 있다는 가설을 입에 맛보는 기능이 있다는 생리적 사실과 일치시켰습니다. 이것은 자연 법칙과 도덕 법칙을 하나로 보는 유가의 특징을 잘 보여 줍니다.

맹자는 사람의 본성이 착하다는 증거로 우물에 빠지려는 아이의 예를 들었습니다. 누구든 길을 가다가 우물에 빠지려는 아이를 보면, 즉시 '저런, 저거 안 되는데' 하는 생각이 든다는 것입니다. 그러고는 황급히 달려가 아이를 구하는데, 그렇게 하는 것은 나중에 어린애를 구해 준 것을 빌미 삼아 그 아이의 부모와 사귀어 보려 해서도 아니고, 동네 사람들이나 벗들에게 칭찬을 듣기 위해서도 아니며, 사람들에게 물에 빠지는 아이를 그냥 보고만 있었다는 비난의 소리를 듣기 싫어서도 아니라는 것입니다.

아이가 우물에 빠지려는 모습을 본 순간 생겼던 순수한 마음, 이 마음을 맹자는 '차마 하지 못하는 마음[不忍人之心]'이라고 부르며, 누구에게나 다 있는 것이라고 합니다. 따라서 이런 마음이 없으면 사람이 아니라고 규정합니다.

맹자는 이런 마음 말고도 자기 잘못을 부끄러워하고 남의 잘못을 미워하는 마음, 사양하는 마음, 옳고 그름을 가리는 마음이 누구에게나 다 있다고 합니다. 이 마음들을 잘 기르면 완전한 인간이 될 수 있기 때문에, 이것들을 '착해질 수 있는 네 가지 실

마리(四端)'라고 합니다. 맹자는 이 네 가지 단서가 사람 마음에 있는 것은 몸에 팔다리 네 개가 있는 것과 같다고 말합니다.

맹자는 사단을 선천적인 것으로 보았습니다. 그리고 이러한 인간의 선천적인 요소를 '양지', '양능'이라는 말로도 설명했습니다. 양지, 양능이란 누가 시키지 않아도 어린아이가 제 부모를 따를 줄 아는 것처럼, 배워서 아는 것도 아니고 따져 봐서 할 수 있는 것도 아닌, 태어나면서부터 저절로 갖춘 것임을 가리키는 말입니다. 맹자의 양지, 양능은 뒤에 명나라 때 나온 양명학에서 큰 자리를 차지하게 됩니다.

맹자의 인간 규정에 문제가 없는 것은 아닙니다. 사실 사람이 살아가는 현실은 이상과 다릅니다. 악한 행동과 그로 인한 혼란이 꼬리를 물고 일어납니다. 본래 착한 사람들이 왜 악한 행동을 하게 될까요? 그들의 나쁜 행동은 어디서 오는 걸까요?

맹자는 사람들이 하는 나쁜 짓은 본질적인 모습이 아니라고 합니다. 따라서 나쁜 행위 자체는 사람이 하는 것이지만, 그 근본적 원인은 사람에게 있는 것이 아니라 외부 환경에 있다고 보았습니다. 맹자는 그 증거로 산을 비유로 들어 말합니다.

본래 나무가 빽빽이 들어찬 산이 있었습니다. 그런데 나무꾼들이 매일 산에 올라가 나무를 베어 내고, 소 먹이는 아이들이 풀을 뜯어 먹여서 헐벗게 되었습니다. 사람들은 헐벗은 산의 모습을 보면서, 저 산은 처음부터 나무가 없는 산이라고 생각합니다. 하지만 그것이 그 산의 본모습은 아니라는 것입니다. 이와 마찬가지로 사람의 본성도 매일 나무를 잘라 내듯 착한 마음을 자라지 못하게 하는 나쁜 환경 때문에 악한 짓을 하는 것이지, 그것이 본래 모습은 아니라는 것입니다.

맹자가 산을 비유로 든 것은 썩 어울리는 설명은 아닙니다. 하지만 맹자는 환경적 요소에 따라 좌우되는 감정과 욕구를 악의 근원으로 보고, 그러한 힘은 내적인 자발성에 근거하지 않은 부차적인 것이라고 생각함으로써 결과적으로 인간성에 대한 신뢰를 바탕으로 자신의 철학을 세워 갔습니다.

군자의 본성과 소인의 본성

맹자가 살던 시대에는 노예부터 귀족에 이르기까지 여러 계층의 사람들이 있었습니다. 그러면 맹자가 본성이 착하다고 한 그 사람은 구체적으로 어떤 사람일까요? 보편적인 사람 모두를 가리키는 것일까요, 아니면 그중 어떤 계층에 강조점이 있는 것일까요?

물론 맹자가 착하다고 한 사람은 모든 사람을 가리키는 것이기도 합니다. 맹자는 분명히 남에게 차마 나쁜 짓을 못 하는 마음은 누구에게나 있는 것이라고 했고, 또 사단이 없으면 사람이 아니라고도 했습니다. 그러나 맹자의 말 가운데는 달리 생각할 수밖에 없는 내용이 보입니다.

입이 단맛을, 눈이 아름다운 빛깔을, 귀가 밝은 소리를, 코가

향기를 좋아하고 팔다리가 편안함을 원하는 것이 본성이긴 하다. 하지만 그 속엔 '마음대로 할 수 없는 것〔命〕'이 있기 때문에 군자는 본성이라고 하지 않는다. 《맹자》 〈진심 상〉

맹자는 감각적·생리적인 것도 인간의 본성으로 보았습니다. 그러나 그 속에 인간의 힘으로 어쩔 수 없는 것이 있기 때문에 본성이 아니라고도 합니다. 그리고 그러한 주체를 군자에 한정하고 있습니다. 맹자가 부정한 감각적·생리적 본성이란 배고픔, 목마름, 피곤함 같은 것입니다. 배고픔을 의지로 참을 수는 있습니다. 그러나 그 감각 자체를 없앨 수는 없습니다. 맹자가 말한 '마음대로 할 수 없는 것'이란, 배고프다고 느끼는 것 자체는 내 의지 밖에 있다는 뜻입니다. 그런데 그런 것을 본성으로 보지 않는 사람이 군자입니다. 따라서 군자가 아닌 사람들은 그런 것을 본성으로 보기도 한다는 말이 됩니다. 맹자는 그런 사람들을 소인이라고 부릅니다.

그러면 군자의 본성은 무엇일까요? 그것은 인의예지입니다. 인의예지는 감각이나 생리적 욕구가 아닌 마음속의 도덕 의지에서 나옵니다. 맹자는 감각 기관이 하고자 하는 대로 따라가는 사람이 소인이고 마음이 하고자 하는 옳은 방향대로 따라가는 사람이 군자이며, 감각 기관은 천한 것이고 마음은 귀한 것이라고 합니다.

소인은 일정한 생활 근거가 있을 때는 변치 않는 마음이 있지만, 일정한 생활 근거가 없어지면 마음도 변하는 사람입니다.

군자는 이와 달리 일정한 생활 근거가 없을 때도 마음이 변치 않는 사람입니다. 즉 소인은 자기 밖의 변화에 따라 안이 달라지는 사람이지만, 군자는 밖의 변화에서 아무런 영향도 받지 않는 사람입니다. 맹자는 군자를 선비, 대인이라는 말로도 부릅니다.

그러면 맹자가 말하는 군자·선비·대인은 사회 속에서 구체적으로 어떠한 지위에 있고 어떠한 역할을 하는 사람일까요? 맹자는 소인과 대인이 사회에서 하는 역할을 다음과 같이 나눕니다.

대인이 할 일이 따로 있고, 소인이 할 일이 따로 있다. 사람이 살아가자면 여러 기술자들이 만든 물건이 필요하다. 하지만 만일 그 모두를 반드시 스스로 만들어 쓰게 한다면, 온 세상 사람들을 끌어다가 일에 지치게 하는 것이다. 그러므로 어떤 사람은 마음을 수고롭게 하고, 어떤 사람은 몸을 수고롭게 한다고 했다. 마음을 수고롭게 하는 사람은 남을 다스리고, 몸을 수고롭게 하는 사람은 남에게 다스림을 받는다. 남에게 다스림을 받는 사람은 남을 먹여 주고, 남을 다스리는 사람은 남에게 얻어먹는 것이 온 세상에 통하는 원칙이다. 　　　　　　《맹자》〈등문공 상〉

대인은 마음고생을 하면서 남을 다스리고, 그 대가로 남이 생산한 식량을 먹는 사람입니다. 소인은 몸 고생을 하면서 남에게 다스림을 받고, 자기를 다스리는 사람을 먹여 살리는 사람입니다. 맹자가 본, 본성이 착한 사람은 사실 통치자 지위에 있거나 아니면 통치자 지위에 오를 가능성이 있는 사람들입니다. 맹자는 현실적으로 강한 힘을 가진 지배 계층의 존재를 인정하면서, 그들의 내면에 본질적으로 들어 있는 선의 요소를 완전히 발휘하여 현실의 혼란을 종식시키기를 바랐던 것입니다.

이러한 맹자의 주장에서는 지배 계층의 시각에 선 군자·대인·선비의 교화로 세상을 바로잡을 수밖에 없었던 시대적 한계가 보입니다. 실제로 주나라에서는 전통적으로 지배층을 군자라고 불렀으며, 피지배층은 소인 또는 민(民)이라고 불렀습니다. 그런데 춘추시대의 혼란은 신분 질서에 많은 변화를 가져왔습니다. 신분 질서의 변화는 지배 계층에서만 일어난 것이 아니라 피지배 계층에서도 엄청나게 심했습니다. 이러한 신분 변화를 통해 농노의 신분에서 벗어난 계층도 많아졌으며, 이들을 일반 백성(民)과 구별하여 소인이라고도 했습니다.

그렇다면 맹자가 모든 사람의 본성이 착하다고 함으로써 소인과 민까지를 포함할 수 있게 말한 부분에 대해서는 어떻게 이해해야 할까요? 이것은 피지배 계층인 소인과 민에게 지배 계층인 군자·대인·선비의 교화를 받아들일 수 있는 근거를 주기 위한 것이었을 뿐입니다. 이런 점이 유가가 민중 중심의 묵가 사상과 본질적으로 다른 부분입니다.

그렇다면 맹자의 성선설에는 지배 집단이 피지배 집단보다 도덕적으로 뛰어나다는 의미 외에 다른 가치가 없는 것일까요? 물론 맹자의 주장이 후대 정권 담당자들에게 지배를 합리화하는 도구로 쓰였던 것은 분명합니다. 역사상 지배 집단은 언제나 피지배 집단보다 도덕적으로 뛰어나며, 따라서 피지배 집단을 교화할 능력과 책임이 있는 사람들이라고 합리화되어 왔습니다. 그러나 우리는 당시의 시대적 조건 속에서 맹자 사상의 긍정적인 점을 찾아보지 않을 수 없습니다.

첫째, 당시는 엄청난 변화의 시대였습니다. 피지배 계층인 민중도 그러한 변화 속에서 신분 상승을 이룰 수 있는 기회가 많았습니다. 맹자는 이 같은 상황 속에서 이전까지는 노동 도구로서만 의미가 있던 민중에게도 인간의 본질인 선의 요소가 들어 있음을 인정하여, 민중을 도덕적 실현이 가능한 범주로 끌어올린 것입니다. 비록 교화를 받아들일 수 있는 가능성 정도의 의미이긴 하지만, 민중을 주체적 인간으로 파악하려 한 노력이 보입니다.

둘째, 맹자는 군자·대인·선비에게 통치의 역할을 인정함으로써 그들의 지배를 합리화했지만, 다른 한편으로는 그들에게 도덕 실천을 통한 자아의 완성이라는 책무를 주었습니다. 그 결과 그의 정치 사상에서 보이는 것처럼 민중을 위해 지배 계층의 더 많은 양보를 확보해 내려 했습니다.

셋째, 맹자가 살았던 때는 전국시대 중기였습니다. 당시는 이미 주나라 왕실이 유명무실해졌고, 그 틈을 타서 힘을 길러 무력으로 통일을 이루려는 제후들이 큰 세력을 잡고 있었습니다. 맹자는 그들 가운데 몇몇에게 천하 통일의 기대를 걸어 보기도 했습니다. 그러나 힘을 길러서 통일한다는 것은 근본적으로 맹자의 생각과 맞지 않았습니다. 맹자는 이런 것이 모두 이익 추구에

동양철학 에세이 1

서 오는 것이며, 근본적인 원인은 인간의 생리적 본성을 중시하는 데 있다고 생각했습니다. 그래서 지배 집단 혹은 지배 집단이 될 수 있는 사람들에게, 그들의 본성이 감각적인 부분이 아니라 도덕적인 부분임을 일깨워 준 것입니다.

유가의 파수꾼

맹자가 살던 시기에 유가는 어떤 계층에게도 주목받지 못했습니다. 맹자는 사람들이 대부분 양주 아니면 묵적을 따른다고 비판했습니다. 이런 맹자의 비판 의식은 우리나라 조선 후기에 천주교로 대표되는 서양 사상의 유입에 대응하는 위정척사 논리의 근거가 되기도 했습니다. 사실 유가 이론은 지배 집단의 잘못을 날카롭게 지적하고 있음에도 내용적으로는 기존 질서를 지키려는 뜻이 강하게 들어 있었습니다. 따라서 맹자는 전통 질서와 신분제를 부정하는 민중 중심의 이론을 단호하게 배척했습니다.

맹자가 배격 대상으로 삼은 것은 크게 세 가지 사상입니다.

하나는 양주의 사상이었습니다. "내 몸의 털 한 가닥을 뽑으면 온 세상이 잘된다고 해도 나는 하지 않겠다"라는 말에서 보이듯 양주의 사상은 극단적인 개인주의였습니다. 남에게서 빼앗지도 않지만 결코 남을 위해 희생하지도 않겠다는 사상입니다. 일반적으로 양주의 사상은 노장 계열의 사유 체계로 봅니다. 이러한 사유는 언제나 지배 집단의 강압에 희생당하기만 하는 피지배 집단의 소극적인 저항을 담고 있습니다.

당시는 일반인의 개성이 존중되지 않는 봉건제 사회였습니다. 전국시대의 혼란이 봉건적 질서의 붕괴에서 왔다고 보는 유가가 피지배 집단의 개성을 논함으로써 개인의 주체성을 강조하는 양주의 사상을 큰 적으로 본 것은 당연한 일이었습니다. 맹자는 양주의 사상을 따르면, 결국 자기 임금을 부정하게 된다고 비판하였습니다.

두 번째 배격 대상은 묵자였습니다. 묵자는 지배 집단을 향해 피지배 집단을 똑같이 사랑하고, 이익을 함께 나누자고 외쳤습니다. 게다가 주장만으로 그치지 않고 집단을 통한 사회적 실천으로까지 나아갔습니다. 맹자는 묵자의 무차별한 사랑은 자기 아버지를 남의 아버지와 똑같이 사랑하라는 것이기 때문에 결국 자기 아버지에 대한 부정이 된다고 비판하였습니다.

세 번째 배격 대상은 허행으로 대표되는 농가였습니다. 그들은 지배 계급이 노동하지 않는 것을 반대하면서, 임금도 백성과 함께 농사를 지어 먹고 살아야 한다고 주장하였습니다. 맹자는 그들이 농사를 직접 짓기는 하지만 모자나 솥은 자신들이 생산한 곡식과 바꿔 구입한다는 데 착안하여, 지배 집단도 분업의 논리에 따라 다스리는 일을 맡은 사람들이라고 주장했습니다.

맹자가 주 공격 대상으로 삼은 사상들은 모두 지배 집단에 불리한 것들이었습니다. 여기서 맹자 사상의 또 다른 모습인 보수적 성격을 볼 수 있습니다.

참다운 임금의 길

맹자는 전국시대의 혼란을 끝낼 수 있는 방법은 왕도 정치의 실현이라고 보았습니다. 맹자의 왕도 정치 이론은 성선설에 바탕을 두고 있으며, 성선의 근거는 하늘에 있습니다. 왕도 정치는 도덕의 근원인 하늘의 뜻을 실현하는 일인 동시에 하늘에서 받은 인간의 착한 본성을 실현하는 일이기도 했습니다.

　동서양을 막론하고 고대 인류는 자연을 두려움의 대상으로 인식하였습니다. 중국인들도 마찬가지였습니다. 고대 중국인들은 자연의 꼭대기에 하늘을 놓고, 제사를 지냈습니다. 그러나 맹자의 하늘은 단순한 두려움의 대성이 아니라 도덕의 근원이었습니다. "사람이 제 마음을 다하면 자기의 본성을 알게 되고, 자기의 본성을 알면 하늘을 안다"라고 한 말이 이러한 맹자의 생각을 잘 나타내 줍니다.

　하늘이 도덕의 근원이라는 생각은 정치적 입장을 설명하는 이론으로도 연결됩니다. 맹자는 도덕의 근원인 하늘이 덕이 많은 사람을 택해 임금을 시킨다고 보았습니다. 따라서 통치자는 하늘의 뜻을 실현하기 위해서도 도덕에 바탕을 둔 정치를 해야 한다는 것입니다.

　모든 사람이 착한 본성이 있기 때문에 그 본성을 잘 기르면 성인이 될 수 있다고 본 것과 마찬가지로, 모든 임금은 어진 마음이 있기 때문에 그것을 잘 기르면 왕도 정치를 할 수 있다고 보았습니다. 왕도 정치는 덕으로 하는 정치이고, 그 반대는 힘으로 하는 패도 정치입니다. 사실 고대부터 오늘까지 어떤 통치 집단도 국가와 사회와 민족을 위해 일한다고 하지, 자기 자신이나 자기 집안을 위해 일한다고는 하지 않습니다. 힘으로 다스리는 독재 권력도 언제나 민주를 가장합니다. 맹자가 주장한 참다운 임금의 길은 바로 이 같은 통치 집단의 허위 의식에 대한 지적이기도 했습니다.

어느 날 맹자가 양나라 혜왕을 찾아갔다. 왕이 맹자에게 물었다.

"선생께서 천릿길을 멀다 않고 저희 나라를 찾아 주셨으니 저희 나라에 무슨 이로운 일이 있게 될까요?"

"왕께서는 하필이면 이로움을 말씀하십니까? 오직 인과 의가 있을 뿐입니다. 임금께서 어떻게 하면 내 나라에 이로울까를 따지면 벼슬아치들은 어떻게 하면 내 집안에 이로울까를 따지게 되고, 선비나 일반 민중은 어떻게 하면 내게 이로울까를 따지게 됩니다. 그러면 나라가 위태로워질 것입니다." 《맹자》〈양혜왕 상〉

맹자는 철저하게 이익을 배격했습니다. 심지어 맹자는 전쟁이 이롭지 못하다고 설득함으로써 초나라와 진나라의 싸움을 말리려 했던 송경이라는 사람을 보고, 이익이 되지 않는다는 것으로 설득해서는 안 되며 오직 인과 의로써 설득해야 한다고 주장하였습니다.

그러면 인과 의에 기초한 왕도 정치란 어떤 모습일까요?

동양철학 에세이 1

양혜왕이 고민스러운 표정으로 맹자에게 물었습니다.

"저는 나라를 다스리는 데 온 마음을 쏟고 있습니다. 어떤 지방에 흉년이 들면 그곳 백성들 가운데 움직일 수 있는 사람들을 다른 지방으로 옮겨 주고, 거동이 어려운 노약자를 위해서 곡식을 날라다 줍니다. 다른 지방에 흉년이 들어도 마찬가지로 그렇게 합니다. 아무리 살펴보아도 저만큼 백성들에게 마음을 쓰는 임금이 없는데, 어째서 이웃 나라 백성이 줄지 않고 우리나라 백성이 늘지 않는 것일까요?"

당시 제후국들은 독립적이기는 했지만 사실은 모두 주나라에 속했습니다. 그래서 백성들은 언제라도 국경 통과세만 내면 다른 나라에 가서 살 수 있었습니다. 어떤 나라에서 백성들을 크게 위한다는 소문이 나면 그 나라로 백성들이 몰리는 것은 당연한 일이었습니다. 백성들이 느는 것은 노동력과 군사력이 느는 것입니다. 따라서 강한 나라를 만들어 천하를 틀어쥐려는 야심을 가진 양혜왕이 백성이 늘지 않는다고 고민하는 것도 무리가 아니었습니다. 그런데 맹자는 양혜왕의 고민에 찬 질문에 첫마디부터 비꼬는 태도로 응수합니다.

"왕께서 전쟁을 좋아하시니까 제가 전쟁에 빗대어 말씀드리지요. 한참 맞붙어 싸우다가 힘이 달려 갑옷도 내던지고 무기를 질질 끌면서 달아나는데, 어떤 자는 쉰 걸음 도망가서 멈추고 어떤 자는 백 걸음 도망가서 멈추었습니다. 쉰 걸음 도망간 자가 백 걸음 도망간 자를 비웃으면서, '야, 이 비겁한 놈아!' 하면 어떻겠습니까?"

"말도 안 되지요. 백 걸음이나 쉰 걸음이나 달아난 것은 마찬가지지요."

양혜왕은 맹자의 논리에 걸려들었습니다. 회심의 미소를 지은 맹자는 흐르는 물처럼 자기 주장을 펴 나갑니다.

"그런 이치를 아신다면 이웃 나라보다 백성이 많아지기를 바라지 마십시오. 백성들의 농사철을 빼앗지 않는다면, 곡식이 다 먹지 못할 정도로 많아지겠지요. 가는 그물로 어린 물고기까지 잡지 못하게 한다면, 다 먹지 못할 만큼 물고기가 많아지겠지요. 적절한 때에만 나무를 베어 내게 한다면, 재목이 쓸 수 없을 만큼 많아지겠지요. 이렇게 하면 산 사람이 먹고 사는 데 문제가 없을 것이며, 죽은 사람 장사 지내는 데 모자람이 없을 것입니다. 이것이 바로 왕도 정치의 시작입니다.

백성들에게 집 주변 땅에 뽕나무를 심게 하면 쉰 살 넘은 노인들이 비단옷을 입을 수 있고, 닭·돼지·개 같은 가축의 번식 시기를 놓치지 않게 하면 일흔 넘은 노인들이 고기를 먹을 수 있겠지요. 한 가구가 농사지어 먹을 수 있을 만한 땅이 있고 농번기의 일손을 빼앗기지 않는다면, 식구들이 굶주리지 않겠지요. 교육을 잘 실시하고 부모에 대한 효와 형제간의 우애를 되풀이해서 가르치면, 머리 허연 노인들이 짐을 진 채 길을 가지 않게 되겠지요. 이렇게 하고서도 왕 노릇 하지 못한 사람은 아직 없습니다."

《맹자》〈양혜왕 상〉

위의 대화에서 보았듯이 맹자가 무조건 도덕만을 강조한 것은 아니었습니다. 경제적 토대가 없는 왕도 정치는 의미가 없다고 생각했으며, 민중의 삶을 확보해 주고 나면 왕 노릇이 저절로 이루어진다고 보았습니다. 정전제를 실시하여 그 땅에서 난 수확에 대해 10분의 1의 토지세만 걷어야 한다는 견해와, 점포세와 국경 통과세를 폐지하자는 맹자의 주장은 왕도 정치 실현을 위한 구체적 방안이었습니다.

음악도 여자도 재물도 민중과 함께

맹자가 하루는 제나라 선왕을 만나 물었습니다.

"어떤 신하에게서 들으니 왕께서 음악을 좋아하신다는데, 사실입니까?"

왕은 얼굴이 벌게지며 부끄러운 듯 대답했습니다.

"사실 제가 좋아하는 음악은 유행가입니다."

"왕께서 음악을 좋아하신다면 천하를 통일할 수 있습니다. 본래 음악이란 가곡이나 유행가나 원리는 같으니까요. 그런데 혼자서 음악을 즐기는 것과 남과 더불어 함께 즐기는 것 가운데 어느 쪽이 더 좋을까요?"

"그야 여럿이 즐기는 게 좋겠지요."

"그렇다면 많은 사람이 즐기는 것과 몇 사람이 즐기는 것은 어떨까요?"

"많은 사람이 즐기는 것이 좋겠지요."

제선왕도 맹자의 말에 말려들었습니다. 맹자는 신이 나서 거침없이 하고 싶은 얘기를 시작합니다.

"그러면 음악을 가지고 얘기해 보지요. 왕께서 음악을 연주하는데 백성들이 듣고는 머리를 흔들고 얼굴을 찡그리면서 '우리 임금 음악 되게 좋아하지. 우리는 이 지경으로 사는데 말야'라고 말합니다. 또 왕께서 사냥을 나가는데 백성들이 그 모습을 보고는 머리를 흔들고 얼굴을 찡그리면서 '우리 임금 사냥 되게 좋아하지. 우리는 이 지경으로 사는데 말야'라고 말합니다.

또 반대로 왕께서 음악을 연주하는데 백성들이 듣고는 좋아서 벙글대며 '우리 임금 다행히 건강하신가 봐. 어쩌면 저리도 연주를 잘 하실까'라고 말합니다. 또 왕께서 사냥을 나가는데 백성들이 그 모습을 보고는 좋아서 벙글대며 '우리 임금 다행히 건강하신가 봐. 어쩌면 저리도 사냥을 잘하실까'라고 말합니다. 이 차이는 다른 것이 아닙니다. 왕께서 백성과 함께하느냐 그러지 않느냐의 차이입니다."

며칠 뒤 제선왕이 다시 맹자를 보고 말했습니다.

"저는 아무래도 왕도 정치를 할 수 없나 봅니다. 제게는 재물을 좋아하는 못된 버릇이 있습니다."

"그것이 무슨 어려움이 되겠습니까? 재물 좋아하는 것을 백성과 함께 하십시오. 떠나는 사람이 언제나 임금 창고의 곡식을 가지고 떠날 수 있고, 그대로 머물러 사는 사람들이 언제나 임금 창고의 곡식을 먹을 수 있으면 됩니다."

"아, 그렇겠군요. 그런데 제게는 또 못된 버릇이 있습니다. 제

동양철학 에세이 1

가 여자를 좋아합니다."

"그게 무슨 흠이 되겠습니까? 여자 좋아하는 것을 백성과 함께 하십시오. 그래서 시집 못 간 처녀와 장가 못 간 총각이 없게 하시면 됩니다."

며칠 뒤 제선왕이 맹자를 보고서는 불만이 가득한 목소리로 투덜대면서 물었습니다.

"문왕의 사냥터가 사방 70리였다는 말이 정말입니까?"

"예, 사실입니다."

"그렇다면 지금 내 사냥터는 사방 40리밖에 안 되는데도 백성들이 넓다고 하는 것은 무슨 까닭입니까?"

"문왕은 사냥터가 사방 70리나 되었지만 그 사냥터를 백성과 함께 썼습니다. 그렇기 때문에 백성들은 오히려 좁다고 생각했지요. 하지만 왕께서는 사방 40리의 사냥터를 혼자서만 쓰면서 그 안에 들어와 사냥을 하거나 나무를 베면 벌을 줍니다. 이것은 나라 안에 사방 40리짜리 함정을 파 놓은 것과 같으니, 어찌 넓다고 하지 않겠습니까." 《맹자》〈양혜왕 하〉

사실 맹자의 왕도 정치는 현대 민주주의에서 보면, '민중에 의한' 정치나 '민중의' 정치는 아니었고 단지 '민중을 위한' 정치였습니다. 하지만 2000여 년 전의 절대 군주에게 백성들에 대한 양보를 요구한 것은 큰 의미가 있습니다.

맹자는 군주들을 향해 민중을 위하라고 했을 뿐만 아니라, 가장 귀한 것이 백성이고 그 다음이 국가이며 가장 가벼운 것이 임금이라고까지 하였습니다. 그래서 백성의 마음을 잃으면 천하를 잃는 것이라고 하였고, 한 걸음 더 나아가 덕이 없는 임금, 즉 백성들이 따르지 않는 임금은 갈아엎어야 한다고까지 했습니다.

백성이 따르지 않는 임금

맹자는 하늘에서 천명을 받은 사람이 왕이 될 수 있으며, 그 천명은 덕 있는 사람에게 주어진다고 보았습니다. 그러면 어떤 사람이 천명을 받았는가, 그렇지 못한가를 어떻게 알 수 있을까요? 맹자는 민중이 따르는가, 그렇지 않은가를 보면 알 수 있다고 했습니다.

예전에 요임금이 순에게 왕위를 주었다. 그러자 순은 요의 아들이 있는데 자신이 어떻게 왕이 될 수 있느냐고 하면서 숨어 버렸다. 백성들이 모두 순을 쫓아갔다. 순은 신하인 우에게 왕위를 주었다. 우도 순의 아들이 있기 때문에 왕이 될 수 없다고 하며 숨어 버렸다. 역시 백성들이 우를 쫓아갔다. 우도 신하인 익에게 왕위를 주었다. 익 또한 우의 아들이 있기 때문에 왕이 될 수 없다고 하며 숨어 버렸다. 그러나 백성들은 익을 쫓아가지 않았다.
《맹자》〈만장 상〉

맹자는 백성이 따르지 않는 임금은 이미 천명이 떠난 임금이며 따라서 혁명이 가능하다고 보았습니다. 맹자는 그런 점에서 하나라를 무너뜨리고 은나라를 세운 탕임금의 혁명이나 은나라를 무너뜨리고 주나라를 세운 무왕의 혁명을 긍정했습니다. 그는 탕왕이 하나라의 폭군 걸을 죽인 것이나 무왕이 은나라의 폭군 주를 죽인 것은 못된 사나이 한 명을 죽인 것일 뿐, 신하가 임금을 죽인 것이 아니라고 했습니다. 맹자는 또 이 혁명 전쟁이 아주 치열해서 피가 강물처럼 흘러 쇠 절구공이가 둥둥 떠내려갔다는 옛 기록을 부정합니다. 백성들이 따르는 임금이 백성들이 따르지 않는 한 사나이를 치는데, 전쟁이 심했을 리가 없다는 것입니다.

하지만 맹자의 혁명론에는 한 가지 필수 전제가 있습니다. 그것은 혁명 주체에게 민중의 뜻에 근거한 도덕성이 있어야 한다는 사실입니다. 과거 봉건 왕조의 교체는 언제나 혁명이냐 아니냐의 논란을 일으켰습니다. 5·16과 12·12의 주체들이 자신들의 행동을 혁명이라고 강변하지만, 역사가 준엄하게 군사 쿠데타로 규정한 까닭도 여기에 있습니다. 맹자의 혁명론은 지배 집단에게는 반갑지 않은 것이었지만, 임금이 되려고 하는 사람들에게는 꼭 필요한 주장이었습니다.

꿋꿋함은 어디서 오는가

《맹자》에 나타난 맹자의 모습은 당당합니다. 그런 꿋꿋함은 어디서 왔을까요?

맹자는 제자 공손추와의 대화에서 용기 있는 옛사람으로 북궁유와 맹시사, 증자를 듭니다. 북궁유는 바늘로 눈을 찔리면서도 깜박거리지 않고, 모욕을 당하면 상대가 누구든 가리지 않고 반드시 보복을 한 사람입니다. 맹시사는 이기지 못할 것을 알면서도 이길 것처럼 대드는 사람입니다. 증자는 스스로 자신을 돌이켜보아 거리낌이 없으면 천만 명과도 대적할 수 있는 사람이었습니다. 이 사람들의 용기를 평가하고 나서 맹자는 자기가 호연지기를 잘 기른다고 덧붙였습니다. 맹자의 꿋꿋함은 바로 호연지기에서 온 것입니다.

호연지기가 무엇이냐는 공손추의 질문에 대한 맹자의 첫마디는 "설명하기 어렵구나"였습니다. 그러고 나서 그는 호연지기가 온 세상을 꽉 채울 수 있는 도덕 기운임을 밝힙니다. 호연지기는 밖에서 얻어지는 것이 아닙니다. 오직 실천을 통해 쌓은 정당함에서 나오는 기운입니다. 사실 맹자 이전에 있었던 기에 대한 이해는 대자연의 기운이나 인간의 혈기와 같이 자연적이거나 생리적인 것이었습니다. 하지만 맹자는 호연지기를 도덕적 실천을 통해 길러진 도덕 기운으로 파악함으로써 기 개념을 확대 발전시켰습니다.

호연지기를 가진 사람은 구체적으로 어떤 사람일까요? 맹자는 세상에 살면서 올바른 자리에 서서 도를 실천해 가는 사람으로 보았습니다. 이런 사람은 부귀로 유혹해도 마음을 바꾸지 않고, 위협이나 무력에도 굴복하지 않으며, 가난 같은 어려운 상황도 마다하지 않는 사람입니다. 맹자는 이런 사람을 대장부라고 하였습니다.

　맹자는 강한 자기확신을 가진 사람이었습니다. 인간의 본질은 선이며 그 근거는 하늘이라고 하면서, 왕도 정치를 통해 인간의 선한 본성을 사회에 실현해 보려고 했습니다. 맹자는 자기 마음을 다함으로써 사람의 본성이 어떠한 것인가를 제대로 깨달은 사람을 하늘의 백성이라고 하였습니다. 맹자가 바라본 사람은 사회를 떠난 사람이 아니었습니다. 사람은 사회 속에서 실천하는 존재이며, 그 경우 강한 힘은 인간 본질에 대한 신뢰에서 출발한다고 본 것입니다. 맹자의 사상은 후대 유학자들의 참된 표본이 되었으며, 지배 계급에게는 항상 경종이 되었습니다.

사람들이 선을 행하고자 하는 것은
본성이 원래 악하기 때문이다.
이는 가난한 사람이 부자가 되고자 하고,
천한 사람이 귀해지려 하는 것과
똑같은 이치다.

순
자

동양의 프로메테우스

그리스 신화에 프로메테우스에 관한 이야기가 있습니다. 그는 신들의 왕인 제우스 밑에서 불을 다루는 거인이었습니다. 프로메테우스는 제우스를 속여 불을 훔쳐다가 인간에게 주었습니다. 불을 갖게 된 인간들은 그때부터 신의 영역에서 벗어나 독자적인 삶을 살아가기 시작합니다.

인간 사회의 모습을 보고 화가 난 제우스는 대장장이 신 헤파이스토스에게 판도라라는 아리따운 여자를 만들게 해서 인간 세상에 내려 보냅니다. 신들은 인간 세상으로 가는 판도라에게 예쁜 상자 하나를 선물로 주었습니다. 판도라가 호기심에서 상자를 열자, 상자 속에 들어 있던 질병과 재앙의 영들이 나와서 온 세상에 퍼졌습니다. 하지만 상자 구석에는 마지막으로 희망 한 조각이 남아 있었습니다.

제우스는 불을 훔친 프로메테우스에게도 벌을 내렸습니다. 코카서스 절벽에 프로메테우스를 묶어 놓고는 독수리가 간을 쪼아먹게 했습니다. 하루가 지나면 간이 다시 생겨났고, 그때마다 독수리가 날아와 간을 쪼아 먹는 고통이 끊임없이 계속되었습니다. 오랜 세월이 지난 뒤 헤라클레스가 독수리를 쏘아 죽이고 프로메테우스를 고통에서 구해 주었습니다. 프로메테우스는 하늘에서 버림받았지만 인류의 문화를 일으킨 사람으로 평가됩니다. 프로메테우스가 훔쳐다 준 불은 인류의 문화를 상징합니다.

순자는 여러 면에서 프로메테우스와 유사합니다. 순자 이전의 사상가들은 대부분 모든 것의 근원을 하늘에서 찾았습니다. 만물을 낳아 준 것도 하늘이고, 만물을 주재하는 것도 하늘이라고 생각했습니다. 하늘은 만물 생성의 근원일 뿐 아니라 인간 도덕의 근원이기도 했습니다. 그러나 순자는 인간과 하늘의 관계를 끊어 버렸습니다. 하늘이란 비가 오고 바람 부는 자연 현상에 지나지 않을 뿐이라고 보았습니다. 따라서 인간을 낳아 준 존재도 아니며 더구나 인간의 도덕적인 행위와는 아무런 상관도 없다고 생각했습니다.

이렇게 되고 나니 인간은 그 전까지 하늘에 기대어 운명이라고 생각하던 것으로부터 자유로워진 대신에 스스로를 책임져야 하는 홀로서기의 어려움이 생겼습니다. 그래서 순자는 인간의 화와 복은 오직 인간 자신의 노력에 달려 있다고 하였습니다. 이러한 순자의 생각은 인간의 지위와 실천을 극대화한 인문 정신의 완성이었습니다.

하늘과의 관계를 끊어 버린 순자의 눈에 보인 인간의 참모습은 자신의 욕심을 위해 끊임없이 싸우는 존재였을 뿐입니다. 이것이 순자의 성악설입니다. 순자의 성악설은 판도라의 상자인 셈입니다. 그러나 순자의 판도라 상자 속에는 악한 본성을 이겨

나갈 숭고한 인간의 의지가 남아 있었습니다. 순자의 철학이 인문 정신의 극치를 보였음에도 인간의 본성을 악하다고 본 그 한 가지 이유만으로 순자는 마치 프로메테우스처럼 뒷날 많은 학자들에게 두고두고 비판받는 고통을 당해야만 했습니다.

화려한 삶, 어두운 죽음

순자는 공자와 맹자를 이어 유가 철학을 발전시킨 사람입니다. 순자가 언제 나서 언제 죽었는지는 정확히 알 수 없습니다. 대체로 기원전 298년 무렵에 나서 238년 무렵에 죽은 것으로 추정할 뿐입니다. 기원전 298년은 공자가 죽은 지 200년쯤 뒤이고, 맹자가 죽을 무렵입니다. 당시는 혼란이 극에 이른 전국시대 말기였지만, 한편에서는 서서히 통일의 기운이 무르익고 있었습니다.

순자의 이름은 황(況)이고, 자는 경(卿)입니다. 순(荀) 자가 손(孫) 자와 발음이 비슷해서 손경이라고도 불렸는데, 경이란 벼슬한 사람에 대한 존칭이기도 했기 때문에 순자를 귀족 출신으로 보는 사람들도 있습니다. 중국 고대의 가장 믿음직한 역사서인 《사기》는 순자의 일생을 쉰 살 무렵부터 적고 있습니다. 쉰 살 이전에 무엇을 했는지에 대한 기록은 전혀 없습니다. 젊은 시절의 순자는 어디로 갔을까요? 아마도 이런 점은 순자에 대한 뒷사람들의 평가가 별로 긍정적이지 못했던 것과도 관련이 있을 것입니다.

순자는 공자나 맹자의 삶과 비교해 볼 때 살아 있을 당시 상당한 영광을 누린 사람이었습니다. 순자는 조나라에서 태어났으며 쉰 살 무렵에 제나라로 갔습니다. 당시 제나라로 모여든 학자들을 묶어 직하 학파라고 불렀다는 것은 앞서 이야기했습니다. 순자는 직하에서 가장 덕망 있는 학자로 인정받았습니다. 그래서 직하의 최고 사상가가 맡는 좨주 벼슬을 세 번이나 지낼 수 있었습니다. 좨주는 대부 정도에 해당하는 명예직에 지나지 않았지만, 국가의 큰 행사가 있을 때면 술을 부어 제사하는 일을 담당하는 벼슬이었기 때문에 언제나 가장 덕망 있는 사람에게 맡기는 자리였습니다.

그러나 순자의 행복은 오래 가지 못했습니다. 마침내 자신을 시기하는 사람들에게 참소를 당한 순자는 제나라를 떠나 진나라로 갑니다. 진나라는 당시 최강대국이었으며, 부국강병을 주장하는 법가 사상을 통치 이념으로 삼고 있었습니다. 따라서 덕을 강조하는 순자의 사상이 받아들여질 수 없었습니다. 그 뒤 순자는 조나라에 잠시 머물렀다가 나중에는 초나라의 실력자 춘신군 밑에서 난릉이라는 지역을 맡아 다스리게 됩니다.

난릉은 사방이 백 리 정도 되는 작은 고장이었습니다. 그러나 이때가 순자가 처음으로 자신의 철학을 구체적으로 실천해 본 시기였습니다. 춘신군이 권력 다툼의 소용돌이에서 살해당하자 순자는 그대로 난릉에 정착합니다. 그러고는 제자들을 가르치고 책을 짓는 일로 여생을 보냅니다.

순자의 제자 가운데서 법가 사상의 이론적 기초를 세운 한비자와, 진시황을 도와 중국을 통일한 이사가 나옵니다. 그러나 후대 학자들은 한비자와 이사를 유가 사상가로 보지 않고, 순자를 법가 사상가로 보지도 않습니다. 순자는 유가와 법가의 갈림길이었던 셈이며, 순자의 현실 지향적 사고가 법가 사상의 모체가 된 것입니다. 중국학자 덥스는 순자를 원시 유가를 틀에 구워 낸 사람이라고 평하였습니다. 순자가 예를 강조하면서 공자의 사상을 구체화한 점에 대한 평가일 것입니다. 이런 평가는 순자의 사상 속에 현실 지향적 측면이 들어 있음을 잘 지적한 것입니다. 사실 후대 학자들에게 비난을 받기는 했지만, 순자의 논리적이고 체계적인 사유를 통해 유가의 본질인 인본주의가 제 모습을 드러냈습니다.

순자는 사후에 몹시 불행해졌습니다. 죽은 뒤에 그에 대한 평가가 완전히 바뀌었기 때문입니다. 특히 송나라 이후 성리학자들은 공자의 맥을 정통으로 이은 사람으로 맹자를 꼽았고, 그 뒤로는 도통이 끊어졌다고 생각했습니다. 이러한 평가가 나온 근본적인 이유는 순자가 인간의 본질을 악하다고 규정했기 때문입니다. 그 뒤 현대로 들어오기 직전까지 순자는 사상사에서 거의 매장되다시피 했습니다.

순자의 사상을 잘 나타내고 있는 책이 《순자》입니다. 《순자》는 본래 323편이었다고 하는데, 한나라 때 유향이 32편으로 정리했습니다. 책의 편제는 대화체가 많은 《논어》나 《맹자》와 달리 논문식으로 되어 있으며, 제자들의 기록이라고 짐작되는 일부분을 빼면 대부분 순자가 직접 쓴 글로 보입니다. 어떤 학자들은

《예기》 가운데 많은 부분을 순자가 지은 것으로 보기도 하고, 증자가 그의 문인들과 함께 지었다고 하는 《대학》도 순자의 글로 보기도 합니다. 《순자》에 들어 있는 대부분의 글은 표현이 소박하며 꾸밈이 거의 없습니다. 그러나 글의 전개 방식이 체계적이며, 논증이 비교적 세밀합니다. 이 점은 순자의 철학이 객관적 방법론이라는 토대 위에 서 있음을 잘 보여 줍니다.

성악설

강의실에서 학생들에게 사람의 본성이 착하다고 생각하느냐, 아니면 악하다고 생각하느냐 하고 물으면 착하다고 대답하는 사람이 훨씬 많습니다. 이 점은 철학자도 마찬가지입니다. 동서고금을 막론하고 인간의 본성을 선으로 규정한 철학자가 대부분입니다. 그렇지만 사실 어떤 사람이 인간의 본성을 착하다고 생각하는 것과 그렇게 생각하는 그 사람 자신이 과연 착하냐 하는 것은 별개 문제입니다. 마찬가지로 인간의 본성을 악하다고 보는 문제 역시 그렇게 생각하는 사람 자신이 악한 사람인가의 문제와는 별개입니다. 그런데도 인간의 본성이 착하다고 생각하는 사람들은, 악하다고 생각하는 사람들을 이상한 눈으로 보게 마련입니다. 아마 이런 탓이었을까요? 순자는 생존 당시를 빼놓고는 역사적으로 별로 주목받지 못했습니다. 특히 송나라 이후의 유학자들은 순자를 거들떠보지도 않았습니다.

순자는 무슨 근거로 인간의 본성을 악하다고 한 것일까요? 순자도 맹자와 마찬가지로 인간의 본성을 선천적인 것으로 규정합니다. 본성이란 배우거나 노력해서 만들어지는 것이 아니라는 것입니다. 그렇지만 인간의 도덕적인 측면에 주목한 맹자와 달리 순자는 배고프면 먹고 싶고, 추우면 따뜻하게 하고 싶고, 피곤하면 쉬고 싶은 인간의 자연적이고 생리적인 욕구에 주목했습니다. 이 욕구는 귀가 좋은 소리를 듣고 싶어하고 눈이 좋은 빛깔을 보고 싶어하는 것 같은, 감각 기관의 이기적 욕구와도 통합니다. 순자는 이러한 생리적 욕구에 바탕한 이기심이 누구에게나 있다고 생각했습니다. 그리고 이 욕구대로 간다면 다툼이 생길 수밖에 없다는 것입니다. 순자가 볼 때 이러한 인간의 본성이 그대로 나타난 것이 춘추전국시대의 혼란이었습니다. 그래서 인간의 본성을 악하다고 한 것입니다.

그러나 실제로는 사람들이 악한 행위만 하는 것은 아닙니다. 오히려 그 반대로 행동하는 경우가 얼마든지 있습니다. 예를 들어, 아버지와 아들이 함께 일하고 있다고 해 봅시다. 피곤하면 쉬고 싶은 게 인간의 생리적 욕구입니다. 그 욕구대로라면 아버지와 자식 사이라도 일을 하다 피곤해지면 서로 상대방에게 남은 일을 맡기고 자기는 얼른 들어가 쉬려고 할 것입니다. 그러나 오히려 실제 행동은 반대로 나타납니다. 서로 자기가 남은 일을 다 할 테니 먼저 들어가 쉬라고 합니다. 이처럼 스스로 자신의 악한 본성을 거스르는 착한 행위는 어디서 오는 것일까요?

순자는 인간의 마음 작용을 성(性), 정(情), 려(慮), 위(僞)의 네

　　　　　　　　　　　　　　동양철학 에세이 1

부분으로 나누었습니다. 이 네 부분은 마음이 움직이는 순서이기도 합니다. 이 네 단계가 구체적으로 무엇이며, 어떻게 작용하는가를 살펴봅시다.

첫 단계인 '성'은 사람의 가장 기본적인 부분으로서, 삶의 자연스러운 본질이자 날 때부터 가지고 있는 본성입니다. 앞에서 보았듯이 배고프면 먹고 싶고, 목마르면 마시고 싶고, 피곤하면 쉬고 싶은 생리적 본성입니다.

두 번째 단계인 '정'은 밖에 있는 사물들과 만나서 생기게 되는 감정입니다. 좋다, 나쁘다, 기쁘다, 노엽다, 슬프다, 즐겁다 하는 것들이 여기에 해당합니다.

세 번째 단계인 '려'는 구체적인 감정이 생긴 뒤에 어떻게 할 것인가를 선택하는 문제입니다. 사람의 사고 작용에 해당하는 셈입니다.

네 번째 단계인 '위'는 선택이 끝난 후 실행해 나가는 의지적인 실천입니다.

위에서 말한 네 단계를 구체적인 상황과 연결해서 생각해봅시다. 지금 내가 사흘 동안 아무것도 먹지도 마시지도 못했다고 합시다. 그러면 본성은 끊임없이 먹고 마시고 싶다는 방향으로 움직일 것입니다. 이것은 자연스러운 생리적 현상입니다. 그때 떡과 음료수를 본다면, 입에 침이 고이면서 저 떡을 먹을 수 있다면 얼마나 좋을까, 저 음료수를 마실 수 있다면 얼마나 좋을까 하는 감정이 일어날 것입니다. 그리고 내가 당연히 먹을 자격이 있는데도 누군가가 부당하게 먹지 못하게 한다면, 노여워질 수도 있고 슬퍼질 수도 있습니다. 또 내게 먹을 차례가 돌아오면, 기쁘다 즐겁다 하는 감정이 생길 것입니다.

그렇지만 인간은 본성과 감정대로 움직이지만은 않습니다. 곁에 자기보다 더 불쌍한 어린아이나 노인이 있다면 고민에 빠질 것입니다. '모르는 척하고 나 혼자 먹어 버릴 것인가, 아니면 나누어 먹을 것인가? 먹을 것이 많지 않으니까 그냥 다 주어 버릴 것인가?' 그 자리에 주인이 있는 것은 아니지만 만약 그 음식들이 누군가의 소유물이라면 다른 생각을 하게 될 것입니다. '주인이 올 때까지 기다렸다 허락을 받을 것인가, 아니면 먼저 먹고 볼 것인가?'

이런 고민의 결과는 여러 가지로 나올 수 있습니다. 나 혼자 다 먹어 버릴 수도 있고, 불쌍한 어린이나 노인과 나누어 먹든가 다 주어 버릴 수도 있습니다. 주인이 올 때까지 기다릴 수도 있고, 그냥 먹고 달아나 버릴 수도 있습니다. 사실은 나 혼자 다 먹어 버리거나, 주인이 오지 않더라도 그냥 먹고 달아나는 것이 본성에 충실한 행동입니다. 그러나 사람들은 대부분 그렇게 행동하지 않습니다. 오히려 자기 본성의 욕구와 반대 방향으로 행동을 선택하고 굳센 의지로 본성을 억누르면서 참아 내기도 합니다. 이렇게 참는 작용이 순자가 마음의 네 번째 작용으로 파악한 '위'입니다.

사람들의 심리 상태에 대한 순자의 분석은 심리학자를 방불케 합니다. 순자는 본성대로 가면 결과가 악이고, 본성을 거스르는 의지적 실천대로 가면 선이기 때문에 성은 악이고, 위는 선이라고 합니다. 순자가 인간의 본성이 악하다고 보았다고 해서 본성대로 살자고 한 것은 아닙니다. 어떻게 의지적 실천을 통해 본성이 가져올 악한 결과를 변화시켜 나갈 것인가가 문제였습니다.

따라서 순자의 철학이 갖는 가치는 '위'에 있으며, 그런 의미에서 순자의 철학은 의지에 기초한 실천 철학이라고 할 수 있습니다. '위'라는 글자를 한자 사전에서 찾아보면 거짓이라는 뜻이 가장 먼저 나옵니다. 그러나 '위' 자의 의미를 거짓이라는 뜻으로 새기면 순자의 철학은 죽습니다. 여기서의 위는 사람 인(人)과 할 위(爲)를 합쳐 놓은 글자입니다. 사람이 하는 것, 즉 의지적인 실천을 의미합니다. 이처럼 순자의 철학은 철저히 인간 중심적이었으며, 그 속에는 인간의 의식적인 노력에 대한 확신이 있었습니다.

순자는, 인간의 본성을 착하다고 한 맹자의 주장은 본성을 제대로 알지 못한 것이라고 비판합니다. 사람이 타고난 본성과 후천적인 의지에 의한 노력을 구분하지 못한 것이라는 지적입니다. 그리고 맹자의 말대로 본성이 본래 착한 것이라면, 현실의 인간은 대부분 태어나면서 바로 자신의 착한 본성을 잃어버리게 되는 셈이라고 비판합니다. 또 인간이 본래 착한 존재라면 애초부터 훌륭한 임금이나 좋은 제도 따위는 필요가 없게 된다고도 했습니다.

앞서 보았듯이 맹자는 인의 도덕이 인간에게 선천적으로 갖추어져 있다고 했습니다. 그리고 그 증거로, 어린아이가 물에 빠지려는 것을 보았을 때 마음속에서 자연스럽게 생겨나는 불쌍하게 여기는 감정을 들었습니다. 인간의 본성이 착하다는 주장의 근거를 인간 내면에서 찾았던 것입니다. 그러나 순자는 현상에서 출발하여 인간 내면으로 거슬러 올라가서 본성이 악하다는 규정을 내립니다. 순자는 사회가 잘 다스려지는 상태가 선이고, 혼란한 상태가 악이라고 합니다. 그런데 현실은 대부분 혼란 상태에 놓여 있습니다. 그리고 그러한 현실적 혼란은 인간의 이기적 욕구 때문에 생긴다는 것입니다. 이처럼 순자는 맹자와 달리 선악을 가르는 기준을 인간 외적인 현실에 두었습니다.

맹자는 모든 인간의 본성이 착하다고 하면서도 실제적인 강조점은 군자에게 두었습니다. 인간의 본성에 생리적인 면이 있음을 인정하면서도, 그러한 생리적인 면을 본성으로 보는 사람들은 소인이고, 군자는 도덕성만을 본성으로 본다고 하였습니다. 맹자는 사실상 군자의 도덕성만을 인정한 것이며, 일반 백성들에 대해서는 도덕성에 근거한 군자의 교화를 받아들일 수 있는 정도의 자질만을 인정한 셈입니다. 그렇다면 순자는 어떨까요? 순자가 본래부터 악하다고 한 그 본성은 누구의 본성을 가리킬까요?

순자는 어떤 사람인가를 구분하지 않고 모든 사람의 본성이 악하다고 합니다. 가장 훌륭한 사람의 표본이었던 요순의 본성과 가장 악한 사람의 표본이었던 걸 임금이나 도척의 본성이 같다고 보았습니다. 순자가 같다고 본 본성은 당연히 생리적·감각적인 본성입니다. 그렇다면 도덕성은 본성 자체에서 나오는 것이 아니므로 현실에서 이루어지는 부차적 노력인 셈이 됩니다.

물론 순자도 맹자처럼 군자와 소인을 나눕니다. 그렇다면 이

동양철학 에세이 1

런 구별은 무엇을 기준으로 한 것일까요? 순자는 사람의 성품과 지능, 이기적인 욕심은 군자와 소인이 같다고 보았습니다. 다만, 그것을 구하는 방법이 다를 뿐입니다. 소인은 본성이 하고자 하는 욕구를 그대로 따라가지만, 군자는 교육과 예를 통해 절제할 수 있다고 보았습니다. 이것은 본성을 거스를 수 있는 의식적인 노력이 있느냐 없느냐의 문제입니다. 순자가 그러한 의식적인 노력을 제도화하려고 한 것이 예였습니다.

인간의 홀로서기

당시 사람들의 생각 속에서 정치와 가장 깊이 관련을 맺고 있는 것은 하늘이었습니다. 사람들은 하늘이 덕이 가장 높은 사람을 뽑아서 통치를 맡긴다고 생각했습니다. 그래서 어진 임금이 나온 것도 하늘의 뜻이고, 포악한 임금이 망한 것도 하늘의 뜻이라고 생각했습니다. 이러한 생각은 사실 지배 권력이 자신들의 통치를 합리화하기 위해 만들어 낸 이데올로기였습니다. 그러나 대부분의 사상가들이 이런 생각을 자연스럽게 받아들였고, 일반 민중들은 운명으로 받아들였습니다. 재해나 일식, 월식 같은 급작스러운 자연 현상의 변화가 보이면 하늘에서 다스림을 위임받은 임금들의 덕이 부족해서 그런 것이라고 보았고, 그래서 하늘에 빌기까지 했습니다.

하지만 순자는 인간과 하늘이 아무런 상관도 없다고 합니다.

잘 다스려지느냐 그렇지 못하느냐는 다만 통치자가 하기에 달려 있을 뿐이라는 것입니다. 자연 현상은 자연 현상일 뿐이고, 인간 행위는 인간 행위일 뿐입니다. 이러한 순자의 이해는 하늘을 도덕 근원으로 이해한 맹자와 전혀 다릅니다. 순자는 이러한 주장을 통해 하늘로부터 인간을 독립시켰습니다.

순자는 하늘에 빌고 매달리는 행위를 비웃었습니다. 기우제를 지내니까 비가 왔다고 합시다. 순자는 이런 일은 하나도 이상할 것이 없다고 합니다. 기우제를 지내지 않았는데도 비가 오는 것과 같다는 것입니다. 마찬가지로 낮과 밤이 끊임없이 바뀌는 것이나 봄, 여름, 가을, 겨울의 사계절이 변하는 것도 인간의 삶과 인과 관계에 있는 것이 아니라고 했습니다. 순자는 이러한 주장을 통해 인간을 하늘과 대등한 자리로 끌어올렸습니다.

하지만 순자는 기우제 같은 것도 아주 의미가 없다고 보지는 않았습니다. 제례와 상례, 점을 치는 행위에 대해서도 마찬가지입니다. 순자가 이런 일에 대해 의미를 둔 것은 미신을 믿어서가 아니었습니다. 순자는 이런 행위가 지닌 문화적인 기능으로서의 사회적 가치를 인정하였습니다. 일반 민중은 그런 일이 귀신이 하는 일이라고 생각하지만, 지식인들은 감정을 다스리기 위해 삶을 장식하는 행위라고 생각한다는 것입니다. 당시는 일반 민중에게까지도 상례와 제례가 보편화되어 있었습니다. 순자는 장례란 삶과 죽음의 의미를 밝히고 죽은 이를 슬픔과 존경으로 떠나보내는 것으로, 산 사람이 죽은 사람을 꾸미는 행위라고 규정했습니다. 제례에 대해서도 죽은 사람을 그리워하는 산 사람의 감

동양철학 에세이 1

정을 꾸미는 행위라고 하였습니다.

순자는 사람에게 있는 지성과 감정을 다 인정한 셈입니다. 지성적인 판단으로 보면 귀신이란 없으며 죽은 사람은 죽은 사람일 뿐입니다. 그러나 감정의 측면에서 보면 어려운 일이 닥쳤을 때에는 불안해질 수밖에 없고, 불안한 감정이 지나치면 아무것에나 의지하려는 미신이 생길 수밖에 없습니다. 또 가까운 사람이 죽으면 슬퍼지는 것은 당연한 일이지만 이 감정을 잘 조절하지 못하면 혼란이 올 수밖에 없습니다. 순자는 지성과 합리를 강조했지만, 이런 정서적인 부분도 그냥 버리려 하지 않았습니다. 이런 경우 예식을 통해 감정을 조절하고 순화시켜야 한다고 생각했으며, 그런 의미에서 제사, 점, 기우제 등을 인정한 것입니다.

하지만 순자는 본질적으로 하늘을 자연적인 현상으로만 이해했습니다. 하늘은 사계절의 변화를 보이는 기계적인 하늘에 지나지 않는다는 것입니다. 그리고 땅은 사람이 사는 데 필요한 여러 가지 자료를 제공해 주는 존재입니다. 그 가운데 사람이 있는 것이며, 사람은 만물을 다스릴 수 있는 방법을 가지고 있다고 보았습니다. 그러므로 사람은 하늘, 땅과 대등하게 만물의 변화에 참여하는 존재입니다. 순자의 이러한 생각은 인간의 의식적인 노력에 대한 강조로 이어질 수밖에 없었습니다.

하늘과의 관련성을 부정한 것은 프로메테우스처럼 하늘과 맞서는 인간을 의미합니다. 그렇다면 하늘로부터 벗어난 인간을 세우는 힘은 무엇일까요? 순자는 결국 그 힘을 인간 자신에게서 찾았습니다. 앞에서 본 의식적인 노력도 여기에 해당합니다. 그

　　　　　　　　　　　　동양철학 에세이 1

래서 순자는 당시 대부분의 사람들이 모든 일을 하늘의 뜻에 맡겨 놓고 운명이라고 생각하던 데서 벗어나, 인간이 반드시 하늘을 이겨야 한다는 과감한 주장을 내놓았던 것입니다. 순자의 철학은 운명론에 대한 부정이었고 인문 정신의 극치였습니다. 오늘날 중국에서는 순자의 이런 점에 주목해 유물론 철학의 창시자라고 평가합니다.

공동체를 위한 규범: 예

순자는 질서 잡힌 사회는 좋은 사회이고 혼란스런 사회는 나쁜 것인데, 인간이 타고난 본성대로 가면 혼란이 올 수밖에 없지만 자신의 악한 본성을 거스르는 의식적인 행위를 통해 질서 있는 사회로 갈 수 있다고 보았습니다. 이러한 의식적인 행위를 제도화한 것이 예입니다. 그는 예에 의한 통치를 강조했습니다.

순자는, 인간은 사회를 떠나서는 살 수 없다고 했습니다. 사람들이 살아가기 위해서는 많은 물건이 필요합니다. 그러나 혼자서 그 여러 가지 물건들을 일일이 만들어 가면서 살 수는 없습니다. 그래서 사회와 따로 떨어져 혼자 살면 가난해질 수밖에 없다고 합니다. 이것이 사람들이 사회를 이루고 사는 까닭입니다. 순자는 또 사람들이 힘센 것으로 따지면 소를 따를 수 없고, 달리기에서는 말을 따를 수 없다고 합니다. 그런데도 말과 소를 부리며 살 수 있는 까닭은 사회 조직을 이루고 살기 때문이라는 것입니다. 순자는 사람들이 사회를 이루고 살면서도 화합하지 못하면 소용이 없지만, 모두가 화합하여 하나가 되면 사회의 힘이 풍부해지고 강해지며 그 결과로 어떤 것이든 이겨 낼 수 있다고 했습니다.

그러나 사람의 욕심은 끝이 없고 그 욕심을 채울 수 있는 재물은 부족하기 때문에 그대로 두면 서로 더 많이 갖기 위해 다툴 수밖에 없습니다. 그렇다면 이들을 다투지 않고 화합하게 할 수 있는 통제 수단은 무엇일까요? 이것이 바로 예입니다. 순자는 사람에게 예가 없다면 짐승과 다를 것이 없다고 합니다. 남자와 여자, 부모와 자식의 구분 자체는 자연적인 것일 뿐입니다. 그러나 남자와 여자 사이의 분별, 부모와 자식 사이의 아껴 줌은 인위적인 노력입니다. 이러한 인위적인 노력이 짐승과 다른 점입니다. 순자는 예를 통해 인간의 행위를 공리주의적 시각에서 규제하려 하였습니다. 이 경우 예는 많은 사람의 욕구를 최대한 고르게 채우기 위한 방법인 셈입니다. 그리고 앞에서 보았듯이 의식과 예절을 통해 사람들의 감정을 순화시킬 수 있는 것입니다.

그러면 사회의 질서를 지키기 위해 요청되는 행위 규범인 예의 제도는 누가 만드는 것일까요? 예 자체는 의식적인 노력을 구체화한 것일 뿐 인간의 본질은 아닙니다. 따라서 타율적인 규제일 수밖에 없습니다. 순자는 구체적인 예의 제도를 만들 수 있는 사람은 성인이라고 했습니다. 성인이란 과거의 훌륭한 임금들을 의미합니다. 그런데 사회는 항상 바뀌게 마련이고, 예는 언제나 구체적이며 현실적이어야 합니다. 사회가 바뀌면 여기에 따라 구체적인 예의 제도도 바뀌어야 합니다.

　순자는 예가 바뀐다는 사실을 인정하였습니다. 이러한 생각의 핵심은 현실 중시에서 찾을 수 있을 것 같습니다. 당시는 변법이 행해지던 사회였고, 변법의 생명은 그 이전의 제도와 예법을 지키는 데 있는 것이 아니라 현실에 맞는가 하는 시의성 여부에 달려 있습니다. 어떠한 제도도 현실에 맞지 않는다면 정당성을 잃을 수밖에 없습니다. 이 같은 순자의 현실을 중시하는 관점은 복고적인 모습을 보였던 맹자의 관점과 다릅니다. 순자는 적어도 현실 중시적이거나 미래 지향적인 모습을 보입니다. 과거에 만들어진 예의 제도만 강조한다면 권위주의가 될 수밖에 없습니다. 권위주의는 변화를 인정하지 않음으로써 창조적인 지성을 묵살합니다. 그러나 순자는 예의 제도가 바뀔 수 있다고 봄으로써 예의 탄력성을 인정한 것입니다.

　사회 변화에 따라 예전의 훌륭한 임금들이 만들어 낸 예의 제도를 바꿀 수 있는 사람들은 또 누구일까요? 순자는 오늘날의 임금들이 옛 훌륭한 임금들을 이어받아 예의 제도를 새롭게 만들 수 있다고 했습니다. 순자는 예를 만들고, 그 예를 가지고 남들을 가르치는 역할이 통치자들의 몫임을 분명히 하였습니다. 물론 이 경우 그러한 통치자들은 후천적인 노력을 통해 자신이 타고난 본성의 악한 본질을 극복한 사람이어야만 합니다. 따라서 힘이 센 군주를 의미하는 것이 아니라 사람을 귀하게 여기는 군자를 의미합니다.

　이 같은 순자의 주장에는 사람의 본성이 악하다는 사실을 강조함으로써 통치자의 권위를 더 보강해 준 면이 있습니다. 즉 본래의 악한 모습을 극복하고 남을 다스리는 지위에 오른 사람만이 선하며, 그에게 통치를 받는 사람들은 모두 정도의 차이는 있지만 본질적으로 악한 본성을 그대로 지니고 있다고 본 것입니다.

순자가 이처럼 모든 인간의 본성을 악하다고 규정하고, 이 악을 극복할 수 있게 하는 예에 의한 교육을 성인의 몫으로 돌리고, 그 구체적인 실현을 통치자 한 사람에게만 인정한 것은 당시의 시대적 상황과 연관하여 이해해야 합니다. 순자가 살던 시기는 전국시대 말기입니다. 전국시대 말기에는 양면성이 있었습니다. 한쪽으로는 혼란이 더 심해졌지만 동시에 다른 한쪽으로는 통일의 기운이 무르익고 있었습니다. 그런데 그 통일의 가능성은 덕보다는 변법에 기초한 무력에 기대고 있었습니다. 비록 무력 통일이라 하더라도 이것은 혼란의 종식인 동시에 법질서의 회복을 의미합니다.

순자는 혼란의 원인이 인간의 무한한 욕구에 있다고 보았고, 동시에 통치자의 교화가 무한한 욕구들을 조절할 수 있을 것으로 기대했습니다. 순자는 이런 간절한 희망을 가졌을 것입니다.

'지금 통치자들이 모두 자신의 생리적·감각적 욕구대로 전쟁과 침략을 일삼고 있지만, 통일과 동시에 자신의 본성이 더는 욕구대로 움직이지 않게 인위적인 의지로 억누르면서 모든 사람의 욕구가 다시 일어나지 않게 다스려 나간다면 얼마나 좋을까?'

이 같은 통일이 가능한 상황과 통일을 가능하게 할 현실적

힘의 주체에 대한 순자의 기대를 '후왕 사상'이라고 합니다. 후왕이란, 과거의 훌륭한 임금을 뜻하는 '선왕'에 대한 반대 개념으로 현실의 군주를 의미합니다.

　후왕 사상을 당시의 시대 상황과 연관해서 생각해 봅시다. 전국시대 후반으로 올수록 주나라가 임명했던 옛 귀족은 더 몰락해 가고 신진 지주 계층의 성장이 두드러집니다. 아울러 옛 귀족들을 돕던 관리들의 세습도 점점 없어져 갔습니다. 따라서 그나마 지탱되어 오던 옛 제도나 문화 유습이 급속히 무너져 갈 수밖에 없었습니다. 이 같은 사회 변화는 모든 제도의 변화를 요구했습니다. 빠른 속도로 변하는 상황에 적응하지 못하면 아무리 훌륭한 사상이라 해도 도태될 수밖에 없었습니다. 이런 상황이 순자에게 과거의 제도에 집착하지 않는 강한 현실 의식을 주었을 것이라고 생각됩니다. 그 결과가 바로 후왕 사상이었습니다.

　후왕은 현실적으로 세습제를 철저하게 부정하는 의미를 담고 있습니다. 순자가 말한 후왕은 지금 있는 군주, 혹은 앞으로 올 군주를 의미합니다. 순자는 주나라의 통치가 이미 무너졌다는 현실 긍정의 토대 위에서, 자신의 본능적 욕구를 의식적인 노력으로 극복하는 동시에 강력한 통치력을 가지고 앞으로 나타날 군주를 후왕이라고 했습니다. 그럼으로써 그의 통치가 피치자 모두의 생리적·감각적 욕구를 잠재우고 선왕의 훌륭한 정치를 현실에 맞추어 되살려 낼 수 있기를 기대한 것입니다.

　순자가 이처럼 사회의 통제 수단으로 강조한 예는, 한비자와 이사에 의해 법치주의를 강조하는 생각으로 발전합니다. 하지만 법가 사상은 순자의 예에 대한 생각과는 본질적으로 다릅니다. 병으로 치면 예는 사전 예방이고, 법은 병에 걸린 다음에 하는 치료입니다. 또 순자는 예의 제도가 바뀔 수 있다고 생각했지만, 법가 사상이 말하는 법은 불변하는 것이어야 했습니다. 순자의 후왕 사상은 또 신진 지주 계층에서 올라온 당시 모든 임금의 권위를 인정한 것이 되어 후대 통일 국가의 통치자를 옹호하는 이론이 되기도 했습니다.

그러나 순자는 폭군들을 인정하지 않았습니다. 어떤 의미에서 세습적 군주들의 권위에 대한 부정은 곧 폭군에 대한 부정이기도 했습니다. 순자는 서민도 재상이 될 수 있고, 왕이나 귀족들도 서민이 될 수 있다고 생각했습니다. 사실 당시는 이미 이런 경우가 많이 있었습니다. 순자는 군주란 민중을 위해 존재하며, 민중의 뜻을 거스르는 폭군은 혁명의 대상이라고 했습니다.

순자는 폭군을 길길이 뛰는 난폭한 말이나 철모르는 갓난아기에 비유하였습니다. 그리고 백성들은 배를 띄우는 물에 비유하였습니다. 그래서 백성을 위하지 않는 군주는 물이 배를 뒤엎듯이 혁명을 해야 한다고 했습니다. 순자의 혁명론은 맹자의 혁명론과 다릅니다. 맹자의 혁명론도 민중이 따르느냐 그렇지 않느냐에 달려 있기 때문에 민중의 뜻에 근거를 둔 것이기는 하지만, 본질적으로 하늘의 뜻이 그렇게 나타나는 것이라고 보았습니다. 그러나 순자는 하늘을 끊어 버렸습니다. 순자의 혁명론은 민중의 의지에 직접 기반을 두고 있는 것입니다.

동양철학 에세이 1

순자의 논리학

순자는 고대 논리 체계의 발전에도 크게 이바지하였습니다. 순자의 논리는 공자의 정명론에 바탕을 두고 있습니다. 그러나 공자와 맹자의 논리가 도덕적인 목적을 그 안에 담고 있다면, 순자는 순수하게 논리적 관점으로 발전시켰습니다. 당시에는 명가와 후기 묵가들의 역설적 논리가 지배적이었습니다. 순자는 이들의 논리를 극복하기 위해 명(名)과 실(實)의 문제를 따진 것입니다. 순자는 명이란 무엇이며 어디에서 생겨났는가, 그리고 어떻게 사용하는 것이 바른 방법인가를 탐구하였습니다. 이런 점에서 보면 순자의 '명실론'은 현대의 논리학과 여러 가지로 비슷합니다.

순자는 먼저 지(知)와 지(智)를 구별하였습니다. 당시 사람들은 지(知)와 지(智)를 별 구별 없이 사용하였습니다. 순자는 이러한 습관적인 부분을 과감하게 정리하고 두 개념을 엄격히 구분합니다. 순자에 따르면 지(知)는 사람들이 가지고 있는 앎의 능력입니다. 그리고 지(智)는 사람이 안 것과 실제 대상이 들어맞았을 때 쓰는 용어입니다. 순자는 인간의 인식 기능을 두 가지로 나누었습니다. 하나는 감각 기관이고 다른 하나는 마음(心)입니다. 감각 기관은 바깥 사물을 받아들이는 통로이고, 마음은 감각 기관을 통해 받아들인 사물을 해석하고 의미를 부여하는 기능을 합니다.

마음의 작용을 더 세분해서 보면, 먼저 감각 기관이 받아들인 사물을 비슷한 것끼리 나누고 그것들을 이전에 가졌던 경험과 맞추어 봅니다. 이 과정에서 같은 것도 있고 다른 것도 나옵니다. 그렇게 함으로써 비로소 인식이 성립한다는 것입니다. 그 과정에서 감각 기관이 받아들이고도 알지 못하거나 마음이 해석해 내지 못하는 것을 우리는 '모른다'라고 한다는 것입니다.

이 과정에서 인식 대상을 구분하면서 생기는 것이 명(名)입니다. 사물의 명칭이 생기는 이유는 편의라는 필요에 의해서라고 합니다. 그 필요성은 크게 두 가지로 나뉩니다. 하나는 윤리적 이유이고, 다른 하나는 논리적 이유입니다. 윤리적 이유란 명칭을 통해 귀한 것과 천한 것을 구분하기 위함이고, 논리적 이유란 같은 것과 다른 것을 구분하기 위함입니다.

명칭은 약속입니다. 새로운 것이 생겼을 때 과거의 어떤 것과 같으면 같은 이름을 붙이고, 다르면 다른 이름을 붙입니다. 그리고 가장 좋은 명칭은 간단하면서도 쉽게 이해가 되고, 사물을 직접적으로 가리키기 때문에 혼동이 없는 이름입니다.

그 밖에 알맞은 이름은 아니지만 습관적으로 써 온 명칭은 실명(實名)이라고 했습니다. 순자는 명칭도 여러 종류로 나누었습니다. 말이나 돌 같은 단순 명사와 흰 말이나 단단하면서 흰 돌 같은 복합 명사가 있습니다. 순자는 단순 명사를 단명(單名)이라고 했고, 복합 명사를 겸명(兼名)이라고 했습니다.

또 공명(共名)과 별명(別名)이라는 구분도 있습니다. 공명은 보편적인 명칭이고, 별명은 구분하는 명칭입니다. 예를 들어, 동물이 공명이라면 사람이나 말은 별명입니다. 순자는 한 걸음 더 나아가 더는 포괄할 수 없는 통칭을 대공명(大共名)이라 했고, 더는 세분할 수 없는 명칭을 대별명(大別名)이라고 했습니다.

동양철학 에세이 1

순자는 이런 기반 위에서 묵가나 명가의 궤변적인 논리를 비판합니다. 묵가의 주장 가운데 도둑을 죽이는 것은 사람을 죽이는 것이 아니라는 명제가 있습니다. 순자는 이러한 논리는 도둑이 사람에 포함되는데도 도둑과 사람의 구분을 모호하게 하여 명칭을 가지고 명칭을 혼란스럽게 만드는 것이라고 비판합니다.

순자는, 혜시가 제시한, 산과 연못이 똑같이 평평하다는 논리도 비판합니다. 사물은 구체적이지만 명칭은 추상적이라는 것입니다. 따라서 높은 지대에 있는 연못이 낮은 지대에 있는 산보다 고도가 높을 수는 있지만, 산과 못이라는 일반 명칭은 일반적인 법칙에만 적용된다는 것입니다. 그래서 혜시의 논리는 구체적인 사실로 일반 명칭을 혼란스럽게 한 것이라고 지적하였습니다. 또 공손룡의 흰 말은 말이 아니라는 논리도 비판합니다. 흰 말은 말 속에 포함되는 것이므로, 이런 논리는 명칭만을 가지고 사실을 혼란스럽게 만드는 것이라고 비판하였습니다. 순자는 이 같은 잘못된 논리들이 논쟁과 시빗거리로 발전하는 까닭은 근본적으로 훌륭한 임금이 없기 때문이라고 하였습니다.

순자 철학의 가치

순자가 살던 시대는 주나라가 완전히 몰락하던 전국시대 말기였습니다. 공자 때에도 이미 겸병 전쟁의 주체가 점점 아래 계층으로 이동하는 현상을 보였지만, 전국시대에 이르면 옛 귀족만이 아니라 새로운 지주 계층들까지 등장하면서 혼란이 더 심해집니다. 그리고 이 같은 상황은 기존 통치 세력과 신흥 지주 계층의 대립으로 압축됩니다. 옛 귀족은 봉건 통치의 부활을 꿈꾸면서 예치(禮治)를 내세웠고, 신흥 지주 계층은 개혁을 표방하고 법치(法治)를 주장했습니다.

순자는 이런 상황에서 예에 의한 통치를 주장하였습니다. 하지만 그의 주장은 법에 의한 통치 이론을 완성시킨 제자들, 한비자와 이사를 통해 열매 맺게 됩니다. 역사의 발전이 가져온 아이러니가 아닐 수 없습니다.

순자의 사상은 위에서 본 것 같은 사회적 배경에서 나왔습니다. 순자 사상의 특징은 철저하게 인간의 의지를 강조한 것입니다. 순자는 사람의 본성을 악하다고 했지만, 그 악한 본성을 극복할 수 있는 가능성으로 인간 자신의 의식적인 노력을 들었습니다. 그리고 그러한 노력의 구체적인 제도로 예제의 부활을 주장하였던 것입니다. 그러나 단순한 복고가 아니라 현실의 임금들이 당대에 맞는 예제를 만들어 피치자 모두를 교화하기를 바랐습니다.

순자의 철학에 여러 가지 가치가 있었음에도 단지 인간의 본성에 대한 신뢰가 없었다는 이유로, 순자는 동양의 프로메테우스가 되어야만 했습니다. 코카서스 절벽에 매달려 독수리에게 간을 쪼이던 프로메테우스의 심정은 어떠했을까요? 자신의 행동을 후회했을까요? 아니면 인류를 위한 자신의 행동이 옳았다는 생각을 버리지 않았을까요?

순자는 자기보다 먼저 유가를 높였던 맹자를 혹평하였습니다. 맹자는 글과 말만 뛰어났을 뿐 현실에 대한 이해가 부족했다는 것입니다. 그래서 덕을 강조하기는 했지만 오히려 유가의 몰락을 재촉했다는 것입니다. 순자는 유가가 몰락한 책임을 맹자에게 물었던 것입니다.

순자는 날카로운 눈으로 인간의 어두운 면을 집어내고 현실적인 처방을 제시하였습니다. 순자는 인간을 파헤쳐 어두운 구석들을 다 끌어냈습니다. 마치 판도라의 상자에 들어 있던 불행들처럼. 그러나 그 제일 밑에 희망을 남겨 놓았습니다. 착한 일을 행하면서 본성을 거스를 수 있는 인위적인 의지가 그 희망입니다.

이회는 위나라 문후에게 벼슬하여 태수가 되었다.

그는 백성들에게 활을 보급할 생각으로 이런 포고령을 내렸다.

『소송에서 판결을 내리기 어려울 때는

둘 다 활로 과녁을 쏘게 해서 맞춘 사람을 이긴 것으로 하고,

못 맞춘 사람을 진 것으로 한다』

포고령이 나붙자 사람들은 너나없이

활을 배우기 시작하여 밤낮을 쉬지 않게 되었다.

이윽고 진나라와 전쟁이 일어났을 때,

적을 여지없이 쳐부수고 승리하였다.

모든 사람이 다 활을 잘 쏘았기 때문이다.

법가

인간을 조직하고 인간을 활용하다

법가는 중국 고대의 여러 학파 중에서 가장 현실적이고 실천성이 강한 이론을 냈습니다. 춘추전국시대의 제자백가 가운데 현실에 가장 적중했던 이론이 법가였다고 할 수 있습니다. 일곱 나라로 갈라져 서로 싸우던 상황을 진나라가 통일하고 전국시대를 마감한 것은 법가의 이론에 힘입은 바가 컸기 때문입니다. 그러나 법가가 모든 면에서 다른 학파보다 뛰어나다는 뜻은 아닙니다. 다만, 당시의 현실적 모순을 이해하고 해결하는 데 비교적 과학적인 인식을 가졌던 것이 법가라고 할 수 있습니다.

인간은 이기적 동물이다

한비자를 비롯한 법가 사상을 이해하는 데 중요한 이론이 인간의 본성에 관한 생각입니다. 한비자가 순자의 학문과 연관된다고 하는데, 그것은 바로 순자의 성악설을 흡수했기 때문입니다. 《순자》 〈성악〉 편의 첫 문장은 "인간의 본성은 악하다, 인간이 선한 것은 위다"로 시작합니다. 여기서 '위'는 '거짓'이라는 의미가 아니라 '인간의 노력'을 뜻합니다. 순자의 이 명제에서 중점은 '인간의 노력'에 있습니다.

법가 사상은 인간을 근본적으로 이기적 동물로 보았습니다. 부모와 자식 간의 관계도 이익을 탐하는 욕심으로 물들어 있다고 합니다. 한비자는 이렇게 말했습니다.

부모와 자식의 관계에는 사랑 말고 그 무엇이 있다. 아들이 태어나면 부모는 서로 반가워하고, 딸이 태어나면 죽일지도 모른다. 아들과 딸은 다같이 어머니의 자궁에서 나왔다. 그런데도 아들일 때는 기쁨이 따르고, 딸일 때는 죽음이 따르는 것은 어째서인가. 부모는 나중에 편할 것을 생각하고 장기적 이익을 계산한다. 부모까지도 자식과의 관계에서 이해타산적인 계산을 하고, 이에 따라 아들과 딸을 다르게 대하는 것이다.　《한비자》〈육반〉

역사학자들은 중국에서 모계 사회가 부계 사회로, 즉 가부장제로 바뀌는 시기를 대개 기원전 11세기경인 은주 교체기로 봅니다. 따라서 한비자의 시대에는 이미 부권 사회가 확립되어 있었습니다. 또한 농업 사회에서는 사람(노동력)이 매우 중요한 재산이었습니다. 아들은 나중에 자라서 일손을 하나 데려오지만, 딸은 커서 다른 집으로 시집가 버리니 손실이 되는 것입니다. 우리가 지금과 같은 개인주의와 자유 경쟁의 자본주의 사회에 살면서도 부모 자식의 관계가 이기적이라고 말하기를 꺼리는 것을 생각하면, 법가 사상가들의 주장은 놀라울 정도로 철저합니다.

이익을 추구하는 인간의 마음을 인정하는 바탕 위에서 이론을 펴는 것이 법가의 분명한 입장입니다. 그들은 이해타산을 따지는 것을 인간의 본래 모습이 아니라고 하는 일체의 이론을 진실을 숨긴 이론으로 봅니다.

한비자의 주장을 더 들어 보겠습니다.

하인이 주인을 위하여 일하는 것은, 그가 충실하기 때문이 아니라 일에 대한 보수를 받기 때문이다. 마찬가지로 주인이 하인을 잘 대우하는 것은, 그가 친절하기 때문이 아니라 하인이 열심히 일하기를 바라기 때문이다. 그러므로 그들의 생각은 이용 가치에 집중되고, 서로 자기의 이익만을 도모한다. 《한비자》〈외저설 좌상〉

사람은 이기적 목적으로 주고받는다. 이해관계가 맞으면 낯선 사람이라 할지라도 서로 화목하게 살 것이고, 이해가 충돌한다면 아비와 자식 사이라도 서로 충돌할 것이다. 《한비자》〈육반〉

뱀장어는 뱀을 닮았고, 누에는 송충이와 흡사하다. 사람들은 뱀을 보면 깜짝 놀라고, 송충이를 보면 소름이 오싹 끼치지만, 고기잡는 이들은 뱀장어를 손으로 주무르고, 여자들은 누에를 손으로 만진다. 이득이 생기기만 하면 사람은 누구나 최고의 용사가 되는 것이다. 《한비자》〈설림 하〉

수레 만드는 기술자는 사람들이 모두 부귀해지기를 바라고, 관을 짜는 기술자는 사람들이 일찍 죽기만 기다린다. 수레 만드는 사람이 더 착하고 관 만드는 사람이 더 악해서가 아니다. 사람들이 부자가 되지 않으면 수레가 팔리지 않고, 사람들이 죽지 않으면 관이 안 팔린다. 종사하는 일의 업종에 따라 이해타산이 서로 다르다. 이해 때문에 결과적으로 사람이 선해질 수도 악해질 수도 있는 것이다.　　　　　　　　　　　　　《한비자》〈비내〉

인간 관계가 이익을 기초로 이루어진 것이 사실이고, 있는 그대로를 표현한 것이라 하더라도 사람들은 자신이 오직 이런 존재일 뿐이라는 주장에 동의하고 싶어하지 않을 것입니다. 이 주장은 너무 적나라한 것인지도 모르겠습니다. 그러나 동아시아의 역대 국가는 실제로 유가의 도덕적 인간관을 기초로 한 예악 문화와 법가의 사상이 동전의 양면처럼 어울리며 통치 질서를 유지하였습니다. 안으로 법가를 뼈대로 삼으면서, 겉으로 유가의 도덕 규범을 이용하여 통치한 것입니다.

미묘한 인간 심리를 이용하다

법가의 사상은 이상을 말하거나 목표를 말하는 데서 맴돌지 않습니다. 바로 현실 속에서 효과를 얻어야 하고, 상대를 제압하고 일을 이루어야 합니다. 정치는 하나의 큰 사업이고, 사업의 방법 속에는 인간을 활용하고 이용하는 문제가 중요한 주제를 이룹니다. 사업가가 상대하는 인간은 다양합니다. 직위가 높은 사람도 있고 대중도 있습니다. 그러나 근원적으로는 이익을 추구하는 인간 심리와 변화하는 상황의 변수를 잘 읽는 것이 중심 문제입니다. 그것을 기초로 인간의 일반 심리와 약점을 교묘히 이용합니다.

미자하라는 미소년이 위나라 왕의 총애를 받고 있을 때, 어머니 병환이 위독하다는 전갈을 받고 왕의 수레를 몰래 훔쳐 급하게 타고 나간 일이 있었다. 위나라 법에는 국왕의 수레를 몰래 타면 다리를 자르게 되어 있었다. 그러나 왕은 그의 효심이 극진함을 가상히 여겨 문책하지 않았다. 또 어느 날 위나라 왕이 과수원에 나들이할 때 그가 함께 수행하여 복숭아를 따서 먹었다. 그 가운데 아주 단 복숭아가 하나 있어 그것을 먹다가 말고 나머지 반쪽을 왕의 입에 넣어 맛보게 하였다. 왕은 이를 무례하다 아니하고 오히려 고맙게 여겼다.

그런 뒤 미자하가 늙고 보기 싫어지자 왕은 싫증이 나서 전에 한 일을 들추어 벌주었다. 미자하가 취한 행동은 달라진 게 없었으나, 앞서 칭찬 받은 그 일로 뒤에 벌을 받게 된 것은 사랑하고 미워하는 마음의 변화에서 온 것이다. 《한비자》〈설난〉

방경이 현령이 되어 시장 관리 책임자를 시장에 순찰을 보내게 되었다. 책임자를 내보내고 나서 다른 관리를 시켜 그를 다시 불러들인 다음, 잠시 같이 서 있다가 아무 말 없이 그대로 순

동양철학 에세이 1

찰하러 가게 하였다. 시장 관리 책임자는 현령이 다른 관리에게 무언가 이야기를 한 것 같다는 생각에서 혹시 감시하고 있나 싶어 감히 나쁜 짓을 할 수가 없었다. 《한비자》〈내저설 상〉

이회는 위나라 문후에게 벼슬하여 태수가 되었다. 그는 백성들에게 활을 보급할 생각으로 이런 포고령을 내렸다.

"소송에서 판결을 내리기 어려울 때는 둘 다 활로 과녁을 쏘게 해서 맞춘 사람을 이긴 것으로 하고, 못 맞춘 사람을 진 것으로 한다."

포고령이 나붙자 사람들은 너나없이 활을 배우기 시작하여 밤낮을 쉬지 않게 되었다. 이윽고 진나라와 전쟁이 일어났을 때, 적을 여지없이 쳐부수고 승리하였다. 모든 사람이 다 활을 잘 쏘았기 때문이다. 《한비자》〈내저설 상〉

진평공이 가까운 신하들과 술을 마시다가 문득 한숨을 지으며 말했다.

"임금이 되었다고 해서 이렇다 할 즐거움이 있는 것은 아니지만, 무슨 소리를 하든 내 말을 거역하는 사람이 없는 것이 즐거움이라면 즐거움이다."

그러자 옆에 앉아 있던 장님 악사 사광이 거문고를 번쩍 들어 평공을 콱 찌르려 했다. 평공이 급히 피하는 바람에 거문고가 벽을 허물어뜨렸다. 평공이 놀라서 물었다.

"너는 지금 누구를 치려고 했더냐?"

"방금 옆에서 못된 소리를 하는 사람이 있어서 그를 치려 했습니다."

"그게 바로 나다."

"아아, 그런 말은 임금의 말씀이 아니었습니다."

　뒤에 일꾼들이 허물어진 벽을 고치려 하자 평공이 이를 중단시켰다.

"그대로 두어라. 나의 교훈으로 삼겠다."　　　《한비자》〈난일〉

《사기》에도 이런 이야기가 나옵니다.

　상앙은 높이가 세 키 되는 나무를 시장 남문에다 세우고 "이 나무를 북문에다 옮겨 놓는 자에게는 10금을 준다"라고 글을 써서 사람을 모집하였습니다. 그러나 사람들은 그깟 일에 10금을 줄 까닭이 없다고 생각하여 아무도 나서지 않았습니다. 다시 공고하기를 "이 나무를 북문에다 옮기는 자에게는 50금을 준다"라고 하였습니다. 어떤 할 일 없는 자가 이것을 옮기자 바로 50금을 주었습니다. 그리하여 백성을 속이지 않는다는 것이 잘 알려진 다음에 법령을 공포하자, 그때까지 잘 시행되지 않던 진나라 법령은 하루 아침에 백성들을 승복시켰습니다.

모순은 극복되어야 한다

현실 세계에서 서로 대립하고 있는 둘을 이것도 옳고 저것도 옳다고 하는 것은 있을 수 없고, 결국 하나가 옳은 것으로 되어야 합니다. 유명한 한비자의 '창과 방패', 즉 '모순' 고사가 이것을 표현한 것입니다. 법가의 이러한 현실 인식은 상황의 변화에 따른 대응 방식의 변화를 강조하며, 이론이 현실의 변화를 제대로 따라가지 못할 때 별 의미가 없다는 것을 나타냅니다. 이론은 현실을 통하여 진위가 가려지고, 실제의 성과가 기준이 됩니다. 이것을 무시하면 신발을 맞추러 간 사람이 자기 발 크기를 재어 둔 쪽지를 가지고 오지 않았다고 신발 가게 앞에서 집으로 다시 돌아가는 우스꽝스런 일이 벌어집니다.

초나라에 창과 방패를 파는 사람이 있었다. 우선 그 방패를 자랑하기를 "나의 방패는 아주 견고하여 어떤 것으로도 뚫을 수 없다"라고 하고, 곧 그 창을 칭찬하기를 "나의 창은 아주 예리하여 어떤 물건도 뚫지 못하는 것이 없다"라고 하였다.

옆에서 이를 지켜보던 이가 "너의 그 창으로 너의 그 방패를 뚫어 보아라. 어찌 되겠는가?" 하니, 그 사람은 아무 말도 못 했다.

무릇 꿰뚫을 수 없는 방패와 뚫지 못하는 것이 없는 창은 같은 때에 함께 존립할 수 없는 것이다. 《한비자》〈난세〉

이것은 유가의 주나라 봉건 제도를 회복하자는 주장과 계급 조화론에 대한 강한 비판입니다. 유가는, 관리들에게는 예를 적용하고 민중에게는 법을 적용하여 통치하는 구상을 이론화하였지만, 법가는 관리들도 법의 적용을 받아야 한다고 주장한 것입니다. 법가 사상은 중앙 집권적 정치 제도를 실현하면서 법질서의 확립과 사상의 통일을 중시하였습니다. 한비자는 당시의 지적인 무정부 상태는 "사회의 실상에 대한 혼란한 마음을 조성할 뿐만 아니라 나라에 대한 불신감도 일으킨다"라고 하였습니다. 또한 생산 노동에 참여하지 않는 이론가들은 사회의 부강에 보탬이 되지 못한다고 하고, 실용성을 기준으로 가치를 평가하였습니다.

오늘날 나라 안의 사람들은 너도나도 정치를 논하고 있고 관중과 상앙의 법률서를 가지지 않은 자가 하나도 없건만 토지는 자꾸 황폐해 간다. 이것은 농사를 이야기하는 사람은 많은데 쟁기를 드는 사람이 적기 때문이다. 나라 안의 사람들이 너도나도 병법을 말하지만 우리의 군대는 자꾸 약해지고 있다. 이것은 병법을 이야기하는 사람은 많으나 무기를 드는 사람이 적기 때문이다. 《한비자》〈오두〉

어떤 사람이 주나라 왕을 위해 말 채찍에 그림을 그렸는데, 삼 년이 걸려서야 일을 끝냈다. 왕이 그것을 받아 보니 보통 채찍에 옻칠한 것과 조금도 틀리지 않았다. 왕이 버럭 화를 내니 그 사람이 말했다.

"두 길쯤 되는 높은 벽을 만들어 거기에 여덟 자 정도의 창문을 낸 다음, 아침 해가 떠오를 무렵에 채찍을 그 창에 비추어 자세히 보십시오."

왕이 들은 대로 방을 꾸미고 채찍을 보았더니, 거기에는 용

동양철학 에세이 1

과 뱀, 새와 짐승, 수레와 말, 그 밖의 여러 가지 모양들이 보기
좋게 새겨져 있었다. 왕은 여간 기뻐하지 않았다.

　이 채찍에 그림을 그린 재주는 과연 놀라운 것이지만, 그것
의 쓸모로 말하면 보통 채찍보다 나을 것이 하나도 없다.

《한비자》〈외저설 좌상〉

　법가는 구체적인 정책론에서 당시의 다른 학파와 뚜렷하게
차이를 보였습니다. 그들은 춘추전국시대에 남아 있던 세습적 신
분제에 의한 옛 귀족의 지배를 반대했으며, 새로운 관료제를 확
립하여 중앙 집권적 전제 국가를 세우려 했고, 법질서를 강화하
고자 했습니다. 또한 국가의 부강을 위해 농업을 장려하고 상공
업을 억제하였으며, 군사력 강화와 국토 확장에 힘썼습니다.

역사는 변화한다

한비자를 비롯한 법가 사상가들은 다른 학파들의 복고적인 역사
관에 반대하고 역사의 발전을 주장하였습니다. 공자를 이론의 최
고봉으로 삼는 유가는 요순의 도를 내세우고, 노자를 이은 도가
학파는 황제를 으뜸으로 내세웠으며, 묵가 학파는 치수 사업에
성공한 우임금을 자신들의 모범으로 내세웠습니다. 이처럼 이상
적 모델을 고대에 설정하여 전통을 자랑하는 것이 역사적 유산과
전통 속에서 안정을 찾는 데에는 도움이 되겠지만, 사상의 발전

과 새로운 변모에는 장애가 되었습니다. 이러한 사태를 한비자는 변화의 역사관에 입각하여 강력히 규탄하였습니다.

"법은 시대의 흐름에 따라 바뀌어야 하고, 정치란 현재의 긴박한 사정에 부합해야 한다."

'수주대토(守株待兎)' 고사에도 이것이 잘 표현되어 있습니다.

옛날 송나라에 농부가 있었다. 그 사람의 밭 가운데에 나무 그루터기가 하나 있었는데, 어느 날 토끼 한 마리가 마구 달려와서 그루터기를 정면으로 들이받고 목이 부러져 죽었다. 그러자 이 농부는 쟁기를 버리고, 토끼가 또 와서 부딪쳐 죽기를 기대하며 서서 기다렸다. 그러나 당연히 더 잡을 수 없었고, 그는 다른 사람들의 웃음거리만 되었다. 만약 옛날의 통치 방법으로 오늘날의 민중을 다스리려 한다면, 이 농부와 똑같은 웃음거리가 되는 것이다.

《한비자》〈오두〉

한비자의 이러한 주장은, 법가 사상이 원대한 이상과 철학을 강조하기보다 사회 정치적 현실 상황과 국면의 변화에 실천력 있게 대응할 수 있는 능률적 사고를 중시하였음을 보여 줍니다. 그러나 그것은 단순히 실용성을 추구한 것이 아니라, 현실적 인간 이해를 바탕으로 인간이 좇아야 할 준칙을 정하고 사물의 실정을 측량하고 판단하여, 옳고 그름을 명확히 밝히고자 한 사상이었습니다. 그들은 유가처럼 선험적인 도덕 원리나 추상적인 원리보다 객관적으로 대상화할 수 있는 기준을 세우려고 노력하였습니다.

동양철학 에세이 1

이제 법가 사상의 형성 과정을 통해 이 이론의 세부적인 측면을 살펴보겠습니다.

법가 사상의 선구자들

어떤 학자들은, 법가 사상을 처음으로 정립한 사람은 기원전 7세기 제나라의 유명한 정승으로, 우리에게 '관포지교'란 고사로 잘 알려진 관중이라고 합니다. 관중은 소금과 철에 세금을 매기는 등 여러 가지 제도를 시행하여 제나라를 동쪽에서 가장 부유하고 강대한 나라로 만들었고, 훌륭하고 효과적인 행정의 모범을 세웠습니다.

그런데 지금 전해지는 《관자》라는 책은 대개 기원전 250년경에 법리학자들이 지은 것이라고 봅니다. 관중은 실제적인 정치가였고 그의 사상은 예의범절, 정의, 분별과 절제 등을 강조하였는데, 이것은 춘추시대의 합리주의 사상의 특징을 가진 것이었습니다. 그래서 법가 사상에서 관중의 지위는 유가 사상에서 주공의 위치와 비슷합니다. 한비자도 역시 관중을 존경했습니다.

또 다른 중요한 인물은 기원전 536년경 처음으로 성문법을 공표한 정나라의 재상 자산입니다. 그가 집권하고 있을 때 민중이 모두 그의 개혁안을 기꺼이 받아들여, 나라에 질서가 잡히고 이웃 군주들이 정나라를 존경하는 태도로 대했다고 합니다. 관중이나 자산은 실제 정치에서 법가 사상의 모범을 보인 사람들이라고 할 수 있습니다.

이론적으로 법가 사상을 발전시킨 인물로는, 조나라의 신도와 한나라의 신불해, 위나라의 상앙이 있습니다.

신도는 맹자와 같은 시대 사람으로 그의 중요한 이론은 '세(勢)'에 관한 주장입니다. '세'는 권세, 세력이라고 할 때의 '세' 자인데, 한비자는 '세'를 이렇게 설명합니다.

훌륭한 임금으로 기록된 요는 평민이었을 때 세 집을 다스리지 못했고, 폭군이었던 직은 황제가 되어 온 천하를 혼란에 빠뜨릴 수 있었다. 이로써 나는 권세와 지위가 반드시 필요하고, 지혜와 착함이 믿을 수 없는 것임을 안다. (……) 착함과 똑똑함으로는 민중을 복종시킬 수 없으나 권세와 지위로는 복종시킬 수 있다.

《한비자》〈난세〉

이 주장은, 덕이 있고 지혜로운 임금은 하늘의 명령을 받아 백성을 다스릴 자격이 있으며 덕이 있는 사람에게 임금의 자리가 돌아온다는 유가의 이론을 대놓고 반대한 것입니다.

《관자》에서는 '세'를 다음과 같이 설명하였습니다.

현명한 군주가 절대적 권능을 가지고 다스릴 때 신하들은 모든 비행을 삼간다. 그렇게 되면 신하들은 감히 군주를 속이려 하지 않는데 그것은 그들이 군주를 사랑하기 때문이 아니라 군주의 권능을 두려워하기 때문이다. 민중은 기꺼이 봉사할 것인데

동양철학 에세이 1

그것은 군주를 사랑하기 때문이 아니라 군주의 권능을 두려워하기 때문이다.

그러므로 높은 지위에 있는 현명한 군주가 민중을 다스릴 수 있으며, 절대적 권능을 가진 사람이 백관을 제어할 수 있다. 그렇게 되면 민중과 백관이 명령에 복종하고, 군주의 지시 사항이 잘 시행된다. 군주가 존중을 받고 백관이 복종하게 된다. 그러므로 법에는 "군주는 높이고 백관은 천대한다. 그것은 특별한 애정이 있기 때문이 아니라 최고의 권능이 있기 때문이다"라고 하였다.

《한비자》〈팔경〉

이것은 유가에서 군주는 훌륭한 인격으로 관리들이 심복하게 하고 관리들도 훌륭한 인품으로 백성들을 심복하게 할 수 있다고 한 이론을 비현실적이라고 보는 것입니다. 원리적으로 보면 유가의 이론은 백성들의 자발성을 근거로 삼은 반면에, 법가는 강제력을 근거로 삼고 있습니다. 법가의 이러한 주장은 왕권을 강화하여 절대 군주를 중심으로 하는 정치 제도를 실현하려는 목적을 가진 것이었습니다. 이것은 물론 우리가 추구하는 민주적인 사회의 방향과는 맞지 않습니다.

신불해는 기원전 4세기 후반에 활동한 것으로 보이는데, 그는 정치에서 반드시 필요한 것으로 '술(術)'을 말하였습니다. '술'은 '꾀', '방법', '기술', '전술'이란 의미의 '술' 자인데, 법가에서 쓰는 의미를 구체적으로 말하면, 통치자가 신하를 제압하여 군주 자신에게 유리하게 만드는 정치술이나 책략입니다. 신불해의 정치 사상은 도가, 특히 노자의 '무위' 사상과 관계가 깊습니다. 신불해는 '무지(無知)'와 '무위(無爲)'가 지식과 행동보다 낫다고 하였고, '무지'와 '무위'가 군주의 길이라고 했습니다.

상앙(?~기원전 338)은 실무적인 사람으로 정치 제도에 통달하였고 열성 있는 연구자이기도 하였습니다. 위나라 왕족이었지만 기원전 4세기 중엽에 진나라에서 벼슬하여 생애의 대부분을 진나라에서 활동하였습니다. 진나라가 천하를 통일할 수 있는 기반을 마련하는 데에는 그의 힘이 컸습니다. 상앙은 군대의 규율에서 토지 제도에 이르기까지 모든 일을 개혁하였고 법과 행정 기구를 재편하였습니다. 그의 사상의 골자는 '농병술'이라 할 수 있습니다. 나라의 기초인 식량과 군대가 가장 중요한 것이고, 따라서 나라가 격려해야 할 계층은 오직 농민과 군인이라는 것입니다.

그는 유가에서 중시하는 문화적 가치 추구를 강력하게 비판하였습니다.

예를 들어, 어떤 나라에 시와 역사, 예절과 음악, 도덕과 효도, 사랑과 신분 질서 등의 도덕과 문화가 있다고 해도 통치자가 나라를 지키고 싸우는 데 쓸 사람은 한 사람도 없는 셈이다. 만일 어떤 나라가 이런 것들로 다스린다면 적이 쳐들어오자마자 무너지고 말 것이다. 적이 쳐들어오지 않는다 할지라도 그 나라는 가난할 것이다. 《상군서》〈거강〉

동양철학 에세이 1

법가의 이러한 사상이 진시황이 천하를 통일한 뒤 농업, 의학 등 기술 분야 책을 빼놓고 모든 책들을 불사른 사건(분서갱유)을 일으킨 동기가 되었던 것입니다.

문화적 가치에 대한 법가의 이러한 태도는 어느 시기에 현실적으로 장점이 되기도 했지만, 또한 자기의 사상을 좁은 영역에 가두어 놓아 높은 이상이 결여된 하나의 테크닉, 방법론으로 떨어지게 한 약점이기도 합니다. 천하를 통일한 지 20년도 채 못 되어 진나라가 멸망한 뒤에 천하를 차지한 한나라 고조에게 한신하는 "천하를 말 위에서 얻을 수는 있지만, 말 위에서 통치할 수는 없습니다"라고 하면서 문학과 역사를 공부할 것을 권했습니다. 근대에 강대국들이 약소국을 침략할 때 먼저 문화적으로 침략했던 것이나 현대 세계에서 경제·외교·문화적 종속이 국가 간의 심각한 문제로 등장하는 것을 보면, 법가 사상가들은 부국강병에 직접 효과가 없는 문화를 비판하는 데 치중하여 문화적 가치의 유용성을 지나치게 낮추어 보았다고 하겠습니다.

상앙의 중요한 공헌은 법가의 핵심 개념인 '법' 이론을 만들어 내고 그것을 현실적으로 시행한 것이었습니다. 그는 '신상필벌'의 새로운 법을 제정하여 지위 고하를 막론하고 공평하게 적용하였으며, 친척이나 아는 사람이라고 해서 편의를 봐주지 않도록 하였습니다. '신상필벌'이란 법 적용에 신뢰성이 있어 민중에게 권위를 얻어야 하고, 범법자에게는 가혹한 벌을 내려야 한다는 원칙입니다.

한비자에 오면, 법은 나라가 부강해지느냐 침체되느냐를 결정하는 중대한 요소로 떠오릅니다. 한비자는 상앙의 이론을 인용하여 이렇게 말했습니다.

한 나라가 항상 강할 수도 없고, 그렇다고 항상 약한 채로 있을 수도 없다. 법이 엄격히 운영될 때 그 나라는 강하고, 법이 허술하게 시행될 때 그 나라는 약하다. 《한비자》〈유도〉

그는 또 법전은 구체적이고 자세해야 하며, 법은 엄중하고 무겁게 시행되어야 한다고 했습니다.

학생들은 교과서가 너무 간략하면 그 뜻을 멋대로 추리할 것이다. 이와 마찬가지로 법이 지나치게 간결하면 민중은 그 의도를 이러쿵저러쿵 논의할 것이다. 그러므로 성인은 저술할 때 그 논지를 자세하고 명확하게 해 놓는다. 현명한 통치자는 법을 제정할 때 모든 우발 사건에 꼼꼼히 대비한다. 《한비자》〈팔설〉

상앙은 사소한 비행에 대하여 중벌을 제정하였다. 큰 죄를 범하는 일은 드물다. 그러나 사소한 비행은 잦다. 최선의 정책은 민중으로 하여금 범하기 쉬운 것을 피하고 큰 죄를 범하지 않도록 인도하는 데 있다. (……) 그러므로 상앙은 "벌이 무겁다면 아무도 감히 법을 어기지 않을 것이다. 이것이 처벌로 범죄를 없애는 방법이다"라고 말하였다. 《한비자》〈내저설 상〉

동양철학 에세이 1

그래서 사마천은 《사기》에서 한비자를 이렇게 평했습니다.

한자(한비자)는 도덕을 법률에 맞추도록 하되, 마치 먹줄을 친 것처럼 한 치의 어긋남도 없이 그 줄을 벗어나지 않도록 할 것을 주장하였다. 이는 인정에 비추어 생각할 때는 절박한 일이요, 잘 잘못을 분명히 가리자는 것은 좋으나, 결과적으로 인간의 따뜻한 아름다움을 없애는 일이다.

사마천의 이러한 평가에서 한비자가 합리적 통치를 위해 규격화와 객관화를 극단적으로 추구했음을 알 수 있습니다.

한비자는 신도와 신불해, 상앙의 '세', '법', '술' 사상을 탁월하고 독창적인 원칙 아래 자기의 것으로 종합하였습니다. 한비자는 군주의 '세'를 호랑이와 표범의 날카로운 이빨과 발톱에 비유하였습니다. '세'가 없는 왕은 이빨과 발톱을 잃어버린 호랑이처럼 무력하며, '세'는 왕의 지위 때문에 생기는 권세, 권력을 뜻하므로 왕의 인격, 도덕성, 능력에서 나오는 것이 아니라 왕이라는 지위에서 나오는 것이라고 했습니다. 이러한 생각은 통치술을 도덕에서 상대적으로 독립시킨 이론입니다. '법'과 '술'은 군주와 관리와 민중 사이의 관계를 조종하는 이론입니다.

법은 문서로 편찬하여 관청에 비치해 두고 인민에게 공포하는 것이지만, 술은 군주의 가슴속에 넣어 두고 신하의 언행 등 많은 단서를 수집하고 검토하여 은연중에 여러 신하를 지배하는 것이다. 그래서 법은 명확할수록 좋고, 술은 알려지면 안 되는 것이다. 현명한 군주가 법을 말하면 나라 안의 비천한 자까지도 알아들어야 하며, 방 안에 가득 채워 두는 것으로 끝나서는 안 된다.

《한비자》〈난삼〉

법은 관리들이 민중을 통제하는 기준으로 법에 복종하는 자는 상을 주고 법을 어기는 자에게는 엄한 벌을 내리는 것입니다. '술'은 군주가 관리를 통솔하는 방법으로 은밀하고 상황적인 판단입니다. 법가 사상을 권모술수로 보는 의견이 나오는 것은 바로 이러한 '술' 개념 때문입니다. 군주가 신하의 항명을 제압하고 자신의 생각을 관철시키기 위하여 내심을 드러내지 않고 전격적으로 신하를 파면하고 등용하는 권한이 '술'에서 나옵니다.

임금으로서 술이 없으면 윗자리에서 정보에 어두워지고, 신하로서 법이 없으면 아래에서 혼란을 일으킨다. 이 술과 법은 하나라도 없어서는 안 되는 것이니, 모두 제왕이 쓰는 기구다.

《한비자》〈정법〉

옛날 정나라 무공이 오랑캐를 정벌하려 했다. 무공은 먼저 자기 딸을 오랑캐 나라 임금에게 시집보내 그로 하여금 안심하게 했다.

어느 날, 그는 신하들에게 물었다.

"내가 한바탕 전쟁을 벌이고 싶은데, 누구를 치는 것이 좋겠소?"

동양철학 에세이 1

대부 관기사가 대답하였다.

"오랑캐를 치는 것이 좋겠습니다."

무공은 크게 노하여 그를 처형하면서 이렇게 말하였다.

"오랑캐는 이제 형제와 같은 나라인데, 네가 그를 치라는 것은 무슨 말이냐!"

오랑캐 나라 임금이 이 말을 전해 듣고, 마침내 정나라를 방비하지 않았다. 그때 정나라 군대가 오랑캐 나라를 습격하여 점령해 버렸다.

《한비자》〈설난〉

이 이야기는 신하가 임금에게 건의할 때 어떤 어려움이 있는가를 논하면서 예로 든 것이지만, 여기에서 무공이라는 군주의 처사를 중심으로 생각해 보면 그는 목표를 달성하기 위하여 자기의 딸과 자기의 뜻을 잘 아는 신하를 희생시킨 것입니다.

법가 사상은 평가 기준으로 성공과 결과를 중시합니다. 그러므로 '술'이란 전제 군주의 성공을 위한 그때그때의 계책과 판단이 됩니다. 관리들은 민중을 법이라는 기준으로 제어하고 관리들 자신도 법을 지키고, 군주는 결국 법으로 민중들을 다스리고 술로써 신하들을 제어하며 자신은 법을 초월한 존재가 됩니다. 한비자가 "정승이라 하더라도 잘못하면 결코 벌을 면하지 못하고, 평민이라 하더라도 잘하면 반드시 상을 받는다"라고 한 것은 이것을 말한 것입니다.

한비자의 생애

법가 사상을 종합 정리한 사람은 한비자입니다. 한비자의 출생 연대는 명확하지 않으나 대략 기원전 280년경으로 봅니다.《사기》의 〈노장신한 열전〉에 의하면, "그는 한나라의 높은 귀족 출신으로 태어났고, 형명법술의 학을 좋아하였으며, 언변은 능하지 못하였으나 저술에 뛰어났다"라고 합니다. '형명법술의 학'은 법가 사상을 말하는 것입니다.《사기》에서는 한비자가 이사와 함께 순자에게 배웠다고 기록하고 있습니다. 한비자가 순자에게 직접 배웠다는 주장에 대해서는 궈모뤄나 가이쓰카 같은 학자들이 의문을 제기했지만, 순자의 사상이 한비자에게 수용된 것은 틀림없는 사실입니다. 순자의 사상만이 아니라 춘추전국시대의 법가 전통과 도가·묵가·유가의 사상이 한비자의 체계에 흡수되어 있습니다. 이것은 전국시대 말기 이후 각 학파 사상이 교류하고 융합하던 자연스런 경향을 반영하고 있는 것입니다.

한비자의 청년기는 그의 조국 한나라가 역사상 가장 비참한 처지에 있던 시기입니다. 한나라는 기원전 5세기 말경 진나라의 침입을 받은 나라 중 하나였으며, 그중에서도 가장 작은 나라로 강대한 이웃 나라에게 군대를 잃고 영토를 유린당했습니다. 한비자는 위기에 놓인 조국의 정세를 인식하고 한나라 왕에게 여러 차례 국정 개혁에 관한 상소를 올렸으나 왕이 받아들이지 않았습니다. 자신의 상소가 채용되지 않자 한비자는 자신의 부국강병 방안을 10여 만 자의 저술로 남겼다고 합니다. 이 가운데 〈고분〉

동양철학 에세이 1

과 〈오두〉 편을 우연히 읽은 진시황이 "이것이야말로 내가 기다리던 사상이다. 내가 이 사람을 만나 같이 일할 수 있다면 죽어도 한이 없겠다"라고 말한 것으로 전해집니다.

기원전 234년, 진나라가 한나라를 공격하자 한나라 왕은 한비자를 진에 사신으로 보내 위기를 넘기려 하였습니다. 한비자는 진시황을 설득하여 조국의 위기를 구하려 하였으나 뜻을 이루지 못했고, 도리어 진시황은 한비자를 자기 편으로 쓰려고 하였습니다. 그러나 이사와 요가의 획책으로 한비자는 감옥에서 사약을 받았습니다. 뒤에 진시황이 죽이라는 결정을 취소하였으나 이미 때는 늦었습니다. 이 일이 일어난 것이 기원전 233년이라고 하므로, 한비자는 대략 기원전 280년경에 태어나서 233년에 죽은 것입니다.

한비자의 저서는 처음에 '한자(韓子)'라고 불렸습니다. 책 이름이 '한비자'로 바뀐 것은 송나라 이후의 일입니다. 송대에 유교가 새롭게 부흥하면서, 불교와 도교가 유행했던 당나라 때에 유학을 부르짖고 대문장가로서 당송 팔대가에 든 한유(韓愈)를 높여 '한자'라 부르게 되어 원래 '한자'로 불리던 책이 '한비자'가 되었습니다. 유학이 세력을 얻자 한비자가 밀려난 셈입니다. 지금 우리가 볼 수 있는 《한비자》는 20권 55편으로, 한비자의 저술과 후인들의 글이 함께 들어 있습니다. 어느 것이 한비자 자신의 저작인지에 대해서는 학자에 따라 의견이 다르지만, 〈고분〉, 〈오두〉, 〈현학〉, 〈정법〉 등은 한비자의 저작이라고 믿을 수 있는 편들입니다.

앞에서 말한 것처럼 한비자의 생애는 진나라와 한나라의 정치적 관계와 진시황, 이사라는 인물과 관계가 깊습니다. 기원전 3세기 전반에 진나라는 강적 초나라를 거듭 물리치고 그 영토를 많이 병합시켰습니다. 마지막 승리는 한비자와 함께 순자에게 배우고 뒤에 진시황의 신하가 된 이사의 힘으로 이루어졌습니다. 이사는 먼 나라의 힘을 빌려 가까운 나라를 치는 '원교근공'의 외교술과 적국에 첩자를 보내 민심을 교란하고 정보를 훔치는 방법으로 이 사업을 성공시켰다고 합니다. 지리상으로 진나라와 가장 가까웠던 한나라는 진나라의 영토 확장 정책으로 가장 위협을 받는 위치에 있었습니다. 기원전 250년경, 진나라는 여러 나라 가운데서 경제력과 군사력이 강한 나라가 되었고, 제도를 고쳐서 중앙 집권적 관료 제도를 확립했습니다. 천하를 통일하고 최초의 통일 제국을 다스릴 기초를 마련한 것입니다. 한비자는 비록 진나라에서 죽었지만, 그의 이론은 진나라의 통치 제도에 이론적으로 기여하고 이후 중국 역사에도 큰 영향을 미쳤습니다.

법가 사상의 의의

지금까지의 내용을 요약해 보면, 한비자의 철학은 세 가지 중심 이론을 가지고 있습니다. 첫째, 인간은 근본적으로 이기적이기 때문에 국가는 그 이기심을 강력하게 통제하고 조종함으로써 부강을 꾀할 수 있다는 것입니다.

둘째, 군주는 법과 세와 술로 민중과 백관을 통솔하며, 그 제재 방식은 종교적·도덕적인 것이 아니라 사회 조직의 정점에 선 왕의 권세와 법의 강제에 의한다는 것입니다.

셋째, 가치 판단의 기준은 현실적으로 효과 있는 결과를 낳았느냐 아니냐이고, 따라서 '고대의 도와 원칙을 따르는 것이 아니라 그 시대의 상황을 연구하고 대처 방안을 내는 것'이 관리들의 임무가 된다는 것입니다.

법의 공정한 시행과 중앙 집권화된 관료 제도, 사회의 경제적 기초의 강조 등을 통하여 한비자는 정치 철학에 크게 공헌하였고, 다른 학파보다 현실적인 정치관을 내놓았습니다. 그러나 법가 사상은 자유와 자발성이 아니라 복종과 강제를 강조하여 군주 전제주의를 이루게 하였습니다. 이 사상은 민중에게 정치에 대한 의논이나 생각을 하지 말고 오로지 복종하라고 가르쳤습니다. 분명히 이런 이론은 민주주의 원칙과 거리가 있지만, 주나라식 봉건 제도를 넘어서 효율적인 관리 제도를 확립하는 이론이 되었습니다. 이러한 사상에 힘입어 진시황은 중국 천하를 통일하였습니다. 또한 법가 사상은 유교의 도덕론과 결합하여 중국 사회를 2000년 동안 전제 군주제로 이끌어 온 이론적 배경이 되었습니다. 이러한 역사적 사실은, 어떤 면에서 보면 법가 사상의 현실적 합리성을 반증하는 것이기도 합니다.

중국의 문화대혁명기에는 과거의 철학을 유가와 법가로 대립시키고, 법가 진영에 속한 사상을 유물론의 시각에 선 진보적 사상이라고 평가하였습니다. 법가의 현실적 인간관, 역사의 진보에 대한 인식에 주목하고 현실의 모순을 해결하려는 실천적 지향이 강한 철학으로 평가했기 때문입니다. 이러한 점은 당연히 법가 사상이 긍정적으로 평가받아야 할 부분입니다. 그러나 법가의 이론이 비교적 과학적 인식을 담고 있다 하더라도 그들의 법은 군주의 무한 권한에 의존하는 통치술의 의미가 강했습니다. 또한 인간관도 인간을 오직 통치의 대상으로만 볼 뿐, 자율성을 고려하지 않은 것이어서 중앙 집권적 전제 군주 국가가 합법적으로 독재를 행사할 수 있게 하는 것이었습니다. 다만 사회의 현실적 토대를 기준으로 이론을 전개하고, 현실의 변화에 따라 옛 제도를 바꾸어야 하며, 이론은 현실적 실효성을 가져야 한다는 법가의 정신은 아직도 가치 있는 것이라 하겠습니다.

두께가 없는 것은 쌓을 수 없지만

그 크기는 천 리가 된다.

하늘과 땅은 높이가 똑같고

산과 연못은 똑같이 평평하다.

남쪽은 끝이 없으면서 끝이 있다.

오늘 월나라에 가서 어제 돌아왔다.

둥근 고리는 풀 수 있다.

만물을 사랑하라.

온 세상이 한몸이다.

명가

상식을 부순 사람들

유강에 물이 불어 정나라의 어떤 부자가 급류에 휘말려 빠져 죽었습니다. 시체가 물에 떠내려가다가 하류에 이르렀을 때, 마침 배를 띄우려던 사공이 시체를 발견하고는 건져 냈습니다. 화려한 옷과 장신구들을 보고서 큰 부자임이 틀림없다고 생각한 사공은 보상을 크게 받을 수 있으리라는 기대에 부풀었습니다. 물에 빠져 죽은 부자의 집에서는 주인의 시체를 찾기 위해 난리가 났습니다. 얼마 지나지 않아 부자의 집에서 보낸 사람들이 시체를 건진 사공을 만나게 되었습니다. 사공은 엄청난 금액을 요구했습니다. 요구액이 터무니없이 많은 데 놀란 그들은 어떻게 할까를 상의하다가 변론을 잘하기로 유명한 등석을 찾아갔습니다.

"선생님, 저희 집주인이 물에 빠져 돌아가셨는데, 그 시체를 건진 사공이 엄청난 대가를 요구합니다. 어떻게 하면 좋을까요?"

"기다리시오. 그 뱃사공이 시체를 팔 수 있는 곳은 당신네 집뿐이지 않소. 기다리면 값이 내려갈 것이오."

"기다리다 보면 자꾸 시체가 부패할 텐데요."

"그럴수록 기다리시오. 시체가 부패할수록 값이 내려갈 거요."

부잣집 사람들은 등석의 말대로 기다렸습니다. 그러자 난리가 난 것은 뱃사공이었습니다. 이번에는 애가 탄 뱃사공 쪽에서 등석을 찾아갔습니다.

"선생님, 제가 어떤 부자의 시체를 건졌는데 많은 보상을 요구했더니 값을 깎자고만 하면서 시체를 찾아갈 생각을 하지 않습니다. 어떻게 하면 좋을까요?"

"기다리시오. 그 부잣집이 시체를 살 수 있는 곳은 당신네 집뿐이지 않소. 기다리면 값이 올라갈 것이오."

"기다리다 보면 시체가 자꾸 부패할 텐데요."

"그럴수록 기다리시오. 시체가 부패할수록 값이 올라갈 거요."

《여씨춘추》〈이위〉

이 사건이 어떻게 해결되었는지는 알 수 없습니다. 다만 명가의 한 모습을 잘 보여 주는 이야기입니다. 《여씨춘추》에 따르면 등석은 변론에 뛰어났는데, 오늘 옳다고 했던 것이 내일은 옳지 않은 것이 되고, 또 오늘 옳지 않은 것이 내일은 옳은 것이 되어, 옳고 그름이 날마다 바뀌었다고 합니다.

등석은 큰 사건의 변론 대가로는 겉옷 한 벌을 받았고, 작은 변론의 대가로는 속옷 한 벌을 받았다고 합니다. 등석을 만난 대부분의 사람들은 무엇이 옳고 그른지 혼란을 일으켰다고 하며, 이런 까닭에 등석은 민중의 풍속을 흐린 죄로 처형당했다고 전해집니다.

명가의 주장은 과연 사회의 혼란을 일으킨 부정적 사유밖에
는 아무런 의미가 없는 것이었을까요?

명가란?

제자백가라고 할 때 가(家)는 학파를 의미합니다. 하지만 명가는
학파라는 성격이 명확하지 않습니다. 명가의 대표격인 혜시, 공
손룡, 등석, 윤문자, 송경 들은 서로 관련성이 별로 없습니다. 따
라서 그들 사이에는 어떤 계통성이나 조직의 모습이 드러나지 않
습니다. 더구나 그들이 남긴 저술을 거의 찾아볼 수 없으며, 다만
맹자와 장자가 살던 무렵의 사상가들이라는 공통점과 아울러 명
과 실의 문제에 관심을 가졌다는 정도가 서로 관련이 있을 뿐입
니다. 그래서 명가를 '명의 대가'라는 식으로 이해하기도 합니다.

명가로 분류되는 사상가들은 다양합니다. 송경이나 윤문자
는 묵가 집단으로 분류되기도 하고, 장자의 친구인 혜시는 노장
계열로 보기도 합니다. 따라서 어떤 의미에서는 종합적 학문의
성격을 보이고 있습니다.

명가라는 이름은 한대에 만들어졌습니다. 명가는 명칭과 실
제, 또는 형식과 내용의 본질과 그 관계성을 논한 사람들입니다.
그들은 명과 실의 관계를 바로잡아 사회 질서를 회복하려 한 사
람들이었습니다. 공손룡에게서는 사물의 명칭을 통해 개념의 분
석을 꾀한 모습이 보이기도 하고, 혜시에게서는 새로운 세계관의

동양철학 에세이 1

제시가 보이기도 합니다. 이들의 사상이 단순한 궤변의 논리는 아니었습니다.

서양 학자들은 명가를 궤변론자, 논리학파, 변증론자라고 부르기도 합니다. 이 세 가지 표현도 사실 모두 같은 뜻은 아니지만 명가를 표현하는 적절한 말도 아닙니다. 명가가 궤변적인 모습을 보이기는 하지만 명가 사상가들 모두가 그러한 것은 아닙니다. 또한 그들이 논리 자체에 치중한 것도 아니었으며, 변증법적 요소로 다 설명될 수도 없습니다. 그들은 다른 제자백가들과 마찬가지로 정치적 목적을 가졌으며, 그 방법으로 명의 문제를 중심에 두었을 뿐입니다.

왜 명가 사상이 나왔는가

명가가 나오게 된 근본적인 원인은 여러 가지가 있습니다.

첫째는 한자어 자체가 가지고 있는 특성 때문입니다. 한문은 고립어입니다. 고립어의 특성은 한 글자 한 글자가 모두 독립적으로 존재한다는 것입니다.

조선조 말에 일본의 이토 히로부미가 조선의 대신들을 모아 놓고 일본에 모든 권한을 위임하는 것이 어떠냐는 논의를 한 적이 있습니다. 그때 총리 대신 한규설의 대답이 걸작입니다. 한규설은 '불가불가(不可不可)' 네 글자로 답했다고 합니다. 이 말은 세 가지로 해석할 수 있습니다. '불가 불가'라고 끊으면, '안돼 안돼'

라는 뜻이 됩니다. 또 '불가불 가'로 끊으면, 어쩔 수 없지만 그렇게 할 수도 있다는 뜻이 됩니다. 마지막으로 '불 가불가'로 끊으면, 할 수 있는 것도 아니고 할 수 없는 것도 아니라는 어중간한 뜻이 됩니다.

고립어의 특성은 이처럼 같은 말인데도 엉뚱한 해석이 나올 수 있다는 것입니다. 또한 고립어에는 어미 변화가 없고, 고정된 품사도 없습니다. 아울러 조사가 별로 없으며, 문장 부호도 쓰이지 않습니다. 그래서 직감에 의지할 수밖에 없습니다. 과거 선비들은 10년을 공부해야 한문의 이치를 터득한다고 했습니다. 그만큼 경험적인 부분이 많다는 얘기입니다. 동양철학이 논리성이 부족하다고 지적받는 근본 원인도 바로 여기에 있습니다.

둘째는 당시의 시대적 배경이 원인입니다. 당시는 혼란기였습니다. 혼란기란 옳고 그름의 혼란을 의미합니다. 제후들은 서로 자기가 옳다는 논리를 내세우며 이웃을 침략했습니다. 따라서 다른 나라와의 관계에서 우위를 차지하기 위해 말 잘하는 사람〔辯士〕이나 사정을 잘 살피는 사람〔察士〕을 우대했습니다.

당시 강력한 제후국이었던 제나라는 많은 예물을 주면서 학자들을 모아들였고, 직접적인 정치 참여를 허용하지는 않았지만 그들을 대부로 예우했습니다. 그러한 사람들을 모아 놓은 곳을 직하라고 불렀는데, 직하는 기원전 357년에서 301년까지 57년 동안이나 문화의 구심점 역할을 하였습니다. 직하에 머물렀던 명가 사상가들이 송경, 윤문 같은 사람들입니다.

마지막으로 명가 이전에 명의 문제를 다룬 사상가들의 영향

동양철학 에세이 1

을 들 수 있습니다. 대표적인 사람이 공자입니다. 공자는 명이 바로잡히지 않으면 그 영향이 말과 행동에까지 미치고, 나아가 정치·문화·형벌에까지 영향을 주게 되며, 그 피해를 오로지 백성들이 입게 된다고 보았습니다. 그래서 정치를 하려면 먼저 명을 바로잡아야 한다고 주장했던 것입니다. 명을 문제 삼은 다른 사상가로는 노자가 있습니다. 노자는《노자》1장에서 "이름 있는 것은 하늘과 땅의 시작이며, 이름 없는 것은 만물의 어머니"라고 하였습니다. 물론 노자가 더 높이는 것은 이름 없음〔無名〕입니다. 노자의 사상은 유명에 대한 반대이기 때문에 명가 이후에 나온 것으로 보아야 한다는 주장도 있습니다.

그 밖에 묵가 사상의 영향도 무시할 수 없습니다. 묵가 집단은 초대 지도자인 묵자가 죽자 세 파로 갈라졌습니다. 이 세 파를 후기 묵가라고 하는데, 그들은 서로 자신이 정통을 이었다고 하면서 서로를 비난하는 싸움을 벌였습니다. 그 과정이 논리의 발전을 가져왔습니다.

또 묵가와 유가의 다툼에서 나온 영향도 있습니다. 묵가의 유가 비판은 매우 엄격합니다. 묵가는 유가 사상의 중요 부분인 천명, 상례, 예와 악 등을 비판했습니다. 유가도 묵가의 비판을 받으면서 가만 있지는 않았습니다. 자연히 두 사상 사이에는 논쟁이 끊이지 않았고, 이 과정에서 다양한 궤변과 논리가 나왔을 것이라고 추측할 수 있습니다.

명가 가운데 가장 뛰어난 사상가는 혜시와 공손룡입니다. 이 두 사람을 중심으로 명가 사상을 자세히 알아보겠습니다.

장자의 친구 혜시

혜시는 기원전 300년을 전후한 시기에 살았습니다. 송나라 사람으로 양혜왕 밑에서 재상을 지내기도 했습니다. 혜시는 장자와 아주 가까운 사이였던 것 같습니다. 장자가 자기 부인의 시체에 걸터앉아 항아리를 두드리며 노래를 부르는 대목에서도 혜시가 등장합니다. 장자와 혜시가 다리에 서서 물고기의 즐거움을 알 수 있느냐 없느냐 하면서 논쟁을 벌인 것은 여러분도 기억할 것입니다. 이처럼 《장자》에는 혜시 이야기가 자주 등장합니다. 이런 까닭에 혜시를 도가 사상가로 보기도 합니다. 혜시는 또 전쟁을 반대하고 박애를 강조하였습니다. 그래서 묵가 사상가로 보는 사람도 있습니다. 혜시가 전쟁을 반대한 일화는 유명합니다.

양나라와 제나라가 우호 조약을 맺었습니다. 그런데 제나라가 그 조약을 일방적으로 파기해 버렸습니다. 그러자 양나라는 공격 준비에 들어갔습니다. 그 소식을 들은 혜시는 자기가 추천한 대진인을 만나 양혜왕을 설득할 수 있는 좋은 이야기를 들려주었습니다. 대진인은 혜시의 생각을 가지고 양혜왕을 만났습니다.

"왕께서는 뿔이 양쪽으로 달린 달팽이를 잘 아시지요?"
"잘 압니다."
"옛날에 달팽이의 왼쪽 뿔 위에는 촉씨가 다스리는 나라가 있었고 오른쪽 뿔 위에는 만씨가 다스리는 나라가 있었습니다. 그런

동양철학 에세이 1

데 이 두 나라는 항상 서로의 땅을 빼앗으려고 싸웠습니다. 한번 전쟁이 벌어지면 20일씩이나 싸우다가 물러나고는 했는데 죽거나 다친 사람이 수만 명씩 되었습니다."

얘기를 듣던 양혜왕이 어이가 없다는 표정으로 웃으며 말했다.

"허허, 그거 참 재미있는 이야기군요. 지어낸 얘기지요?"

대진인은 정색을 하면서 말했다.

"지어낸 얘기라니요? 임금께서는 동서남북이나 위아래가 끝이 있다고 생각하십니까?"

"끝이 없겠지요."

"임금께서 그렇게 생각하신다면 우리가 살고 있는 이 세상을 끝없는 우주와 비교해서 생각해 보시지요. 끝없는 우주 속에서 양나라와 제나라는 달팽이 뿔 위에 있는 만씨의 나라와 촉씨의 나라보다 과연 얼마나 클까요?" 《장자》〈칙양〉

혜왕은 대진인의 말에 감복하여 군사를 일으키지 않았습니다. 임금을 설득한 사람은 대진인이었지만 설득의 논리는 혜시의 생각이었습니다. 혜시는 양나라로 하여금 제나라, 초나라 등과 연합하여 당시 가장 큰 세력이었던 진나라와 균형을 이루게 함으로써 혼란을 막아 보려고 하였습니다.

이러한 혜시의 생각은 당시 국가간의 외교에서 큰 이름을 떨치던 장의의 생각과 부딪쳤습니다. 장의는 진나라를 도와 작은 몇 나라와 힘을 합치게 하여 꽤 큰 세력들을 무너뜨리게 하려고 했습니다. 마침내 혜시는 정적 장의의 모함을 받아 정치적 기반을 잃고 초나라, 송나라 등을 전전하게 되었습니다.

혜시는 비유에 뛰어난 사람이었습니다. 어떤 때는 상대의 논리를 가지고 상대를 제압하기도 하였습니다. 한번은 맹자의 제자인 광장이 양혜왕에게 다음과 같이 혜시를 비난했습니다.

"왕께서는 농부들이 왜 메뚜기 떼를 없애려고 하는지 생각해 보셨습니까? 그것은 분명 농작물을 해치기 때문이겠지요. 지금 혜시에게는 수레를 타고 따라다니는 사람, 걸어서 따라다니는 사람들이 모두 합해 수백 명이나 됩니다. 바로 혜시와 그를 따르는 사람들이 일은 안 하면서 말솜씨만으로 밥을 먹고 있으니, 메뚜기 떼와 다를 것이 무엇이겠습니까?"

곰곰이 생각해 본 양혜왕은 광장의 말이 옳은 듯하여 직접 혜시를 불러 스스로 해명해 보도록 했습니다. 혜시는 전혀 굽히지 않고 광장을 향해 이야기를 시작했습니다.

"지금 성을 만들고 있다고 해 봅시다. 어떤 사람은 성 위에서 돌을 쌓을 것이고 어떤 사람은 성 밑에서 흙을 나르겠지요. 그런데 어떤 사람은 설계도를 들고서 여러 일을 감독하기도 합니다. 나 혜시는 바로 설계도를 들고 감독하는 사람입니다. 그런 내가 메뚜기라니요! 만약 실을 짜는 여인이 실이 되어 버린다면 다시는 실을 짤 수 없습니다. 나무를 다루는 목수가 나무가 되어 버리면 그 목수는 나무로 된 도구를 만들 수 없겠지요. 마찬가지로 성인이 농부와 함께 밭을 일군다면 그 성인은 농부들을 다스릴 시간이 없을 것입니다. 내가 농부들과 같이 일하지 않는 까닭은 농부들을 다스려야 하기 때문입니다. 이처럼 할 일이 많은 나를 가리켜 감히 메뚜기 떼라고 하다니요!"

일찍이 맹자는 공동체 노동을 강조한 허행의 제자들에게서 농부들과 함께 일하지 않는다고 비난받은 적이 있었습니다. 그때 맹자는 다스리는 사람과 일하는 사람은 서로 할 일이 다르다는 분업의 논리를 폈습니다. 지금 혜시는 광장의 스승인 맹자의 논리를 빌어다가 광장을 비판한 것입니다.

언젠가 혜시의 뛰어난 비유를 문제 삼아 양혜왕에게 혜시를 헐뜯은 사람이 있었습니다. 그가 양혜왕에게 다음과 같이 청을 했습니다.

"혜시는 말할 때 항상 비유를 씁니다. 임금께서 혜시에게 비유를 쓰지 말고 말하라고 하신다면 아마도 혜시는 한 번도 입을 열 수 없을 것입니다."

재미있는 제안이라고 생각한 양혜왕은 다음날 혜시를 불러 말했습니다.

"그대는 언제나 비유를 즐겨 쓰는데, 앞으로는 비유를 쓰지 않고 말할 수 있겠소?"

"만일 어떤 사람이 한 번도 활을 본 적이 없다고 해 보지요. 그 사람이 임금께 활이 무어냐고 물었다고 합시다. 임금께서 활은 활처럼 생겼다고 하신다면 그 사람이 활이 어떻게 생긴 것인지 알 수 있겠습니까?"

"그야 물론 알 수 없겠지요."

"그렇다면 그 사람에게 활은 대나무를 구부려서 그 양쪽 끝에 줄을 맨 것이라고 설명해 준다면 어떨까요?"

"그러면 알 수 있겠지요."

"우리가 말을 하는 까닭은 내가 이미 알고 있는 것을 잘 설명해서 아직 모르고 있는 다른 사람을 이해시키기 위함입니다. 지금 임금께서 제게 비유를 쓰지 말라고 하시는 것은 제가 이미 알고 있는 것을 말하지 못하게 하는 것입니다. 그렇다면 제가 더는 말을 꺼낼 필요도 없겠지요."

"그대의 말이 맞소. 비유를 쓰는 것은 옳은 일이오."

양혜왕과의 대화에서 혜시는 벌써 활로 비유를 든 셈입니다. 아무튼 혜시는 뛰어난 말솜씨로 양혜왕을 설복하는 데 성공하였습니다. 아마도 장자와 어울리면서 항상 논쟁을 해 온 혜시로서는 이런 정도는 힘든 일이 아니었을 것입니다.

사물을 보는 방법 열 가지: 역물십사(歷物十事)

《장자》〈천하〉 편에는 혜시가 말한 열 가지 명제가 나옵니다. 역물(歷物)이라는 말은 사물을 관찰한다, 대상을 파악한다는 뜻입니다. 그런데 혜시는 명제만 제시했을 뿐 아무런 논증을 하지 않았습니다. 따라서 후대의 많은 학자들이 자기 나름대로 해설을 붙이기도 했습니다. 그 열 가지 명제를 하나하나 검토해 보겠습니다.

　　　　　　　　　　　　　　　동양철학 에세이 1

1. 지극히 커서 밖이 없는 것을 가장 큰 것〔大一〕이라고 하고, 지극히 작아서 안이 없는 것을 가장 작은 것〔小一〕이라고 한다.

이 명제는 가장 크다는 것과 가장 작다는 것이 무엇인지를 밝히는 형식 명제입니다. 《장자》〈추수〉 편에는 항상 자기가 이 세상에서 가장 크다고 자부하던 황하의 물귀신이 황하가 홍수로 넘치는 바람에 바다로 떠밀려 내려가서 바다의 신을 만나는 얘기가 나옵니다. 처음으로 자기보다 큰 것을 만나서 놀라는 황하의 신에게 바다의 신은 자기도 천지와 비교하면 커다란 창고에 들어 있는 곡식 한 톨에 지나지 않는다고 말합니다.

사람은 언제나 자기 경험의 범주에만 머물러 있기 쉽습니다. 그래서 경험상 자기가 본 가장 큰 것을 크다고 하고 가장 작은 것을 작다고 합니다. 하지만 이런 개념은 모두 상대적일 뿐입니다. 그러므로 정말 큰 것은 밖이 없는 것이며 정말 작은 것은 안이 없는 것입니다. 이 명제는 경험 세계에만 근거를 갖는 상식을 부수는 것입니다.

2. 두께가 없는 것은 쌓을 수 없지만 그 크기는 천 리가 된다.

두께가 없는 물건은 아무리 쌓아도 높아지지 않습니다. 그러나 늘어놓으면 그 넓이가 굉장할 수 있습니다. 두께와 넓이는 다른 개념입니다. 그러나 사람들은 두께가 없다고 하면 넓이도 없는 것으로 착각하는 경우가 많습니다.

일반적으로 얼굴이 번듯하고 옷을 잘 입으면 대접을 잘 받습니다. 그러나 얼굴도 못생기고 옷이 허름하면 대접을 제대로 받지 못합니다. 바로 이런 것이 우리의 상식이 갖기 쉬운 맹점입니다. 고정된 상식은 곧 편견을 의미합니다.

3. 하늘과 땅은 높이가 똑같고 산과 연못은 똑같이 평평하다.

사람들은 모두 하늘은 위에 있으니까 높고 땅은 아래 있으니까 낮다고 생각합니다. 또 산은 쑥 올라와 있고 연못은 움푹 파여 있다고 생각합니다. 그러나 달나라에 가서 지구를 보면 그런 차이는 거의 드러나 보이지 않을 것입니다. 더 높이 올라가서 볼수록 더욱 평면에 가까워 보이겠지요. 일반적으로 우리는 재능이나 지위를 가지고 사람을 평가하기도 합니다. 그러나 지금 어떤 두 사람이 차이가 많아 보이더라도 더 높은 지위에 있는 사람이 보면 도토리 키재기일 수도 있습니다. 절대의 위치에서 보면 세상 모든 것이 상대적인 것에 지나지 않는 것입니다.

4. 남쪽은 끝이 없으면서 끝이 있다.

남쪽이라고 하면 그 연장선의 끝은 어디일까? 아마도 무한히 계속될 것입니다. 그러나 서울에서 보면 대구도 남쪽이고 부산도 남쪽입니다. 물론 대구에서 보면 경주도 남쪽이고 부산도 남쪽이 됩니다. 남쪽이라는 개념은 기준을 어디로 잡느냐에 따라 달라질 수 있습니다. 서울에서의 남쪽과 대구에서의 남쪽, 대구에서의 남쪽과 부산에서의 남쪽, 이 문제는 멀고 가까운 거리의 문제이기도 합니다. 그러나 출발점을 어디로 잡느냐의 문제일 수도 있습니다.

우리는 일상에서 아무런 기준도 없이 바람직한 사람, 바람직

동양철학 에세이 1

한 세상을 말하기도 합니다. 그러나 어떤 기준을 가지고 말하느냐에 따라 내용이 달라질 수 있습니다. 똑같은 바람직한 세상이 자본주의일 수도 있고, 사회주의일 수도 있습니다. 똑같은 바람직한 사람이 개인적 차원에서 성실한 사람일 수도 있고, 희생적인 사람일 수도 있습니다. 따라서 기준 없이 막연하게 하는 우리들의 일상적인 말들은 모두 틀린 말이 될 수도 있습니다.

5. 나는 세상의 중심이 어디인가를 안다. 연나라의 북쪽과 월나라의 남쪽이 바로 그곳이다.

연나라는 중국 북쪽에 있던 나라이고, 월나라는 남쪽에 있던 나라입니다. 그러므로 연나라의 북쪽과 월나라의 남쪽은 서로 다른 방향이어서 겹치지 않습니다. 그렇다면 이 말은 무슨 뜻일까요? 이 명제가 갖는 의미는 어떤 신비스러운 것도 아닙니다. 이 명제대로라면 중심이 없다는 말이 됩니다. 더 비약하면 어디든 중심이라는 말이 됩니다. 지구를 봅시다. 지구의 중심이 어디일까? 북극인가, 아니면 남극인가? 사실은 내가 딛고 선 이 자리가 바로 중심입니다. 우주도 마찬가지입니다. 우주는 무한합니다. 따라서 무한한 공간에서는 어디든지 중심이 될 수 있습니다.

사람들은 살면서 자신만을 중심에 놓고 생각합니다. 그래서 옳으냐 그르냐의 문제가 생기고 다툼이 일어납니다. 그러나 자기만 중심인 것은 아닙니다. 모든 사람이 누구나 자기 삶의 중심입니다. 따라서 중심이란 고정된 것이 아니며 상대적인 개념일 뿐입니다.

6. 오늘 월나라에 가서 어제 돌아왔다.

상식에서는 오늘 갔으면 내일이나 모레 돌아와야 합니다. 사실 어제, 오늘, 내일은 나누어져 있는 것이 아닙니다. 사람들이 편의상 빈틈없이 이어져 있는 시간을 나누어 쓰고 있을 뿐입니다. 오늘은 어제에서 보면 내일이 되지만 내일의 시점에서 보면 어제가 됩니다. 따라서 이러한 구분은 상대적인 나눔에 지나지 않습니다.

약속 시간을 지키는 것이 예의이고 5분 늦은 것이 큰 문제일 수도 있습니다. 하지만 생각을 바꾸어 전체 우주의 역사에서 보면 몇만 년도 잠깐입니다.

7. 해가 막 하늘 가운데 뜬 상태는 막 지는 상태이며, 어떤 존재가 막 태어났다는 것은 막 죽어 가는 것이다.

상대성 원리에서 중요한 지위를 차지하는 것이 관찰자의 위치입니다. 어떤 입장에서 보느냐에 따라 내용이 달라 보입니다. 이제 겨우 다섯 개 남았다는 말과 아직도 다섯 개나 남았다는 말은 내용에서 아무런 차이가 없습니다. 그러나 보는 사람의 시각에서는 큰 차이가 납니다. 소고기 통조림 공장에서 포장이 끝난 통조림들이 수없이 쏟아져 나오는 반대편 끝에는 끊임없이 죽어 가는 소가 있다는 사실을 잊어버리기 쉽습니다. 혜시의 논리는 사회의 또 다른 모순을 잊어버리고 한 면만 보고 사는 사람들을 향한 비판인 셈입니다.

8. 많이 같은 것과 조금 같은 것은 다르다. 이것을 조금 같거나 조금 다른 것이라고 한다. 만물은 어떤 점에서는 완전히 같지만 또 어떤 점에서는 완전히 다르다. 이것을 크게 같거나 크게 다른 것이라고 한다.

'같다'와 '다르다'는 동전의 양면인 셈입니다. 무엇을 기준으로 하느냐에 따라 같아지기도 하고 달라지기도 합니다. 사람이나 동물이나 돌멩이까지도 존재한다는 점에서 보면 다 같습니다. 그러나 돌멩이들조차도 같은 돌멩이는 하나도 없습니다. 전체를 강조하면 개인은 아무 의미가 없습니다. 반대로 개인을 강조하면 개인을 침해하는 전체가 부정되어야 합니다. 사실은 이런 문제가 모두 관념에 불과합니다. 현실은 언제나 가변적이어야 합니다. 전체를 강조할 때도 있고 개인을 강조할 때도 있습니다. 어느 한쪽으로 고정시키면 그 나머지는 버려질 수밖에 없습니다. 이 명제는 사람들이 갖기 쉬운 고정관념에 대한 부정인 셈입니다.

9. 둥근 고리는 풀 수 있다.

둥근 고리를 풀어 보라고 하면 우리는 무슨 마술을 떠올리게 됩니다. 왜냐하면 그 고리를 자른다거나 부수는 것은 푸는 것이 아니라고 생각하기 때문입니다. 사실 둥근 고리 그 자체는 현실에 놓여 있더라도, 그에 앞서 부수면 안 된다는 머릿속의 고정된 생각이 현실을 지배하고 있습니다. 나무를 쪼개서 책상을 만드는 일을 생각해 봅시다. 나무에서 보면 부수는 것이지만 책상에서 보면 만들어 내는 것입니다. 부순다와 만든다, 푼다와 이어져 있다는 것은 상대적일 뿐입니다.

고정관념은 언제나 현실을 왜곡하거나 억누르는 수단이 될 수 있습니다. 30미터 높이의 장대를 밟고 올라서서 안 떨어지려고 애쓰지 말고 앞으로 한 걸음 내디디라는 불교의 명제는 바로 발상의 전환을 말하는 것입니다. 상식의 틀을 부수는 발상의 전환이 이 명제의 목적입니다.

10. 만물을 사랑하라. 온 세상이 한몸이다.

이 명제는 앞에서 본 명제들의 결론인 셈입니다. 1번부터 5번까지는 공간 개념의 명제들이며, 6번과 7번은 시간 개념의 명제들입니다. 그리고 8번과 9번은 현상계의 존재들과 고정관념에 관한 명제입니다. 혜시는 이 명제들을 통해 존재든 관념이든 모든 것은 상대적일 뿐이라고 했습니다. 따라서 차별성이 부정되어야 합니다. 이러한 지양과 통일을 거쳐 만물이 하나라는 결론을 내린 것입니다.

어떻게 보면 혜시의 열 가지 명제는 서양의 논리적 명제들과 같아 보입니다. 그러나 혜시의 결론은 정치적입니다. 혜시는 당시의 혼란을 바로잡기 위해 사람들의 상식을 부수려고 했던 것입니다.

동양철학 에세이 1

논리의 대가 공손룡

공손룡은 조나라 사람인데, 한때 정치 고문을 지내기도 했습니다. 명가 사상가 가운데 드물게 그의 저술이 남아 있습니다. 본래 14편으로 된 《공손룡자》라는 책이 있었다고 하는데, 지금은 5편만 남아 있습니다. 《여씨춘추》에는 이런 이야기가 나옵니다.

진나라와 조나라가 서로 돕기로 조약을 맺었습니다. 조약을 맺고 얼마 지나지 않아서 진나라가 군대를 동원하여 위나라를 공격했습니다. 그런데 조나라는 위나라를 도우려고 했습니다. 화가 난 진나라 임금이 사신을 보내 조약 위반이라고 따지고 들었습니다. 다급해진 조나라 왕이 공손룡에게 도움을 청했습니다. 그러자 공손룡은 이쪽에서도 사신을 보내서, 조나라가 위나라를 도우면 진나라도 약속대로 조나라를 거들어야 하는데 오히려 위나라를 공격하고 있으니 조약 위반이라고 따지라고 조언했습니다. 이런 모습은 공손룡을 궤변론자처럼 보이게 만듭니다.

공손룡은 《장자》 〈추수〉 편에서 스스로 자신을 다음과 같이 평합니다.

나는 다른 것과 같은 것을 한데 합치기도 하고, 한데 붙어 있는 개념을 떼어 놓기도 했다. 나는 옳지 않은 것을 옳은 것으로 만들고 불가능을 가능으로 만들어서, 모든 사람이 알고 있는 것들을 혼란에 빠뜨렸다.

공손룡의 이러한 태도도 혜시와 마찬가지로 일반인들의 상식을 부순 작업이라고 이해할 수 있습니다.

하루는 공손룡이 말을 타고 국경을 지나가고 있었습니다. 그런데 관문을 지키는 사람이 그를 가로막았습니다. 말을 탄 채로 관문을 지날 수 없다는 규칙을 내세우며 말에서 내리라는 것이었습니다. 그러나 공손룡은 '흰 말은 말이 아니다'라는 명제를 제시하고는 그대로 말을 탄 채 관문을 지나갔다고 합니다. 《공손룡자》에 나오는 여러 명제 중에서 가장 유명한 두 가지 가운데 하나가 이 고사와 관련 있는, '흰 말은 말이 아니다'라는 명제입니다. 또 하나는 '단단하고 흰 돌을 나눌 수 있다'라는 명제입니다.

흰 말은 말이 아니다?

공손룡이 흰 말을 어떻게 말이 아닌 것으로 만드는가를 봅시다. 그는 세 가지로 논증합니다.

첫째, 말이라는 것은 모양을 가리키는 개념이고 희다는 것은 빛깔을 가리키는 개념이다. 빛깔을 가리키는 것은 형체를 가리키는 것이 아니다. 그러므로 흰 말은 말이 아니다.

둘째, 말이라고 하면, 흰 말, 검은 말, 누런 말이 모두 해당하지만, 흰 말이라고 하면 누런 말이나 검은 말은 해당하지 않는다. 그러므로 흰 말은 말이 아니다.

셋째, 말에는 여러 가지 빛깔이 있을 수 있다. 그런데 말에서 빛깔을 빼 버리면 말 그 자체만 남는다. 흰 말은 바로 그러한 말에다가 흰색을 더한 것이다. 이처럼 말에다 흰색을 더한 것이 흰 말이기 때문에 흰 말은 말이 아니다. 《공손룡자》〈백마론〉

사실 흰 말과 말의 관계를 정확하게 나타내려면 '흰 말은 말의 일종이다'라고 해야 합니다. 또 공손룡의 말대로라면 흰 말은 말이 아닌 소나 개가 될 수도 있습니다. 그러나 공손룡의 본래 뜻은 우리가 일상에서 아무렇지도 않게 사용하는 개념들을 바로잡으려는 것이었습니다.

또 공손룡은 난단하고 흰 돌을 나눌 수 있다고 보았습니다. 이 명제는 두 가지 방식으로 논증합니다.

첫째, 흰 돌과 단단한 돌은 두 가지다. 왜냐하면 희다는 것은 보고 아는 것이고, 단단하다는 것은 만져 보고 아는 것이다. 따라서 보기만 해서는 단단한지를 알 수 없고 만지기만 해서는 희다는 것을 알 수 없다. 그러므로 흰 돌과 단단한 돌이라는 두 개념으로 나누어진다.

둘째, 희다는 것과 단단하다는 것은 구체적으로 어떤 대상에만 한정된 것이 아닌 보편 개념이다. 따라서 이 두 개념은 돌과 별개로 존재할 수 있다. 사실 물체 가운데는 희지만 단단하지 않은 것도 있고, 단단하지만 희지 않은 것도 있다. 따라서 희다는 것과 단단하다는 것은 서로 다른 것임이 분명하다. 《공손룡자》〈견백론〉

이 명제의 문제는 분리해서 생각한다는 것 자체에 있습니다. 사실 우리가 단단하고 흰 돌을 인식할 때 먼저 시각을 통해 희다는 것을 알았고 나중에 촉각을 통해 단단하다는 것을 알았다고 해 봅시다. 그러나 두 가지로 나누어 알게 되었다 하더라도 결국은 두 가지를 통일적으로 이해하게 됩니다. 그리고 실제로 단단하고 흰 돌은 우리의 감각 이전에 한 덩어리로 존재하고 있는 것입니다.

공손룡의 이러한 논리는 중국 고대의 여러 명제 가운데 대표적인 것에 속합니다. 공손룡은 당시의 사회 혼란이 개념 규정의 혼란에서 왔다고 생각했습니다. 그래서 여러 가지 문제가 있기는 하지만, 이러한 논리적 설명을 통해 구체적인 사물의 개념을 명확히 규정해 보려고 했던 것입니다.

상식을 부정한 참의미

사마천의 아버지 사마담은 춘추전국시대의 대표적인 사상들을 여섯 학파로 나누어 각각의 특징을 설명한 글에서 명가에 대해 이렇게 평했습니다.

"복잡하게 얽힌 정교한 문구의 아주 미세한 부분까지 엄밀하게 밝혀서, 남들이 자기 뜻을 반박할 수 없도록 만들었다. 그러나 개념을 명확히 밝히려다 상식에서 벗어났다."

명가와 상당히 비슷해 보이는 장자도 "입으로는 남을 이길 수 있었지만 마음으로 탄복하게 만들지는 못했다"라고 비판했습니다. 순자는 한 걸음 더 나아가 "이상한 주장을 다루기 좋아하는 기묘한 말장난에 지나지 않았다"라고 혹평했습니다.

과연 명가의 논리는 아무런 의미도 없는 것일까요? 그렇지 않습니다. 사마담이 상식을 벗어났다고 한 것처럼 명가의 실제 목표는 상식에서 탈출하는 데 있었습니다. 그들은 남들이 다 동쪽이 옳다고 할 때 서쪽을 말했으며, 북쪽을 옳다고 할 때 남쪽을 말한 사람들입니다. 그들은 파괴를 통해 새로운 것을 세웠습니다. 그렇기 때문에 그들의 논리는 남들로 하여금 마음으로 따르게 할 필요도 없었고 반드시 참일 필요도 없었습니다.

철학의 생명은 비판에 있습니다. 비판은 비판받는 사람들을 반성하게 만드는 기능을 갖고 있습니다. 아무리 좋은 논리라 할지라도 비판을 받지 않으면 발전하기 어렵습니다. 상식을 부순 명가의 논리들은 바로 이러한 비판 기능을 충실하게 수행한 셈입니다.

우리 사회를 생각해 봅시다. 우리는 몇십 년 동안 미국을 점령군이 아닌 해방군으로 여겨 왔습니다. 그리고 우리를 여러 가지로 도운 진정한 우방으로만 생각해 왔습니다. 이러한 생각은 상식을 넘어 신화로 굳어지기까지 했습니다. 그러나 1980년대 들어와 광주 민주화 운동이 일어났을 때 미국이 한 일이 문제가 되면서, 미국을 상대로 한 몇 가지 큰 사건들이 있었고 반미를 이슈로 한 학생들의 격렬한 시위가 일어났습니다. 처음에 대다수 사람들은 철없는 학생들이 미국의 신경을 건드려서 오랜 우의에

　　　　　　　　　　　　　　　동양철학 에세이 1

금이 가지나 않을까 걱정했습니다. 그러나 지금은 시골 농부들까지도 미국을 친구로 여기지 않게 되었습니다. 그들은 오로지 자신들의 이익을 위해 움직여 왔을 뿐 우리의 진정한 친구는 아니었습니다. 국제 관계에서 우방이란 속 빈 강정이기 쉽습니다. 미국이 베푼 많은 무상 원조는 우리를 자신들의 시장 경제에 넣기 위한 수단이었을 뿐입니다.

북한에 대한 우리의 태도도 구호의 변화만큼이나 많이 바뀌어 왔습니다. 초기에는 북진 통일이었고, 나중에는 멸공·승공으로 달라졌습니다. 하지만 뜻 있는 사람들의 과감한 노력과 사회주의 몰락에 따른 정부의 태도 변화가 새로운 전환을 가져왔습니다. 이제는 다양한 교류가 실질적으로 이루어지고 있는 상황입니다.

우리 주변에는 문제 있는 상식들이 많습니다. 속담에 "오르지 못할 나무는 쳐다보지도 말라"라고 했고, "뱁새가 황새 쫓아가다 가랑이 찢어진다"라고도 했습니다. 이러한 상식들은 본질적으로 지배 계급의 이익을 지키기 위한 신화일 수 있습니다. 오히려 반대로 "오르지 못할 나무는 자꾸 쳐다보아야 한다"라든가 "뱁새는 가랑이가 찢어지는 한이 있어도 부지런히 황새 쫓아가는 연습을 해야 한다"라고 바꾸면 어떨까요? 아마 상식과 맞지 않기 때문에 이런 주장은 오랫동안 비판을 받을 것입니다. 그러나 그러한 과감한 전환이 더 많은 발전을 가져올 수 있다는 점에 유의해야 합니다.

이처럼 뛰어난 논리성을 갖추었던 명가가 왜 후대로 이어지지 못했을까요? 명가의 논리를 뒷받침하는 것은 개념에 대한 날카로운 분석입니다. 그러나 동양적인 사유 체계에서는 분석적인 방법이 주류를 이루지 못했습니다. 예를 들어 의학의 경우를 보면, 오랜 옛날부터 중국에도 인체 해부 경험이 있었습니다. 의성으로 불린 화타 같은 사람이 그 대표적인 실례입니다. 실제로 화타가 수술을 스물세 번 했다는 기록이 남아 있습니다. 그러나 화타 식의 방법은 뒷세대에게 이어지지 않았습니다. 그 까닭은 그 같은 방법론이 발전할 수 있는 사상적 토양이 척박했기 때문입니다.

또 다른 이유는 정치 상황의 변화에서 찾을 수 있습니다. 춘추전국시대의 혼란은 법가 사상의 지원을 받은 진나라가 통일 국가를 이루면서 끝나게 됩니다. 진나라는 초기부터 도량형이나 많은 문물 제도를 통일시켰고, 나아가 분서갱유를 통해 사상마저 통일시키려 했습니다. 진나라는 얼마 가지 못했지만, 바로 뒤를 이은 한나라도 같은 정책을 취했습니다. 사실 통일 국가는 혼란기 동안 흔들렸던 많은 부분을 상식 차원에서 바로잡을 필요가 있었을 것입니다. 이러한 정치 상황 아래서 상식을 부정하는 명가 사상이 후대로 이어지기는 어려웠을 것입니다.

농사를 열심히 짓지 않는 자는 삶을 제대로 꾸려 갈 수 없고,

옷감을 열심히 짜지 않는 자는 몸을 제대로 가릴 수 없다.

넉넉함이나 모자람은 일한 사람에게 돌아간다.

그렇게 되면 입을 것과 먹을 것이 풍요롭게 되고

옳지 못한 일이 일어나지 않으며, 먹고사는 일이 편안하고

정치적으로 아무 일도 없게 되어 세상이 두루 고르게 된다.

따라서 공자나 중자까지도 선을 주장할 일이 없다.

농가

농사꾼의 영원한 벗

신농씨의 가르침대로 사는 허행이 초나라에서 등나라로 와서 임금 문공에게 아뢰었다. "먼 곳에 사는 사람이 임금께서 사람답게 살 수 있는 정치를 베푸신다는 말을 듣고 왔으니 살 곳을 얻어 백성이 되기를 원합니다." 이야기를 들은 등문공이 거처할 곳을 주었더니 굵은 베옷 입은 무리 수십 명이 몰려와 신발을 만들고 돗자리를 짜서 내다 팔아 먹고살았다. 얼마 뒤 진량의 제자인 진상이 아우 신과 함께 쟁기와 보습을 짊어지고 송나라에서 등나라로 왔다. 그리고 문공에게 "임금께서 성인의 정치를 하신다고 하니 성인의 백성이 되기를 바랍니다" 하였다. 등나라에 거처할 곳을 얻은 진공이 나중에 허행을 만나 보고 크게 기뻐하여 이제까지 한 공부를 다 버리고 허행에게 가서 배웠다.

어느 날 맹자를 만난 진상이 다음과 같이 허행의 말을 전하였다. "등나라 임금이 참으로 어질기는 하지만 아직 도를 모릅니다. 어진 사람은 백성과 함께 밭을 갈아서 양식을 마련하며 직접 밥을 지어 먹으면서 정치를 하는 법인데, 지금 등나라에는 곡식과 재물 창고가 있으니 이는 백성을 뜯어다가 자신을 봉양하는 것입니다. 어찌 어질다고 할 수 있겠습니까?"

그 말을 들은 맹자가 물었다.

"당신 선생 허행은 반드시 곡식을 직접 심어서 먹는가?"

"그렇습니다."

"당신 선생 허행은 반드시 삼베를 직접 짜서 입는가?"

"아닙니다. 우리 선생님은 굵은 베옷을 입습니다."

"허 선생은 모자를 쓰시는가?"

"쓰십니다."

"어떤 모자를 쓰시는고?"

"흰 비단 모자를 쓰십니다."

"직접 짠 것을 쓰시는가?"

"아닙니다. 곡식을 주고 바꾼 모자를 쓰십니다."

"허 선생은 어째서 직접 모자를 만들어 쓰지 않으시는고?"

"농사일에 방해가 되기 때문입니다."

"허 선생은 가마솥과 시루에 밥을 지으며 쇠로 만든 농기구로 농사를 짓는가?"

"그렇습니다."

"그것들은 스스로 만든 것인가?"

"아닙니다. 곡식을 주고 바꿔 온 것들입니다."

그러자 맹자가 신이 나서 열변을 토하기 시작하였다.

"곡식을 가지고 농기구를 바꾸는 일은 도자기 굽는 사람을 해치는 것이 아니니, 구운 도자기나 농기구를 가지고 곡식과 바꾸는 일이 어찌 농부를 해치는 일이 되겠는가? 그리고 허 선생은 어째서 직접 도자기를 만들지 않으시는가? 도자기 만드는 가마를 집에 만들어 놓고 직접 구워서 쓰지 않고 어째서 번잡하게 온갖 기술자들과 물건을 바꾸시는가? 어째서 이러한 번거로움을 싫어하지 않으시는가?"

이야기를 듣고 있던 진상이 마지못해 한마디 하였다.

"온갖 기술자들의 일을 농사일과 함께 할 수는 없는 노릇입니다."

그러자 맹자는 더 신이 나서 이야기를 끌어갔다.

"그렇다면 천하를 다스리는 일만은 농사일과 함께 할 수 있다는 것인가? 큰 사람이 할 일이 있고 작은 사람이 할 일이 있는 법일세. 그리고 한 사람의 몸에 온갖 기술자가 할 일이 다 갖추어져 있다고 하여 반드시 무엇이건 자신이 직접 만들어 쓰게 한다면 이는 세상 사람 모두를 수고롭게 하는 것이지. 어떤 사람은 마음을 수고롭게 하고 어떤 사람은 몸을 수고롭게 하는 법이라서, 마음을 수고롭게 하는 사람은 남을 다스리고 몸을 수고롭게 하는 사람은 남에게 다스림을 받는다고 하였네. 남에게 다스림을 받는 자는 남을 먹여 살리고, 남을 다스리는 사람은 남에게서 얻어먹는 것이 세상 이치라네."

《맹자》〈등문공 상〉

대화는 여기서 끝나지 않습니다. 맹자는 마음을 수고롭게 한 요, 순, 우 같은 성인이 어떻게 산과 들을 개간하고 황하의 물을 다스리면서 백성을 위해 일했는지 장황하게 설명한 다음, 유학을 배웠으면서도 미개한 초나라에서 온 허행을 따르느냐고 진상을 맹렬하게 비난하였습니다. 이 글만 보면 진상의 답변이 거의 없기 때문에 마치 맹자에게 설득된 것처럼 보입니다. 맹자가 다른 사람들과 벌인 논쟁과 마찬가지로 맹자와 그 제자들이 쓴 《맹자》에는 어떤 논쟁이든 맹자의 물 흐르는 것 같은 주장이 거침없이 이어지면서 일방적으로 이긴 것처럼 기록되어 있기 때문입니다.

농부의 아버지 신농씨

중국에서 가장 오랜 신화적인 인물은 삼황오제입니다. '삼황오제'가 누구인지에 대해서는 여러 가지 설이 있지만 '삼황'을 말할 때 반드시 들어가는 사람들이 복희와 신농입니다. 복희는 중국 최초의 통치자로서, 우레의 아들이며 몸은 뱀의 모습이었다고 합니다. 거미의 동작을 본떠 그물을 만들어 사람들에게 고기잡이와 사냥을 가르쳤고, 거문고를 만들어 노래를 지었으며, 혼인 제도를 정하였다고 전합니다. 그리고 《주역》의 근본 원리인 팔괘를 만들었다고 합니다. 자연의 변화를 설명하는 《주역》의 원리를 만들고 새로운 제도를 통해 개혁을 이룬 점이 허물을 벗음으로써 늘 새로워지는 뱀의 상징성과 통한 것은 아니었을까요?

다음으로 신농은 사람의 몸에다 머리는 소의 모습이었다고 합니다. 그는 불을 이용하여 농사를 시작하였고, 가래와 쟁기 같은 도구 사용법을 가르쳤으며, 시장을 만들어 사고파는 법을 가르쳤다고 전합니다. 또한 약초를 이용한 치료법을 가르쳤다고 하여 뒷날 동양 의학의 어버이로 떠받들어지기도 합니다. 온갖 풀을 맛보았기 때문에 하루에도 칠십 번씩 약물에 중독될 정도였다고 합니다. 그래서 신농을, 농사에 가장 중요한 동물로서 늘 풀을 입에 물고 우물거리는 모습을 한 소로 상징했던 건지도 모를 일입니다.

복희나 신농은 모두 실존 여부가 의심스러운 인물입니다. 하지만 중국 고대 갑골문 연구로 연대를 추정한 둥쭤빈의 《중국 고대사 연표》에 따르면, 요임금이 다스리던 때가 기원전 2333년부터 100년간이니, 삼황 시기는 그 이전인 기원전 3000년 무렵으로 추산됩니다. 대부분의 신화가 그렇듯이 복희와 신농도 고대인들의 희망을 담아낸 가상 인물이었거나, 인류 문명 초기에 뛰어난 능력을 보였던 사람들의 이야기를 확대 포장한 것이라고 짐작됩니다.

그런 면에서 신농은 대다수 농민들의 바람을 모아 만들어낸 전설적인 인물이기 쉽습니다. 이러한 상징화 작업 속에는 농업 노동을 신성하게 여기는 생각이 담겨 있습니다. 신농은 이처럼 농가의 대표 인물로 받들어졌습니다. 앞에서 허행을 가리켜 신농의 가르침대로 사는 사람이라고 한 것은 이 같은 신농의 이념을 이어받았다는 말입니다. 곧 허행이나 진상은 신농의 이상을 몸으로 실천한 사람입니다.

사마천의 《사기》 〈육가요지〉는 춘추전국시대 사상가들을 설명하면서 유가·도덕가·법가·묵가·명가·음양가의 여섯 학파만 언급하였습니다. 아마도 나머지 사상가들은 중요하다고 생각하

동양철학 에세이 1

지 않았거나 환영받지 못했다는 증거일 것입니다. 그 뒤 후한 때 나온 반고의 《한서》〈예문지〉는 여섯 학파에 농가·잡가·종횡가 를 덧붙였습니다. 반고는 농가가 농업관리직에서 유래하였고, 중 심 사상은 임금과 신하가 똑같이 농사지어야 한다는 것이며, 대 표 사상가가 허행이고, 그 안에 아홉 개 분파가 있었다고 합니다. 그리고 아홉 분파 가운데 첫째로 《신농》 20편을 소개하면서, 전 국시대 사상가들이, 사람들이 농사를 게을리 할 것을 걱정하여 신농이란 전설적 인물의 이름을 빌려다 지은 것이라고 하였습니 다. 반고는 농가의 책이 모두 114편이나 있었다고 했지만 다른 책은 이름만 남았을 뿐 실제 내용은 전하지 않습니다.

그렇다면 신농의 가르침은 무엇이었을까요? 《여씨춘추》와 《회남자》에는 "남자가 장정이 되어서도 밭을 갈지 않으면 세상이 굶주리게 되고, 여자가 시집갈 나이가 되어서도 길쌈하지 않으면 세상이 추위에 떨게 된다. 그래서 신농이 직접 밭을 갈고 그 부인 이 직접 길쌈하여 세상에 모범을 보였다"라고 하였습니다. 남자 는 소를 몰아 밭을 갈고 여자는 베를 짜는 남경여직(男耕女織)의 전통은 옛사람들이 생각하던 이상적인 농업이었습니다. 사랑에 빠져 맡은 일을 게을리 하다가 옥황상제의 노염을 사 일 년에 한 번, 칠월 칠석에만 만난다는 견우직녀의 애틋한 이야기도 그 구 조는 같습니다.

이 같은 신농의 이야기에서 나온 것이 중국 황제가 농사 시 범을 보이던 '적전'과 우리나라의 선농단, 선잠단입니다. 선농단 은 임금이 풍년을 바라면서 제사를 올리던 곳으로 신농과 후직을 모신 제단입니다. 후직은 신농보다 나중 인물이지만, 요임금 밑에서 농사일을 맡았고 주나라의 시조로 모셔진 사람입니다. 그래서 고대 중국에서는 농업을 맡은 관리를 신농의 '농'과 후직의 '직'을 따서 '농직'이라고 불렀습니다.

선농단은 신라 때부터 조선 시대까지 이어졌으며, 행사에 온 사람들을 대접하기 위하여 소를 머리부터 발끝까지 통째로 넣고 푹 곤 물에 밥을 말아 낸 것을 선농탕이라 불렀는데, 뒤에 발음이 변해서 오늘날 설렁탕이 되었다는 주장도 있습니다. 현재 남아 있는 선농단은 조선 성종 때 지은 것으로 서울 동대문구 용두동에 있으며, 임금이 친히 밭 가는 시범을 보이는 적전이 그 앞쪽에 있었습니다.

임금이 몸소 밭을 갈아 보이는 것은 농사가 모든 일의 근본임을 밝히기 위한 행동이었습니다. 임금은 행사 닷새 전부터 사흘 동안 몸가짐을 단정히 하고 이틀 동안 마음을 깨끗이 한 다음, 해 뜨기 전에 제사를 지내고 나서 해가 뜨면 밭갈이를 시작하였습니다. 밭은 백 이랑 정도였고, 소는 푸른 소를 쓰거나 누런 소에 푸른 천을 덮었다고 하며, 왕이 뒤에서 쟁기를 잡고 앞에서 신하가 고삐를 잡았다고 합니다. 왕이 다섯 걸음만큼 갈면 종친이나 재상이 일곱 걸음만큼을 하고, 이어서 판서와 대간들이 아홉 걸음만큼을 하면 나머지는 담당 관헌과 백성들의 몫이었습니다. 이처럼 흉내에 지나지 않았지만 임금이 이만큼 관심을 가지고 있으니 열심히 농사를 지으라고 격려하는 상징적 행사였습니다. 오늘날 대통령이 김맬 때와 벼 벨 때 농촌에 가서 잠시 함께 땀 흘리는 모습을 보이는 것도 모두 여기서 유래하였습니다.

왕과 마찬가지로 왕비도 선잠단에서 제를 지내고, 선잠례라는 누에치기 시범을 보였습니다. 선잠단은 서울 성북초등학교 옆에 터만 남아 있지만, 신화 시대의 임금인 황제의 부인이자 중국 고대에 처음으로 누에에서 실을 뽑아 비단 짜는 법을 찾아냈다는 서릉씨를 모신 곳이었습니다. 선잠단 남쪽에는 궁중의 잠실에서 기르는 누에를 먹일 뽕나무를 심었습니다. 전통 사회에서는 누에고치에서 실을 얻어 옷감을 짜는 일이 농사 못지않게 중요했습니다. 그래서 조선의 세종은 양잠을 크게 장려하여 전국 각 도에 뽕나무를 심게 하였습니다. 그 뒤 중종이 흩어져 있던 잠실을 한곳으로 모았는데, 여기가 오늘날 서울 송파구 잠실동 일대입니다.

하지만 이러한 일들은 농가와 본질적으로 다른 입장입니다. 임금과 왕후가 시범을 보이면서 농업을 천하의 근본이라고 했지만 이것은 농업이 기본적인 생활 자료를 만들어 내는 중요한 산업이며 동시에 국가 세금의 원천이었기 때문입니다. 그러나 농가는 이와 달리 농업을 통한 노동과 그 노동을 통해 얻은 생산물이 노동한 사람의 것이 되어야 한다는 소박한 생각에서 벗어나지 않았습니다.

오랜 농경 전통에서 피어난 농가

농가는 비록 미미하지만 춘추시대에 활약한 여러 학파 가운데 하나입니다. 따라서 그들도 일반 농부들과 달리 농업을 바탕으로 세상을 재구성하려 한 사상가들이었습니다. 이를 위해 그들이 주목한 것 가운데 하나가 생산 수단과 기술 문제였고 다른 하나는 생산 관계 문제였습니다.

농가의 발생을 이해하기 위해 먼저 농업의 발전 과정을 살펴봅시다. 중국인들은 오랜 옛날 중앙 아시아에서 동쪽으로 옮겨 와서는 하천 주변의 비옥한 땅에 터를 잡고 농경을 시작하였습니다. 기원전 3000년 전 신석기 시대 말기의 중국 인구는 200만 명으로 추산되는데, 그 가운데 절반이 황허 유역에 살았다는 사실이 그 증거입니다. 황허 강과 양쯔강 같은 자연 조건이 일찍부터 농경을 발전시킨 것입니다. 그래서 오랜 옛날부터 황허를 다스리는 사람이 천하를 다스린다고 했습니다.

하지만 급격한 발전은 철제 농기구를 사용하기 시작한 춘추시대부터 시작됩니다. 춘추시대의 기록에는 좋은 쇠라는 뜻의 '미금'과 나쁜 쇠라는 뜻의 '악금'이 나옵니다. 여기서 미금은 청동기를 가리키고 악금은 철을 가리킵니다. 당시 사람들은 철이 청동보다 단단하다는 것을 알았지만 아직 제대로 다룰 기술이 없었기 때문에 전쟁 무기로는 여전히 청동기를 썼습니다. 하지만 뭉툭하더라도 워낙 단단하기 때문에 그 전까지 써 오던 돌과 나뭇가지 대신 철제 농기구를 쓰기 시작한 것입니다.

철제 농기구 사용은 농업 생산량을 엄청나게 높였습니다. 또한 이 무렵 홍수를 막기 위한 물 관리 방법과 논에 물을 대는 관개 수로 건설 방법이 급속도로 발전하였습니다. 그리고 농사 지식도 놀라울 정도로 늘어서《주례》에는 토양을 열 단계로 구분한 기록이 나오고, 아홉 종류의 뼈를 삶은 물에 씨앗을 담가 두었다가 파종하는 '분종법'도 소개되어 있습니다. 뿐만 아니라《여씨춘추》와《관자》에는 언제 어디에 어떤 곡식을 심어야 영양가 많은 곡식을 풍성하게 얻을 수 있는지가 상세히 기록되어 있습니다. 이러한 발전은 토지를 넓히기 위한 전쟁으로 지샜던 춘추시대에 다른 나라보다 부강해질 수 있는 원천이 농업이라는 사실을 크게 각인시켰습니다.

이처럼 농경이 중요한 산업으로 떠오르면서 많은 사람들이 농업과 농민에 주목하였는데, 대부분의 사상가들이 지배 계층의 시가을 갖고 있있습니다.《여씨춘추》에서는 "백성들이 짓는 농사는 그 땅보다도 거기에 담긴 의미가 중요하다. 백성들이 농사를 지으면 순박해지고, 순박해지면 부리기 쉽고, 부리기 쉬우면 국경이 안정된다"라고 하였고, 또 "백성들이 농사를 지으면 생활이 넉넉해지고, 생활이 넉넉해지면 사는 곳을 옮기지 않으며, 사는 곳을 옮기지 않으면 죽을 때까지 그곳에서 살 뿐 다른 곳으로 가지 않는다"라고 하였습니다. 이러한 언급은 농사를 통해 얻는 이익이 단순히 땅에서 나는 이익에 그치는 것이 아니라, 백성들을 농사일에만 전념하게 함으로써 정치나 사회에 관심을 가지지 않게 하여 사회의 안정을 꾀할 수 있다고 보았던 것입니다.

농부를 위한 정치와 농부가 하는 정치

이와 달리 철저히 농민의 편에 섰던 사상가가 바로 허행입니다. 허행은 기술자 집단이 주를 이루었던 묵가의 수령이었다는 설도 있습니다. 이는 묵가와 농가가 모두 피지배 계층이면서 무리를 이루고 살았다는 유사성 때문에 나온 주장으로 보입니다. 아무튼 허행은 수십 명의 무리를 조직하고 이끈 지도자였습니다. 그는 등문공이 '사람답게 살 만한 정치'를 한다는 이야기를 듣고 등나라로 왔고, 그곳에서 역시 '성인의 정치'를 한다는 말을 듣고 찾아온 진상을 만났습니다. 그리고 진상은 이제까지 익혔던 공자의 가르침을 버리고 허행을 따르기 시작한 것입니다.

그렇다면 허행과 진상이 소문으로 들었다는 '사람답게 살 만한 정치'나 '성인의 정치'는 어떤 것일까요? 등나라는 사방 50리밖에 안 되는 작은 나라였지만 등문공은 다른 제후들보다 꽤나 열심이었던 모양입니다. 그는 세자 때부터 맹자를 알고 지냈고, 아버지인 등정공이 죽었을 때 장례를 어떻게 지내야 예에 어긋나지 않을지 맹자에게 물었습니다. 그러고는 신하들의 반대에도 5개월의 장례 기간 내내 초가에 머물면서 정치에 일체 간여하지 않아, 세상 사람 모두가 등문공을 예를 아는 사람이라고 칭송했습니다. 그 뒤로도 맹자의 의견을 들어 가면서 정치를 하였습니다. 《맹자》 〈등문공〉 편에서 맹자가 등문공에게, 백성들의 변치 않는 마음을 얻으려면 먼저 늘 넉넉한 재산을 확보해 주어야 하며, 정전법대로 땅을 나누어 주고 세금은 1/10 정도 받으라고 충고하는 것을 볼 수 있습니다. 허행이나 진상이 등나라를 찾아온 것은 아마도 등나라 임금이 맹자의 의견을 따라 정전법을 실시했거나 실시하려고 했기 때문인 것으로 보입니다. 등문공이 정전법에 대해 물었을 때 맹자는 다음과 같이 설명하였습니다.

> 사람답게 살 수 있도록 하는 정치는 반드시 경계를 제대로 정하는 데서 시작하는 것이니, 경계가 바르지 못하면 백성들의 토지가 같지 않게 되고 벼슬아치들의 봉록이 고르지 않게 된다. 그런 까닭에 못된 임금이나 부패한 관리들은 반드시 그 경계 정하는 일을 태만히 하는 법이다. 이미 경계가 바로잡히면 농토를 나누고 봉록을 정하는 일은 앉아만 있어도 안정된다. (……) 이렇게 되면 죽거나 집을 옮기더라도 고향 마을을 벗어나지 않을 것이니 고향 마을 같은 논에서 함께 일한 사람들은 나가고 들어옴에 서로 짝하고, 싸움에 나아가 지키고 망을 볼 때에도 서로 도우며, 병이 나면 서로 의지하고 도와서 화목하게 된다.　　《맹자》〈등문공 상〉

맹자는 백성들에게 토지를 제대로 나누어 주는 일이 생존권을 보장하는 일이며 아울러 나라를 안정시키는 일이라고 본 것입니다. 정전법은 사방 1리, 즉 한 변이 400미터 정도인 토지를 우물 정(井) 자 모양으로 나누어 여덟 집에 주는 제도입니다. 우물 정 자 모양에서 밖에 있는 여덟 구역은 사전이며 여기에서 수확한 것은 여덟 집 각각의 소유입니다. 그리고 가운데는 공전이며 여덟 집이 함께 경작하여 세금으로 내는 부분입니다. 이렇게 하면 국가도 안정적인 세금을 확보하고 농민들도 안정된 수입을 보장받을 수 있습니다. 당시는 임금이 친인척과 신하들에게 공로에 따라 땅을 나누어 주는 봉건제였습니다. 따라서 땅을 받은 귀족이 다시 농민들에게 위와 같은 방법으로 나누어 줌으로써 생활을 어느 정도 보장해 주는 봉건적 생산 관계에서 벗어난 것은 아니었습니다. 하지만 지배 계층이 전쟁을 위해 끊임없이 백성들을 수탈하던 상황에서 백성들의 기본적인 삶을 보장하려 한 것은 한 걸음 나아간 정책이었습니다.

맹자는 백성들에게 꾸준하게 먹고살 수 있는 재산, 즉 '항산'을 보장해 주면, 꾸준히 변하지 않는 마음, 즉 '항심'을 갖게 할 수 있다고 보았습니다. '항산'이란 정상적인 생활을 유지할 수 있는 '항구적인 생활 재료'이며, '항심'이란 안정된 생활을 바탕으로 생기는 '변치 않는 심정'입니다. 이런 점에서 맹자는 정신적인 생활 안정이 물질적 안정에 달려 있음을 알고 있었습니다. 그래서 정전법과 함께 전통적인 1/10세법을 주장하였던 것입니다. 앞서 〈맹자〉 장에서 맹자가 양혜왕과 나눈 대화를 다시 보면 맹자가 농민의 삶을 보장하기 위해 얼마나 구체적인 부분까지 생각했는지를 잘 알 수 있습니다.

하지만 이러한 생각은 농민을 위한 것이기는 하지만 농민에 의한 것은 아니었습니다. 맹자는 군주만이 아니라 군자, 선비, 대인이라고 불리는 지배 계층과 소인이라고 불리는 피지배 계층을 엄격하게 나누었습니다. 이런 생각은 공자와 크게 다르지 않습니다. 공자는 제자 번지가 농사짓는 법을 가르쳐 달라고 하자 자신

동양철학 에세이 1

은 늙은 농부보다 못하다고 거절하였고, 다시 채마밭 가꾸는 법을 묻자 자신은 늙은 채마밭지기보다 못하다고 거절하였습니다. 그러고는 번지가 나가자 소인이라고 비난하였습니다. 이처럼 유가가 추구한 것은 소인이 담당하는 생산 활동이 아니었습니다. 유가의 이상은 대인에 있었고, 도덕에 기반을 둔 다스리는 자의 통치법에 있었습니다.

대인과 소인의 일이 다르며, 마음을 수고롭게 하는 사람은 남을 다스리고 몸을 수고롭게 하는 사람은 남에게 다스림을 받는다는 맹자의 역할 분담론이 그럴듯해 보이지만 마음을 수고롭게 하는 지배 계층의 삶이 몸을 수고롭게 하는 피지배 계층의 삶에 달려 있다는 생각으로 나아가지는 못했습니다. 이 점은 꾸준하게 먹고살 수 있는 경제적 토대, 즉 '항산'을 마련해 주어야만 꾸준히 변하지 않는 마음, 즉 '항심'을 갖게 할 수 있다고 보았던 것과도 모순이 됩니다. 결국 맹자는 백성들의 정신적 안정이 물질적 안정에 달려 있음을 알면서도, 그렇게 만들어진 꾸준히 변치 않는 마음을 지배 계층에게 복종하고 의리를 지키는 마음으로 보았던 것입니다. 따라서 맹자의 사상은 봉건 통치와 봉건 도덕 실현을 위한 애민 사상을 벗어난 것이 아닙니다.

이 같은 관점은 다른 사상가들에게서도 비슷하게 나타납니다. 춘추시대 제환공을 도와 잠시 혼란을 안정시켰던 관중도 비슷한 생각을 가졌습니다.

무릇 땅을 가지고 있으면서 백성들을 기르는 사람은 사시사철 때맞추어 해야 할 일에 힘써야 하며, 창고에 재물이 넉넉하도록 해야 한다. 나라가 살 만하면 먼 곳에서도 사람들이 여기서 살려고 찾아오며, 땅을 더 많이 개간하면 백성들이 그곳에 머물게 된다. 창고에 먹고살 것이 넉넉하면 백성들이 예절을 알게 되며, 입을 것과 먹을 것이 풍족해지면 영예와 굴욕을 알게 된다.

《관자》〈목민〉

백성은 곡식이 아니면 먹을 수 없고, 곡식은 땅이 아니면 만들 수 없으며, 땅은 백성이 아니면 일할 자가 없으니, 백성이 일하지 않으면 재물을 모을 수 없다. 모든 생산물은 힘을 쓰는 데서 나오고, 힘쓰는 일은 몸을 수고롭게 하는 데서 나온다. 《관자》〈팔관〉

관중은 노동이 모든 재물을 만들어 내며 노동은 육체 노동이 기본이라는 것을 알고 있었기 때문에 백성들의 육체 노동만이 국가의 재물을 불리는 관건이라고 보았습니다. 그래서 먼 곳에서도 사람들이 소문을 듣고 더 나은 삶을 바라면서 몰려올 정도로 국가가 농사일에 적극 힘써서 먹고살 만한 기반을 만들어 주자고 하였습니다. 하지만 이 같은 정책은 농민을 위한 것이 아니었습니다. 농민을 안정시켜 얻은 경제력으로 다른 나라를 침략하여 땅을 넓히고, 그 땅을 개간하여 새로운 백성들이 몰려와 살게 만들고, 다시 그 경제력으로 다른 나라를 침략하고, 그래서 이웃 제후들이 머리를 조아리게 만들자는 것이 관중의 부국강병책이었습니다. 부국강병은 모든 제후들의 꿈이었고, 부국강병책을 역설

동양철학 에세이 1

한 대부분의 사상가들은 모두 비슷한 농민 우대 정책을 내놓았습니다. 심지어 눈물도 피도 없는 법 집행을 강조한 법가도 마찬가지였습니다. 진시황을 도와 통일의 기반을 마련한 상앙도 다음과 같이 말하였습니다.

성인은 나라를 다스리는 요점을 알았기 때문에 백성들로 하여금 농사에 마음을 쏟도록 하였다. 농사에 마음을 쏟으면 백성들이 순박해져서 바로잡을 수 있으며, 농사일에 열심이다 보면 부리기 쉬워진다.　　　　　　　　　　　　　《상자》〈농전〉

이처럼 대부분의 사상가들은 지배 계층을 위한 농민 정책을 폈습니다. 차이가 있다면, 맹자는 도덕을 기반으로 백성들의 최소한의 삶을 보장하려 하였고, 다른 사상가들은 백성을 부국강병의 도구로 보았을 뿐입니다. 하지만 농가는 군주도 백성과 똑같이 농사를 짓고, 똑같이 자신의 밥을 지어 먹어야 한다고 했습니다. 농가에서의 농업은 선농단처럼 백성들에게 보여 주기 위한 것이 아니라 삶 자체였습니다. 따라서 농가에서 말한 정치는 농부를 위한 정치가 아니라 농부가 하는 정치인 셈입니다.

모두가 함께 일하는 참세상

허행의 이상이 현실에서 이루어졌다면 어떤 사회가 되었을까요?

농가 사상의 핵심은 임금도 백성과 똑같이 밭을 갈아 자신의 먹을 것을 마련하고 자신의 밥을 직접 지어 먹는 '군민병경'이었습니다. 사람의 육체 노동은 당연한 것이며, 그런 점에서 생산에 참여하지 않은 채 남의 노동에 기생하는 것을 철저히 반대하였던 것입니다. 그렇다고 임금을 부정하거나 지배 계층의 역할을 부정한 것은 아닙니다. 하지만 정신 노동과 육체 노동의 가치를 같게 보지 않았으며, 지배 계층이 하는 일들은 생산 활동을 하면서도 얼마든지 할 수 있다고 본 것입니다.

이 같은 생각은 몸으로 일하는 사람이면 누구나 갖는 생각이었습니다. 《논어》〈미자〉 편에는 공자의 제자 자로가 공자를 따라가다가 뒤에 처졌을 때 마침 지팡이를 짚고 대나무를 짊어진, 숨어 사는 농부를 만난 이야기가 나옵니다. 자로가 그 농부에게 우리 선생님을 보지 못했느냐고 묻자, "팔다리가 있어도 움직여 일하지 않고 여러 가지 곡식을 구분도 못 하는 사람을 누가 선생이라고 하느냐"라며 대꾸도 없이 지팡이를 땅에 꽂아 놓은 채 김을 매는 이야기가 나옵니다. 그 농부도 생산 노동에 참여하지 않으면서 이상만을 좇아 다니는 공자의 태도를 비판한 것입니다.

이런 자세는 노동자들이 중심이었던 묵자 집단에서도 똑같이 나타납니다. 묵자는, 들짐승이나 날짐승은 터럭이나 깃털이 의복이 되고 풀을 먹고 살기 때문에 수컷이 농사를 짓고 암컷이 옷감을 짜지 않아도 살 수 있지만, 사람은 자신의 노동에 의지해야만 살아갈 수 있다고 하였습니다. 이처럼 피지배 계층의 입장

동양철학 에세이 1

에 선 사상가들은 노동이 가장 가치 있는 일임을 잘 알고 있었습니다.

물론 허행이 농업 노동만 노동으로 본 것은 아니며 자신의 힘으로 생산물을 만드는 수공업자들의 노동도 인정하였습니다. 허행은 의복이나 모자, 밥 짓는 도구나 농기구 등은 모두 자신이 만든 곡식과 바꾸어 썼습니다. 앞에서 본 대화 가운데 "온갖 기술자들의 일을 농사일과 함께 할 수는 없는 노릇"이라고 한 까닭이 여기에 있습니다. 따라서 허행은 사회적 분업을 인정하였습니다. 다만, 지배 계층과 피지배 계층의 구분을 사회적 분업처럼 당연하게 여기는 것을 반대한 것입니다. 생산 활동에 참여하지 않으면서 분업의 정당성을 주장하는 것은 '백성을 뜯어다가 자신을 봉양하는 것'일 뿐이었습니다.

그리고 농가는 상업도 부정하지 않았습니다. 농가의 시조인 신농씨가 가르친 일 가운데는 '시장을 만들어 물건을 사고파는 법'도 들어 있습니다. 다만 《회남자》에 나오는 신농의 법에 "얻기 어려운 재물이나 쓸모없는 세간 따위는 귀히 여기지 말라"라고 한 것처럼 장사치들이 실용 가치가 없는 물건들을 가지고 농민들의 소중한 생산물과 바꾸면서 터무니없이 폭리를 취하는 행위는 농민을 수탈하는 또 다른 방법이라고 보았던 것입니다. 시장에 대한 농가의 생각은 진상과 맹자의 대화에 어느 정도 나타나 있습니다.

"허선생의 가르침을 따르면 시장의 물건 값이 서로 다르지

동양철학 에세이 1

않기 때문에 나라 안에 거짓이 없어집니다. 그래서 비록 어린아이를 물건을 사오라고 시장에 보내도 아무도 속이려 들지 않습니다. 면과 비단의 길이가 같으면 값도 같으며, 삼과 실, 비단실과 솜의 무게가 같으면 값도 같고, 곡식의 양이 같으면 값도 같으며, 신발의 크기가 같으면 값도 같을 것입니다." 《맹자》〈등문공 상〉

　이처럼 허행은 양과 질이 동일한 같은 종류의 물건이라면 값도 같아야 한다고 보았습니다. 이러한 논리는 물건 사는 사람이 손해를 입으면 안 된다는 생각에서 나온 것으로서, 이 가르침대로 한다면 먹고사는 일이 보장되기 때문에 사람들의 마음이 순박해져서 남을 속이려 들지 않는다는 것입니다. 이처럼 경제가 안정되면 인간의 도덕성이 저절로 회복된다고 보았습니다. 물론 이러한 견해는 물건의 질을 따진 것이 아니라는 비판이 가능하며, 맹자도 그러한 시각에서 허행을 비판합니다. 하지만 허행의 생각은 들어간 노동량이 같으면 값도 같아야 한다는 것입니다. 아담 스미스와 리카르도를 거쳐 마르크스가 완성한 노동가치설보다 2300년 앞서서 물건의 가치가 노동량에 따라 결정된다고 본 점은 매우 소박하지만 의미 있는 주장이었습니다.

　위에서 본 것처럼 수공업이나 정당한 상거래를 인정하면서도 '농' 자를 붙여 농가라고 한 것은 그들 자신이 농민 편에 섰던 농민이었으며, 당시는 농사가 가장 중요한 노동이었기 때문에 '농' 자를 육체 노동의 대명사처럼 사용한 것이라 이해됩니다. 따라서 그들의 생활도 대부분의 육체 노동자처럼 검소하고 질박했을 것입니다. 굵은 베옷을 입고 짚신을 신은 전형적인 농부의 모습이 농가였습니다.

농가가 바란 세상의 모습을 《회남자》는 다음과 같이 그려 놓았습니다.

농사를 열심히 짓지 않는 자는 삶을 제대로 꾸려 갈 수 없고, 옷감을 열심히 짜지 않는 자는 몸을 제대로 가릴 수 없다. 넉넉함이나 모자람은 일한 사람에게 돌아간다. 그렇게 되면 입을 것과 먹을 것이 풍요롭게 되고 옳지 못한 일이 일어나지 않으며, 먹고사는 일이 편안하고 정치적으로 아무 일도 없게 되어 세상이 두루 고르게 된다. 따라서 공자나 증자까지도 선을 주장할 일이 없다.

《회남자》〈제속훈〉

열심히 일하는 사람이나 그렇지 않은 사람이나 생산물 대부분을 통치 계급에게 빼앗기고 자기들은 겨우 생활을 꾸려 나갈 정도라면 누구든 열심히 일할 의욕이 생기지 않지만, 반대로 그 대가가 모두 일한 사람의 몫이 된다면 누구든 열심히 일하게 될 것입니다. 그렇게 되면 입을 것과 먹을 것이 풍족하기 때문에 남을 속여 자신의 삶을 꾸미는 일이 없어지게 될 것이며, 그 결과가 경제적으로 안락하고 정치적으로 무사한, 누구나 잘사는 사회로 나타날 것입니다. 따라서 모든 사람이 착하기 때문에 공자나 공자의 제자인 증삼 같은 이도 굳이 사람들에게 착하게 살라고 권할 필요조차 없다는 것입니다. 그래서 중국 근대 사상가 량치차

동양철학 에세이 1

오는 《선진 정치 사상사》에서 "허행이 주장한 요점은 절대 평등이다. 사람마다 자신의 힘에 의지해서 먹고살며, 누구나 자기가 힘들여 만든 결과를 누리며 살기 때문에 위아래 구분이나 귀하고 천한 차별이 없다"라고 하였습니다. 이처럼 능력에 따라 일하고 일한 만큼 성과를 누리며 사는 평등 사회가 허행이 바랐던 이상 사회였습니다.

하지만 당시 사회 조건에서 지위와 신분의 차이를 부정하고 심지어는 임금까지도 자신이 먹을 것을 직접 몸으로 일해서 얻어야 한다는 생각은 받아들여지기 어려웠습니다. 그렇기 때문에 상대적으로 농민의 삶을 보장하려고 애썼던 맹자조차 극력 반대하고 나섰던 것입니다. 아울러 농가는 자신들의 이상을 실현할 구체적인 방법을 확보하지 못하였습니다. 아마도 세상을 등지거나 소극적인 자세로 농사를 지으며 스스로 만족하는 정도에 그치지 않았을까 생각합니다.

농민을 위하여

인류는 오랜 옛날부터 이상 사회를 꿈꾸어 왔습니다. 마르크스가 창시한 공산주의가 아니더라도 많은 사람들이 원시 공산 사회처럼 자유롭고 평등한 사회를 그려 왔으며, 그런 소망을 가졌던 사람들은 대부분 수천 년을 억눌리고 착취당해 온 민중이었습니다.

인류 초기의 원시 공동체는 미개하고 가난하지만 자기 힘으로 먹고살면서 자유와 평등을 누렸던, 계급도 국가도 없는 상태였습니다. 원시 공동체가 가장 발달했던 사회는 생산과 소비가 모계를 중심으로 이루어진 씨족 공동체였습니다. 생산 수단은 씨족 공동의 소유였으며, 여자와 아이들과 노인이 열매를 따고 남자 어른이 물고기나 짐승을 잡는 자연적 분업은 있었지만, 사회적 분업이나 상하 차별은 없었습니다. 구성원 모두가 같은 의무와 권리를 가졌으며, 사람이 사람을 부리거나 착취하는 일은 없었습니다. 하지만 농업과 목축이 시작되고 생산력이 발달하면서부터 공동체가 겨우 먹고살 정도를 넘어선 여분의 생산물을 얻게 되었습니다. 그러자 씨족과 씨족 사이에서, 조금 지나서는 씨족 내부에서 교환이 행해지고 사회적 분업이 생겨났습니다. 공동체 소유 대신 개인 소유가 점점 늘어났고 공동체 내부에 불평등이 생긴 것입니다.

씨족이 종족으로 통일되는 과정에서 불평등이 더욱 늘었고, 전쟁 포로를 죽이거나 씨족 안에 흡수하던 예전과 달리 노예로 삼아 노동을 시키기 시작하였습니다. 노예 노동은 생산력을 높였고 그것이 공동체 안의 일정한 가족에게 더 많은 부를 안겨 주면서 마침내 특권을 지닌 지배자가 생겨났습니다. 춘추전국시대는 이러한 변화의 정점에 서 있었습니다. 수많은 제후국이 더 많은 땅과 노동력을 얻기 위해 싸웠고, 그 피해는 대다수 농민이 입었습니다. 비록 이상에 그치더라도 농민 가운데 의식 있는 사람들이 과거처럼 신분 갈등 없이 모두가 함께 일하던 씨족 중심의 원시 공동체를 꿈꾼 것은 당연한 일이었을 것입니다. 농가는 그러한 이상을 몸으로 실현해 보려던 사람들이었습니다.

그 이상은 역사 속에서 농민 전쟁으로 나타나기도 하였고, 적은 수지만 자신의 사상으로 펼쳐 보인 사람들도 있었습니다. 황건의 난이 대표적인 농민 전쟁이었다면, 4세기 초에 살았던 포경언의 생각도 농가 사상과 궤를 같이 합니다. 하지만 포경언의 사상도 허행과 함께 그를 비판한 갈홍의 《포박자》 속에 비판받는 모습으로 나타날 뿐입니다. 갈홍은 귀족 집안에서 태어났지만 어려서 아버지를 잃어 농사를 지으면서 나뭇짐을 팔아 종이를 사서 공부했다는 입지전적인 인물입니다. 하지만 갈홍은 귀족을 지향하는 사람이었습니다. 《포박자》에는 포경언에게 따진다는 뜻의 〈힐포〉편이 들어 있습니다. 이것이 포경언이라는 인물의 존재와 그의 사상을 알 수 있는 유일한 문헌입니다.

갈홍은 여기서 "포경언은 노장의 글을 좋아했고, 옛날에는 군주가 없었어도 지금 세상보다 더 좋았다는 과격한 주장을 했다"라고 비판하였습니다. 그 글에 따르면 포경언은 하늘에서 명을 받은 존재가 임금이라는 유가의 주장을 반대하였고, 본래 자연은 무위이며 만물은 평등하므로, 관리와 귀족이 인민을 부리고 인민이 가난한 것은 자연의 법칙에 어긋난다고 보았습니다. 그리고 이상 사회를 원시 상태에서 구하였습니다.

아주 옛날에는 임금도 없고 신하도 없었다. 사람들은 우물 파서 물마시고 밭을 갈아 먹었으며, 해 뜨면 일하고 해 지면 쉬었다. 매이지 않은 배처럼 자유로웠고, 편안하며 만족했다. 경쟁이 없고 영리를 바라지 않았으며, 명예도 없고 치욕도 없었다.

만물이 서로 화합하여 자연의 도에 들어가므로 역병이 유행하지 않았으며, 사람들은 완전한 삶을 누릴 수 있었고, 마음이 착해서 욕심이 없었다. 입에 먹을 것을 물고 즐기면서 배를 두드리고 놀았다. 그들의 말은 화려하지 않았고, 그들의 행동에는 꾸밈이 없었다. 이러한 사회에서 어떻게 무거운 세금을 매겨 백성의 재산을 빼앗을 수 있었겠는가? 어떻게 엄한 형벌을 받아 굴에 갇힐 수 있었겠는가?

포경언이 생각한 사회는 자신의 노동으로 먹고사는 원시 공산 사회 같은 모습이었습니다. 바로 이 점이 농가의 이상과 일맥상통하는 부분입니다. 포경언은 또한 평등 사회를 지향하였으며, 그러한 관점에서 계급과 권력의 문제점에 대해 다음과 같이 말하였습니다.

임금과 신하의 신분이 생기면 변화가 빈번하게 일어난다. 본래 수달이 많아지면 물고기가 놀라고, 매가 많아지면 작은 새가 근심하는 법이다. 부리는 사람이 늘어나면 인민은 고통스러우며, 위에 바치는 것이 많아지면 아랫사람은 가난해진다.

이 같은 생각은 지배 계층의 존재 자체를 부정하는 것입니다. 임금과 신하의 구분도 없고, 모두가 자신의 힘을 써서 먹을 것을 얻고, 그래서 다른 사람의 수확을 엿보지 않는 욕심 없는 사회, 이것이 포경언이 바라던 이상 사회였습니다.

농가의 사상은 이처럼 주류가 아닌 주변인을 통해 이어져 갔습니다. 그 까닭은 농가 사상 자체가 주목 대상이 아니었으며, 농사를 짓는 대다수 민중이 문화 수준이나 사회적 역할 때문에 이런 사상에 눈을 돌릴 수 없었기 때문입니다. 하지만 허행의 사상은 뜻밖에도 시간과 공간을 훌쩍 뛰어넘어 일본 에도 시대의 사상가 안도 쇼에키(安藤昌益)에게서 그 모습을 보입니다. 안도 쇼에키는 18세기 초 아키타(秋田)에서 태어난 의사로,《자연진영도(自然眞營道)》와《통도진전(統道眞傳)》등 백 권이 넘는 저서를 남긴 인물입니다. 그는 당시 유행하던 유교·노장·불교·신도(神道)를 닥치는 대로 비판하였고, 특히 지나칠 정도로 봉건제를 반대하였기 때문에 오랜 세월 동안 주목받지 못하였습니다. 그 뒤 메이지 때 겨우 모습을 보였지만 그 내용이 일반에 알려진 것은 200년 이상이 지난 쇼와 초기였습니다. 그에 대해서는 "일본이 세계에 자랑할 수 있는 유일한 독창적 사상가"라거나, "일본에서의 변증법적 유물론과 현대 공산주의 사상의 선구자"라는 평가가 있습니다.

안도 쇼에키는 도가 사상과 허행의 사상을 적극 받아들였습니다. 그의 책들은 문장이 어려운 데다 독단적인 부분이나 모순된 주장도 많지만, 근본 사상은 매우 단순한 편입니다. 그 사상의 핵심은 '직경(直耕)'과 '자연세(自然世)'였으며, 그것과 대치되는 것은 '불경탐식(不耕貪食)'과 '법세(法世)'였습니다. '직경'이란 누구나 직접 농사를 지어 생활하라는 것이고, '불경탐식'이란 자신은 농사짓지 않으면서 남의 노동에 기생하는 삶을 가리킵니다. 또 '자연세'란 모든 사람이 함께 일하는 평등 사회이고, '법세'는 인위적인 도덕에 묶인 계급 사회입니다. 그는 왕이나 귀족 계층, 승려, 신관(神官)뿐 아니라 가르치고 글 쓰는 일로 생활하는 학자들까지도 '불경탐식의 무리'라고 비판하였습니다. 그리고 '법세'를 버리고 '자연세'로 돌아가자고 하였습니다.

그가 꿈꾼 '자연세'는 계절에 따라 씨 뿌리고 잡초 뽑고 열매를 거두어 다음의 씨앗과 식량으로 삼는, 늘 자연과 하나 되어 사는 사회입니다. 들에 사는 사람은 곡물을 내고 산마을에 사는 사람은 재목과 땔감을 내며, 물가에 사는 사람은 물고기를 가지고 와서 직접 교환하기 때문에, 지나침과 모자람이 없으며 빈부와 상하 차별이 없습니다. 윗사람이 아랫사람을 착취하지 않으며, 아랫사람이 윗사람에게 아부하는 일도 없으므로 원망이나 다툼이 일어나지 않습니다.

위에서 재화를 모으려 하지 않기 때문에 아래에서 그것을 훔치려 하지 않으며, 위에서 법률을 만들어 아래를 벌주려고 하지 않기 때문에 위에서 형벌을 받을 걱정도 없습니다. 위에 서서 가르치고 이끄는 성인이 없기 때문에 그 가르침을 들으려고 '불경탐식'하지 않으며, 지옥과 극락을 만들어 놓고는 많은 사람들의 보시를 빼앗아 먹는 불교가 없기 때문에 거기에 속고 미혹되어 미치는 사람도 없습니다.

이 같은 안도 쇼에키의 사상 속에는 허행의 영향이 강하게 자리 잡고 있습니다. 그렇게 볼 수 있는 까닭은 그가 맹자를 비판하면서 "맹자는 농사짓지 않고 여러 나라를 두루 다닌 공자를 사숙했으며, 요순과 인의를 팔아서 뭇 사람들이 직접 농사지은 것을 빼앗아 먹으면서 그 잘못을 변명하여 말하기를, 남에게 얻어먹는 사람은 남을 다스리고 남을 먹여 주는 사람은 남에게서 다스림을 받는다고 했으므로 그는 자연의 도를 몰랐다"라고 썼기 때문입니다.

아쉬운 점은 그 자신도 농사를 짓지 않았다는 점입니다. 안도 쇼에키의 제자는 그가 책을 통해 끝없이 참된 도를 농사지었다고 주장했지만, 그가 다른 학자들을 '불경탐식의 무리'라고 비판했던 점에서 아쉬움이 남는 부분입니다.

우리 사회를 보면 1960~70년대 산업화와 더불어 농촌을 버리고 도시로 몰려들던 것과 달리 이제는 제법 많은 사람들이 도시를 떠나 농촌으로 돌아가고 있습니다. 그 가운데에는 개인적 차원에서 자연에 묻혀 지내려는 사람도 있지만, 함께 일하고 함께 나누는 공동체를 만들고 이를 통해 작으나마 사회를 바꾸어 보려는 사람들도 있습니다. 그런 점에서 농촌은 인류의 영원한 고향이며, 농가의 꿈은 세상이 아무리 바뀌어도 꺾이지 않을 바람인 듯합니다.

『나에게 몇 년만 더 삶이 주어진다면,

『주역』에 통달할 수 있을 것이다』

— 공자

『수십 년간 역을 연구하였지만,

나 자신의 일을 가지고 점을 쳐 보지는 않았다』

— 정약용

주역

점쟁이와 철학자

이번에는 《주역》에 대해 알아보겠습니다. 그 전에 우선 잘 알려진 퀴즈를 하나 내 보겠습니다.

　나그네 세 사람이 밤늦게 여인숙을 찾았습니다. 이 여인숙의 하룻밤 숙박비는 3000원이어서 이들은 한 사람이 1000원씩 냈습니다. 너무 늦게 도착한 이들은 이 여인숙에서 마지막 남은 제일 나쁜 방에 들 수밖에 없었습니다. 숙박비 3000원을 받고 아무래도 미안한 생각이 든 주인이 심부름하는 아이를 시켜 500원을 손님들에게 되돌려 주게 했습니다. 방값을 깎아 준 것입니다.

　하지만 심부름하는 아이는 '손님이 셋인데 500원을 돌려주면 똑같이 나누기가 힘들잖아' 하면서 200원은 자기가 슬쩍하고 300원만 돌려주었습니다. 나그네들은 주인의 착한 마음씨를 칭찬하면서 100원씩 나누어 가졌습니다. 처음에 1000원씩 내고 나중에 100원씩 돌려받았으니, 나그네들은 한 사람당 900원씩 숙박비를 부담한 꼴이 되었습니다.

　그런데 가만히 생각해 보니, 900원씩 셋을 합치면 2700원이고 거기에 중간에서 심부름하는 아이가 슬쩍한 200원을 합쳐도

　　　　　　　　　　　　　　　동양철학 에세이 1

2900원밖에 되질 않습니다. 그러면 처음의 3000원에서 100원은 어디로 갔을까요?

글쎄 이것이 어떻게 된 일이지요? 이 문제에 나오는 숫자 3000, 2900, 2700, 500, 300, 200은 무엇을 뜻할까요? 3000과 2700, 200은 어떤 연관이 있을까요? 이 숫자들은 서로 어떤 관계를 가지고 있을까요? 이런 질문을 남겨 두고 《주역》 이야기로 들어가 봅시다.

《주역》이라는 책

《주역》은 유교의 '오경'에 들어가는 고전입니다. 《시경》, 《서경》, 《역경》, 《예기》, 《춘추》를 합쳐서 오경이라 하며, 그중 《역경》은 《주역》을 가리킵니다. 오경이라고 할 때, 경(經)이란 본래 베를 짤 때 세로로 걸어 놓는 날줄을 말하는데, 여기에서 영원히 변치 않는 진리를 적은 책이라는 의미로 퍼져 나갔습니다.

'주역'은 '주나라의 역'이라는 뜻입니다. 이 말은 주나라 이전의 하나라와 은나라에도 역이 있었음을 암시합니다. 주나라는 기원전 11세기에 들어선 나라인데, 《사기》에 기록된 중국의 역사는 그보다 수천 년을 더 올라갑니다. 주나라 바로 앞 왕조가 은나라이고, 은나라 앞이 하나라입니다. 하나라의 역을 '연산'이라 하고 은나라의 역을 '귀장'이라고 하지만, 그 내용은 온전하게 전해지지 않았습니다.

연산역은 산을 상징하는 간괘로 시작하고 귀장역은 땅·여자를 상징하는 곤괘로 시작하는 반면, 《주역》은 하늘·남자를 상징하는 건괘로 시작하는데, 이것은 《주역》이 부권 사회에 들어와서 탄생했음을 보여 준다는 해석도 있습니다. 다만, 우리가 지금 보는 《주역》의 내용을 어느 시기에, 누가 만들었는지는 학자들 사이에 의견이 분분합니다.

일반적으로 《주역》은 오경 중에서도 가장 심오한 철학을 담고 있다고 합니다. 중국에서도 '역림삼천'이라고 할 만큼 《주역》 하나에 대하여 수천 명의 쟁쟁한 역대 학자들이 연구 해설서를 내놓았습니다. 그만큼 다양한 해석을 끌어낼 수 있는 문제의 책입니다. 책을 묶은 가죽 끈이 세 번 끊어질 만큼 공자가 애독하였던 책도 바로 《주역》이었고, 거기에서 '위편삼절(韋編三絶)'이라는 고사성어도 나왔습니다. 물론 당시의 책은 종이로 만든 것이 아니라 글이 적힌 대나무나 나뭇조각을 묶어 놓은 것입니다.

《주역》에 대한 연구가 역대로 이처럼 많기 때문에 여기서 《주역》의 구체적인 내용을 다룰 수는 없습니다. 자칫하면 역이라는 울창한 숲 속에서 길을 잃을지도 모릅니다. 하나의 괘에 대한 해석만을 놓고 이야기하더라도 엄청난 시간이 필요할 것입니다. 왜냐하면 《주역》의 내용은 명확하게 표현되어 있는 것이 아니라 비유와 은유, 암호 같은 말로 되어 있어서 방법에 따라 다양하게 해석할 수 있기 때문입니다. 따라서 우리가 《주역》을 사서 읽더라도 다른 책을 읽을 때처럼 그 책에 어떤 내용이 쓰여 있더라 하고 말하기 쉽지 않은 것입니다.

동양철학 에세이 1

《주역》의 〈계사전〉에는 점을 치는 원리와 해석 방법에 대한 원리적 설명이 나옵니다. 그래서 《주역》을 이용하려면 먼저 〈계사전〉을 잘 이해할 필요가 나옵니다. 〈계사전〉은 《주역》의 사상과 이용 원리를 해설한 보충 설명입니다. 그러나 〈계사전〉에도 충분한 설명이 있는 것이 아니어서, 〈계사전〉에 대한 해석에 따라 역을 운용하는 방법이 달라지는 것도 어쩔 수 없는 일입니다. 〈계사전〉은 공자가 지었다고 전통적으로 주장하지만 지금 학자들은 전국시대에 그 대부분이 이루어진 것으로 봅니다. 또 중국 고대의 문헌들이 대개 그렇듯이 나중에 끼어든 대목이나 순서가 뒤바뀐 부분들이 있다는 문헌학적 비판도 있습니다. 하지만 이런 사실이 〈계사전〉의 중심 사상이 공자의 사상이라는 주장을 뒤집는 것은 물론 아닙니다. 다만, 〈계사전〉의 내용도 해석에서 일치를 볼 수 없는 요소가 있다는 점을 지적하는 것입니다. 이런 이유로 우리는 《주역》이라는 거대한 숲을 전체적으로 훑어보고 그 의의를 정리하는 데서 그쳐야 할 것 같습니다.

《주역》은 크게 두 부분으로 나누어지는데, 하나는 '경문'이고 또 하나는 '역전'입니다. 경문은 일찍 만들어진 내용이고, 역전은 경문에 대한 해설로 뒤에 만들어졌습니다. 역전은 '십익'이라고도 하는데, 십익은 글자 그대로 '열 개의 날개'이므로 《주역》을 보조하는 해설이라는 뜻입니다. 《주역》의 형성에 대해서는 전통적으로 다음과 같이 설명합니다.

복희씨가 처음 팔괘를 그렸고 신농씨가 64괘로 나누었다.

주나라 문왕이 비로소 괘에 풀이하는 말을 붙여 역이란 이름이 생겼고, 그 후 문왕의 아들 주공이 〈효사〉를 지어 우선 완성되었다. 공자가 다시 십익, 즉 〈단전〉상 하, 〈상전〉상 하, 〈계사전〉상 하, 〈문언전〉, 〈설괘전〉, 〈서괘전〉, 〈잡괘전〉을 지어 보충 설명하였다.

그러나 복희씨나 신농씨가 역사적으로 실존했던 인물인지도 분명하지 않고, 십익에는 전국시대 후기나 진한 시대의 사상과 연관된 내용들이 들어 있어 이러한 주장을 그대로 믿을 수는 없습니다. 대체로 《주역》은 중국 고대의 중요한 정신적 유산으로서, 오랜 기간에 걸쳐 연구 정리된 책이라고 할 수 있습니다.

지금 우리가 볼 수 있는 《주역》은 64괘와 각 괘에 대한 해석인 괘사, 각 효에 대한 해석인 효사로 이루어져 있고, 십익 가운데 〈문언전〉, 〈단전〉, 〈상전〉의 내용은 해당 괘에 포함시켜 편집해서 〈계사전〉, 〈설괘전〉, 〈서괘전〉, 〈잡괘전〉처럼 따로 독립되어 있지 않습니다. 본래는 십익이 따로 있었는데 한나라 때 비(費)씨가 지금처럼 배치하였다고 합니다.

《주역》의 짜임새

《주역》은 또한 내용을 표현한 방식에 따라 크게 두 가지로 나눌 수 있습니다. 하나는 상징 부호이고, 다른 하나는 문자입니다. 상

동양철학 에세이 1

징 부호가 들어 있는 것이 다른 책에서 보기 드문 특색입니다.

《주역》에는 예순네 가지 상징 부호가 나오는데, 우리는 그것을 64괘라고 합니다. 각 괘는 대부분 한 글자, 가끔 두 글자로 이름이 붙었고, 두 종류의 부호로 이루어져 있습니다. 한자의 한 일 자처럼 죽 그은 선이 양효이고, 양효에서 가운데가 끊어진 모양을 한 것이 음효입니다. 그러므로 《주역》에 나오는 상징 부호는 결국 양효와 음효 두 가지로 이루어져 있습니다. 《주역》 부호의 기본 단위인 효가 여섯 개씩 모여서 만들어진 것이 64괘입니다. 12세기에 활동한 소강절이라는 사람은 이 64괘를 원형과 방형으로 배열하였습니다.

양효만 여섯 개 모여서 이루어진 것이 《주역》의 맨 처음에 나오는 건괘이고, 음효만 여섯 개 모여서 이루어진 것이 건괘 바로 다음에 나오는 곤괘입니다. 건괘와 곤괘는 《주역》의 모든 괘를 낳는 모체로서, 우주에서는 하늘과 땅에 해당하고, 가정에서는 아버지와 어머니에 해당합니다.

음·양 두 가지 부호를 세 번 사용하여 만들 수 있는 서로 다른 괘의 숫자는 모두 여덟 개입니다. 이렇게 만들어진 기본 팔괘의 이름은 각각 건·태·이·진·손·감·간·곤인데, 건·곤·감·이 네 괘는 우리 태극기에도 들어 있습니다. 초기의 태극기 중에는 팔괘가 다 그려진 것도 있었습니다.

건은 하늘, 태는 못, 이는 불·태양, 진은 우레, 손은 바람, 감은 물·달, 간은 산, 곤은 땅을 상징하는데, 이 상징은 대상 영역이 바뀌면 그에 따라 달라집니다. 그러므로 한 괘에는 위에서 말한 하나의 상징만 있는 것이 아닙니다. 예를 들면, 건괘는 하늘뿐 아니라 아버지를 상징하기도 하고, 동물 중에서는 말의 이미지와 연관을 맺기도 합니다.

《주역》의 64괘 384효는 우주 만상의 변화 원리를 알리는 부호이고, 64괘는 기본 팔괘에서 만들어진 것입니다. 〈계사전〉에서는 "역에 태극이 있으니 이것이 양의를 낳고, 양의가 사상을 낳고, 사상이 팔괘를 낳는다"라고 하여 기본 팔괘가 생성되는 원리를 설명하고 있습니다.

양의는 음과 양을 가리키고, 사상은 음양이 분화하여 이루어지는 노음, 노양, 소음, 소양 넷을 가리키는 것이라고 해석합니다. 이것이 《주역》이 설명하는 천지 만물의 생성 도식이 되고 우주 진화론의 기본 골격이 됩니다.

그러면 기본 팔괘는 어디에서 나온 것일까요? 거기에는 두 가지 주장이 있습니다. 하나는 '하도 낙서설'이고 다른 하나는 '앙관 부찰설'입니다.

하도 낙서설은 하수와 낙수라는 강에서 등에 신비한 그림과 글이 적힌 용마(龍馬)가 나와서, 그것을 해석하여 팔괘를 그렸다는 것입니다. 이것은 《주역》의 탄생을 매우 신비화하고 있는 설입니다. 반면에 앙관 부찰설은 "옛날 복희씨가 천하를 다스릴 때 우러러 천문을 보고 굽어 지리를 살펴서" 팔괘를 그렸다는 주장으로 자연과 인간사를 모두 설명하는 《주역》의 원리를 천지 자연의 운행 법칙에서 찾았습니다. 실증적·과학적인 연구 경향이 생기면서 하도 낙서설은 여러 학자들에게 비판을 받았고, 비판의 증거를 대는 글도 많이 나왔습니다. 청나라 때 호위라는 학자가 지은 《역도명변》이 그 대표적인 책입니다.

미신인가, 철학인가

《주역》을 연구하는 것을 역학이라 하는데, 역학은 연구자가 《주역》을 어떻게 보느냐에 따라 크게 두 파로 나누어졌습니다. 하나는 《주역》을 수리와 예언의 책으로 보는 상수학파이고, 다른 하나는 《주역》을 도덕·철학 책으로 보는 의리학파입니다.

의리란 도리나 윤리와 같은 말인데, 의리학파는 성인이 《주역》을 만든 본래 의도가 결코 점치는 데 있는 것이 아니며, 역의 목적은 천지 자연의 운행과 역사의 변화 원리를 밝혀 인간의 임무를 분명히 아는 것이라고 봅니다.

그러나 상수학파는 점치는 기술에서 나온 상수학적 해석 기술을 중요시하고, 도상과 수리라는 해석 방법에 의하지 않는 의리의 주장은 내용이 없다고 말합니다. '상수'라는 개념은 《춘추좌씨전》에 처음 나타납니다. 거기에는 "거북점은 상이고 산대점은 수다. 사물이 생긴 뒤에 상이 먼저 있게 되고, 상이 있게 된 뒤에 여럿으로 늘어나게 되며, 늘어난 뒤에 수가 있게 된다"라고 하였습니다.

상은 거북을 불에 구워 금이 갈라지는 형태로 점을 치던 것이고, 수는 시초라는 식물의 줄기로 조작하여 수의 원리에 따라

점을 치던 방법이었습니다.

상수학과 의리학의 역사적 변천에 대하여《사고전서총목제요》에 정리된 것에 따르면, 상수학은《좌씨전》에 쓰인 옛 점법을 계승한 것이고, 한나라 유가가 말한 상수도 이와 연결된다고 합니다. 그러다가 경방과 초연수에 이르러 미신적 예언 이론으로 빠졌고, 도사인 진단과 송대의 유학자 소용에 와서 무궁한 조화의 학문이 되었다고 합니다. 또 의리학은 역학이 백성의 실생활에 맞지 않는 공허한 이론으로 흐르자, 왕필이 상수론을 비판하며《주역》을 노장의 학설로 해석했고, 호원과 정이천에 이르러 유학의 의리 정신으로 해석하였으며, 이광과 양만리에 이르러서는 역사 사실로 해석하는 방향으로 변천하였습니다.

왕필의 해석은 한대의 미신적·신비적 경향을 벗어나 역을 철학적으로 해석하였다는 의미가 있습니다. 한강백이 왕필의 미완 작업을 보완한 후 왕필의 역은 역학의 정통으로 인정받습니다. 상수론자들은 왕필의 이러한 해석이 상수학적 방법론의 중요성을 무시하게 만들었다고 비판하였습니다. 그러나 이후 의리론자들이 괘상과 관련 없이 문장의 의미를 중심으로 철학적이고 윤리적인 교훈을 끌어내려고 한 것은 왕필의 영향력이라고 하겠습니다.

왕필은《설괘전》에서 괘상과 물상을 연관 지어 설명한 대목을 무시하고 물상과 괘사가 반드시 일치하지는 않는다는 점을 근거로 해서, 괘사 자체에서의 의미가 서로 맞는 것을 보면 될 뿐 괘상과 괘사가 반드시 일치할 필요는 없다고 하였습니다. 왕필의 이러한 입장은 '득의망상론'에 들어 있는데, 이것은 역의 괘가 구체적인 대상의 직접적인 추상이라고 생각할 필요가 없다는 주장입니다.

　오대 말기와 송대 초기, 즉 10세기 전후에 도사 진단은 화산에 숨어 살며 역학 도형을 만들었는데 이것이 후세에 큰 영향을 끼쳤다고 합니다. 진단의 영향을 받아서 주돈이는 《태극도설》을 지었습니다. 당시 역학의 새로운 흐름인 도수학적 상수학이라는 방법이 탄생한 것입니다. 특히 소강절의 상수학은 이 새로운 상수학을 대표하는 것이었습니다. 이들은 도(圖) 중에서도 하도와 낙서를 중요하게 여겨 수리적인 해석을 붙였습니다.

　의리학파인 정이천은 상이 의리, 곧 도덕을 밝히기 위한 수단의 의미가 있을 뿐이라고 하고, 소강절과 한마을에 살면서도 상수에 대해서는 한 번도 묻지 않았다고 합니다. "천둥이 일어나는 곳은 어디인가" 하는 소강절의 질문에 정이천은 "그것은 일어나는 곳에서 일어난다"라고 대답하고, 도리를 아는 것이 중요하지, 수란 도리의 부스러기에 불과하므로 군자의 관심 대상이 아니라는 입장을 보였다고 합니다. 정이천은 수에 집착하면 점치는 사람들의 허황한 이론에 빠지게 된다고 비판하였습니다.

　지금도 역의 해석에 대한 의리학파와 상수학파의 차이가 그대로 이어지고 있습니다. 상수학파의 태도는 《주역》이 천하 만물의 변화 법칙을 담고 있으며 괘를 풀이한 말과 괘와 효의 상징은 구체적인 세계를 표현한 상징이자 해석이라고 봅니다. 이러한 시각을 발전시키면 《주역》은 만물의 이치를 담고 있는 책으로 미

래를 예언할 수 있다는 이론이 나오고, 점을 쳐서 미래에 대비한다는 실제적인 행동을 일으킵니다. 간단히 말해서, 지금도 점의 예언이 의미 있다고 생각하는 사람과 미신에 불과하다는 사람으로 나누어지는 것은 상수학에 동의하는 태도와 반대하는 태도에 따른 것입니다. 점에 대한 태도의 차이는 마지막 대목에서 다루기로 하고, 먼저 《주역》의 기본 원리와 사상에 대해 알아보겠습니다.

만물은 변화한다

《장자》 〈천하〉 편에서는 "역으로 음양의 변화 원리를 말하였다"라고 했습니다. 또한 근세 서양 학자들은 《주역》을 번역할 때 '변화의 책'이라고 제목을 붙였습니다. 그것은 역(易)이란 글자에 바뀐다, 변한다는 뜻이 있기 때문입니다. 그 글자에는 또한 쉽다, 간단하다는 뜻도 있습니다. 한자 사전에서도 '바뀔 역' 자와 '쉬울 이' 자로 풀이하고 있습니다. 우주 삼라만상의 온갖 복잡한 변화를 음양의 대립·조화 원리로 설명하므로, 쉽고 간단하다는 뜻입니다. 우주의 변화는 끊임이 없지만 음양의 원리는 변하지 않기 때문에 역에는 변하지 않는다는 뜻도 있습니다.

그래서 역이란 글자에는 변한다·바뀐다, 간단하고 쉽다, 변하지 않는다는 세 가지 뜻이 있습니다. 결국 《주역》은 우주 만물의 변화를 음양의 변화 원리로 풀이한 책이라고 하겠습니다.

'만물은 변화한다'는 생각은 《주역》의 가장 기초가 되는 생각입니다. 이 생각은 사물을 보는 방법에서 매우 중요한 하나의 태도를 선택한 것입니다. 예를 들어, 결혼 상대자를 고를 때 오직 미모를 기준으로 고르는 사람이 있다면 그는 미남이나 미녀를 찾아야 할 것입니다. 그런데 그는 자기가 선택한 사람이 30년, 40년 뒤에도 미인일지를 생각해야 할 것입니다. 물론 미에 대한 자신의 기준도 바뀐다는 점을 생각해야 할 것입니다. 지금 가지고 있는 미인의 기준을 계속 고집한다면, 이 사람은 평생 새로운 미인을 찾아다녀야 할 것입니다. 다시 말해 만물이 변한다는 생각을 가지고 사물을 바라보는 것과 지금 보이는 것을 고정시켜서 생각하는 것은 똑같은 문제에 대하여 다른 판단을 내릴 수 있다는 것입니다. 변화를 모르면 세계를 바로 알 수 없다고 《주역》은 가르칩니다.

  《주역》에서 만물의 변화는 일정한 원리를 따르고 있습니다. 그것은 '순환의 원리'라 이름 붙일 수 있는 것입니다. 만물은 태어나서 성장하고 노쇠하여 죽는 과정을 반복합니다. 이것을 보여 주는 예는 동식물의 성장과 자연계의 사계절 변화 같은 것에서 쉽게 찾을 수 있습니다. 《주역》의 64괘 배열에서 마지막 괘의 이름이 '미제'인데, 그것은 글자 그대로 '완성되지 않았다'는 뜻입니다. '미제' 괘 바로 앞에 있는 괘의 이름은 '기제'입니다. 이것은 '완성되었다'는 뜻을 가지고 있습니다. 마지막을 '미완성'으로 열어 놓은 것도 《주역》의 무한한 순환 원리를 보여 줍니다.

　　　　　　　　　　　　　　　　　　　　　　동양철학 에세이 1

인간의 지위와 역할

《주역》은 괘의 해석에서 천·지·인이라는 세 범주를 이용합니다. 이것을 '삼재 사상'이라고도 하는데, 이 세 변수가 변화의 핵심 요소라는 생각입니다. 이것을 더욱 실천적으로 표현하면, 천시(天時)와 지리(地理)와 인사(人事)라고 할 수 있습니다. 이 셋은 서로 긴밀하게 연관되어 있고, 만물의 변화 가운데 큰 덩어리입니다.《주역》의 삼재 사상은 천지 자연의 위력을 높이면서도, 인간의 위치를 만물을 덮고 만물을 실은 하늘과 땅에 맞먹는 존재로 올려 놓았습니다. 〈계사전〉에서 구체화된 이 사상은《순자》에서 뚜렷이 표현된, 자연을 이용하고 다스리는 인간상을 나타낸 것입니다.

  《주역》의 괘사에서는 '회린'과 '길흉'을 표시하고 있는데, 역이 미래를 알려 주는 책이라고 해석할 때 가장 중요시되는 개념입니다. 〈계사전〉의 해석을 통하여 이 말을 풀이하면, 회린은 사태와 사물이 앞으로 변화해 갈 싹을 보이는 것이고, 길흉은 사태가 진전되어 점치는 사람에게 좋은 결과와 나쁜 결과로 확정된 것을 알려 줍니다.《주역》을 윤리적으로 해석하는 입장에서는 흉한 결과를 예고하면 반성·경계하고, 길한 결과를 예고하면 그 방향을 잘 유지할 수 있도록 조심해야 한다고 해석합니다. 여기서 나아가 훌륭한 연구자는 회린, 다시 말해 사태의 초기에 더욱 잘 알아서 대처합니다. 그러므로《주역》은 결정된 미래의 변화를 알려 주는 것이 아니라 그 책을 보는 사람으로 하여금 스스로 반성하고 조심하도록 하는 계기가 된다는 것입니다.

점을 믿는 사람들은 미래의 일이 정해져 있다고 생각합니다. 그러나 《주역》의 사상에서 보면 사람의 미래는 스스로의 노력과 행동에 따라 다른 결과로 나옵니다. 조선 후기의 대학자인 다산 정약용 선생은 유교 경전을 깊이 연구하고 특히 역에 대한 해설도 썼지만, 한 편지에서 "수십 년간 역을 연구하였지만 나 자신의 일을 가지고 점을 쳐 보지는 않았다"라고 썼습니다.

《주역》을 점치는 책으로 보는 것에 반대하는 사람들은 점이라는 것이 이기심에서 나온다는 점을 우선 문제 삼습니다. 자기의 이익만을 목표로 점을 치는 심리 자체가 선한 동기가 아니기 때문입니다. 이들은 《주역》을 스스로 반성하고 경계하는 윤리서로 해석하지, 자기에게 유리하게 할 방법을 찾는 도구로 여기지는 않습니다.

실재 세계와 수

역은 세계의 변화를 괘와 효로 상징하고, 괘사와 효사는 그 상징을 말로 풀이한 것이라는 점은 앞에서 말한 바 있습니다. 또한 역의 괘가 이루어지는 원리와 괘효의 변화에는 일정한 수리 법칙이 있고, 그에 따라 해석하면 지금 벌어지고 있는 일과 사물의 미래를 알 수 있다는 것이 상수학의 논리라는 것도 이미 말했습니다. 그런데 우리는 수나 말이 객관적으로 존재하는 사물 그 자체는 아니라는 점에 유의해야 합니다.

동양철학 에세이 1

그러면 여기서 첫머리에 냈던 퀴즈를 다시 생각해 볼까요?

이 문제의 답은 무엇일까요? 나그네들이 낸 돈을 모두 합치면 2700원이고, 중간에서 심부름하는 아이가 슬쩍한 200원을 합쳐도 2900원밖에 되질 않았지요. 그래서 처음의 3000원에서 100원이 없어져 버렸습니다. 하지만 다시 잘 생각해 보면 나그네들이 낸 돈은 모두 2700원이고 그중에서 주인이 2500원을 가졌고, 심부름꾼이 200원을 가졌으니 아무런 착오도 없는 것입니다. 100원이 사라진 것처럼 보였을 뿐, 사실 이 퀴즈는 문제가 될 수 없는 것입니다.

수나 말이 객관적으로 존재하는 사물 그 자체는 아니라는 점이, 수리로 운명을 해석하는 경우에 흔히 무시됩니다. 예를 들어, 수가 곧 참세계라고 생각한 고대 서양의 피타고라스 학파는 수의 원리에 따라 태양계에는 행성이 열 개가 있어야 한다고 주장했습니다. 그러나 실재 세계에서 이들이 말하는 10이라는 숫자는 무엇을 가리키는지 불확실합니다.

현대 과학에서 분류하는 방식으로 하면 지구, 금성, 화성, 수성, 토성 등의 행성과 태양은 서로 다른 종류의 별입니다. 우선 스스로 빛을 내느냐 아니냐의 차이가 있습니다. 우리는 태양처럼 스스로 빛을 내는 별을 항성이라 하여 행성과는 다른 종류로 분류합니다. 지구와 달도 종류가 다릅니다. 달은 지구의 위성입니다. 태양계 안에서 발견된 수천 개 소행성들은 왜 그 10에 넣을 수 없는 것일까요? 이렇게 따지기 시작하면 피타고라스 학파의 주장은 기초에서부터 합의해야 할 것이 아주 많이 남아 있다는 것을 알 수 있습니다. 다시 말하면 수는 대상을 분류하는 방식에 따라 달리 나타납니다. 대상 세계와 우리의 분류 방식을 무시하고 수를 말할 수는 없는 것입니다.

동양에서도 하늘과 사람은 닮은꼴이라 하여 사람을 '소우주'라고 하였습니다. 그러면서 예를 들기를, 하늘에 해와 달이 있는 것은 사람에게 두 눈이 있는 것과 같고, 천지에 '오운육기'가 있는 것은 사람에게 오장육부가 있는 것과 같다고 했습니다. 그러나 해와 달이 있는 것과 눈이 둘인 것이 서로 연관이 있다고 주장하는 근거는 무엇일까요? 우리 몸에는 눈 외에도 쌍을 이루고 있는 것이 많을뿐더러 우주에는 태양이 하나가 아니라 엄청나게 많다는 사실을 우리는 알고 있습니다. 즉 태양계와 같은 구조가 수백억 개 모여 하나의 은하계를 이루고, 그 하나하나의 태양계에는 각각 태양이 있기 때문입니다.

이렇게 볼 때 수의 신비한 법칙으로 밝힌 《주역》의 운명론이라는 것은 자칫하면 아무 관련이 없는 수를 서로 더하고 곱하는 것일 수도 있습니다. 나그네들, 여인숙 주인, 심부름하는 아이 중 누구도 가져가지 않은 100원을 찾아 헤맬 수도 있다는 말입니다.

《주역》은 미래를 알려 줄까?

《주역》에 대한 현대인의 태도는 크게 두 가지로 나뉩니다. 하나는 《주역》에는 우주의 원리가 들어 있고, 《주역》을 완전히 이해하면 우리의 미래와 사물의 변화를 예견할 수 있다는 태도입니다. 다른 하나는《주역》은 인류 정신 문화의 유산이고, 우리가 지나간 역사를 연구하여 오늘의 자신을 더 잘 알고 오늘의 문제를 해결하는 데 도움을 얻고자 하는 것처럼《주역》의 정신도 연구할 가치가 있다는 태도입니다. 이 두 번째 태도가 보통《주역》을 연구하는 학자들의 자세라고 할 수 있습니다. 물론《주역》은 과거 무지한 시대의 유치한 부호 놀이에 불과한 것이라고 일축하는 입장도 있겠지만, 그런 독자라면 여기까지 읽지도 않았을 것입니다.

문제는《주역》의 원리를 알면 미래를 예견할 수 있다는 이 매혹적인 주장이 우리의 과학적인 태도와 부딪히는데도 계속 목소리를 내고 있다는 점입니다. 아들딸이 대학에 합격했으면 하는 바람이나 중요한 거래가 잘 이루어져 사업이 번창하기를 바라는 마음, 서로 모르는 것이 많은 남녀 한 쌍이 앞으로 행복한 가정을 이루었으면 하는 기원, 위험한 일을 하는 사람이 다치지 않기를 바라는 염려 같은, 아주 인간적이고 절실한 소망들에 대답하는 것에서부터, 국가의 미래나 세계 정세는 물론이고, 인류의 미래를 떠맡고 있는 과학 기술의 최첨단 이론에 대답하는 것까지 모든 것을 알 수 있는 신비한 책으로《주역》을 믿는 태도, 이것이 문제입니다.

어떻게 생각하면《주역》이 인기를 유지하고, 복잡한 이론을 계속 만들어 오고, 세상의 온갖 일에 끼어들 수 있었던 것은 이러한 신봉자들의 노력 덕이기도 합니다. 그러나 이 태도는《주역》이 어째서 그토록 신비하고 위대한 힘을 가질 수 있는지 설명하기에는 궁색합니다. 다만, 성인이나 신인이 만들었다거나 하늘이 내려 준 신비한 기적으로《주역》탄생의 신비성을 말할 수 있을 뿐입니다. 그러나《주역》의 신비와 위력을 객관적으로 보여 줄 방도가 없습니다.《주역》을 믿는 사람들이 신통하다고 생각하는 것이 다른 사람들에게는 허점투성이로 보이는 것도 큰 부담입니다. 1989년에 중국에서 출판된 어떤 책에는 다음과 같은 내용이 실려 있습니다.

1981년 1월, 미국 해군 천문대의 두 과학자는 태양계에 열 번째 행성이 존재한다고 예언하였다. 매스컴이 이 특종을 대서특필하자, 사람들은 감격하고 토론하고 찬탄했다. 일찍이 1940년에 한 중국인 학자가 역학의 특수한 방법을 사용하여, 열 번째 행성의 존재를 계산하고 목왕성이라고 이름 붙였기 때문이다. 이것이 바로 1940년 11월 1일, 프랑스 파리대학에서 통과된 쓰촨 출신 류쯔화(劉子華) 선생의 박사 학위 논문 〈팔괘 우주론과 현대 천문학 – 한 행성에 대한 예측〉이다.

이 중국인 학자는 현대 천문학 이론과《주역》의 하도, 낙서 수리를 결합하여 이러한 예측을 하였다고 합니다. 그런데 다른 시각에서 보면 이것은 그렇게 놀라운 일이 아닐 수도 있습니다. 피타고라스 학파는 이미 오래 전에 열 번째 행성을 말하지 않았습니까? 또한 현대 천문학의 이론과 관측 자료, 계산 자료를 이용하였다면 이 논문의 결론이《주역》의 원리에서 나왔다고 할 이

동양철학 에세이 1

유가 있을까요? 그렇지만 중국의 역학 신봉자들에게는 몹시 반가운 소식이었을 것입니다. 현대 과학의 놀라운 성과가 혁명을 일으키고 있다는 이 시점에서도《주역》신봉자들은 더욱 목소리를 높이고 있습니다. 이러한 모습은 개혁 개방을 추진하면서 학술 연구의 자유로운 분위기를 열어 놓은 중국에서 흥미롭게 나타나고 있습니다.

최근 10년 동안《주역》신봉파는 중국 학술계에서 다시 두각을 나타내기 시작했고, 점차 흥성하고 있다. 새로운 신봉파들은 근대 이후 국내외의 성과 외에도《주역》속에 포함된 현대 과학 내용을 계속 끌어내고 또 새로운 방향을 개척하였다.《주역》을 중국 고대 자연과학 모든 분야의 원류라고 하는 것이다. 예를 들어,《주역》속에는 고대 천문학이 있고, 중국 의학의 기본 이론이 있고, 고대 수학의 성과가 있다는 식이다.

그리고 요 몇 년 사이에 기공이 인기를 끌고 있다. 송대 이후 기공의 이론적 근원인 내단설은 역학의 도식을 많이 끌어왔으므로 기공의 유행 역시 역학에 생기를 불어넣었다. 인체의 건강과 장수는 여러 요인에 달려 있기 때문에 완전히 이해하기 어렵다. 그래서 인체에는 산과 바다를 움직이고 백만 대군을 막아 내는 능력이 얼마나 숨어 있는지, 얼마나 많은 신비가 숨어 있는지 알 수 없다고 생각하게 되었다.

현대 과학의 진보로 일반인들은 우주의 신비는 이제 거의 없다고 생각하게 된 반면, 현대 의학의 결함 때문에 어떤 사람은 인체의 신비가 도리어 무궁무진하다고 생각하게 된 것 같다. 인체의 신비는 태극, 음양, 오행, 팔괘, 선천·후천 따위의 관념 속에 들어 있고, 다양한 역학 도형 속에 들어 있다. 특히 흑백이 서로 휘감아 도는 '음양어도'는 더욱 사람들을 오묘 무궁하다고 생각하게 만든다.

　의식적으로 또는 무심코 만든 S형 곡선에 수학 원리가 있고, 물리학 원리가 있고, 천문 기상학이 있고, 인체의 신비가 있는지 모른다. 그것은 중국 의학의 표시가 되었고, 기공 학회의 상징이 되었고, 《주역》의 대표가 되었고, 중국 고대 문명의 상징이 되었다.

　주희가 《주역》 앞부분에 하도와 낙서를 붙였는데, 황백가는 이것을 '양자를 데려와서 할애비로 삼은 꼴'이라고 비판했다. 당시 '음양어도'는 특별히 중요하게 다뤄지지 않았다. 만일 황백가가 지금 살아온다면 무슨 말을 할지 모르겠다.

리신(李申), 《주역지하설해(周易之河說解)》

　신봉파가 《주역》 속에 현대 과학이 들어 있다고 하는 주장은 다음과 같은 것입니다.

　《주역》의 괘상 배열은 2진법을 담고 있다. 《주역》의 사상은 현대 물리학의 상대성 이론, 양자론을 담고 있다. 《주역》의 방형도에서 디락 방정식, 화학 원소 주기율을 끌어낼 수 있다. 역수 속에 현대의 원자 모형이 들어 있다. 흑백이 서로 휘감고 있는

'음양어도'는 바로 양자도이며 이는 보어의 상보성 이론의 설명
이고, 생물학자가 보면 그 그림은 동물의 배태다. 《주역》이론에
중국 의학의 모든 이론이 들어 있다.

그러나 이러한 주장들이 《주역》을 계승하는 데 크게 기여할
것 같아 보이지는 않습니다. 동양의 선인들이 《주역》을 점치는
책으로 보았을 때, 그것은 인간의 합리적 사고로는 아직 확정하
기 어려운 문제에 대한 특수한 접근 방법이었습니다. 그것도 《주
역》에 의존하는 것이 아니라 고도의 정신 집중과 깊은 성찰을 이
끌어내는 계기로 삼았다고 할 수 있습니다.

현대 과학이 일반인들이 이해하기 어려운 수식과 기호와 과
학 언어로 표현되어 극도로 추상화되었다면, 《주역》은 모호한 상
징과 한문이라는 비일상적 문자, 《주역》 신봉자들의 특수한 해석
으로 신비화되어 있습니다. 신비화된 《주역》이론은 과학에도 낄
자리가 없고, 대중에게도 설명할 방도가 없습니다. 그런데도 《주
역》을 알면 우주를 안다느니 귀신을 부린다느니 하는 말이 나올
수 있는 것은, 인간이 전지전능한 신을 만들어 냈을 때 가졌던 나
약함과 의존성을 아직 버리지 않고 있다는 증거일 것입니다.

참으로 사람은 자신이 지어낸 것으로부터 자유롭기 어려운
존재인 모양입니다. 사람의 손발과 지혜가 만들어 낸 《주역》이
우리를 끈질기게 붙들고 있습니다.

아들이 사귀는 처녀의 사주가 적힌 쪽지를 꼭 쥐고 점치러
가는 어머니들을 탓할 필요는 없을 것 같습니다. 어떤 사람들은

당사자보다 더 시원스레 판단을 내려 주기도 하며, 사리를 잘 알고, 남의 마음을 잘 꿰뚫어보기도 합니다. 이런 사람들이 훌륭한 카운셀러가 되고 쪽집게가 될 것입니다. 또한 우리 어머니들은 그런 사람들과 상담함으로써 심리적 안정과 확신을 얻기도 합니다. 그러나 그 사람이 《주역》 때문에 그런 능력을 가지게 되었다고 믿지는 않았으면 좋겠습니다.

　《주역》은 우리가 합리적으로 생각하거나 계획적으로 실천하기를 포기하고 무슨 신통력을 믿어 우주와 인간의 비밀을 알 수 있도록 하는 책이 결코 아닙니다. 그것은 고대에 형성되어 수많은 사람이 다양한 시각에서 해석하고 보완하여 만들어 낸 세계에 대한 이해 방식이고, 자기성찰을 전제한 행동 지침입니다. 《주역》의 설명 원리는 수많은 사람의 노력으로 나온 역사의 산물이면서 갈래가 아주 많은 해석과 학설들의 집합입니다. 그러나 보통 점을 믿는 사람들이 생각하듯이, 미래의 세계가 도식적이고 운명적으로 결정되어 있다거나 《주역》이 생년월일을 집어넣으면 미래가 나오는 신비한 장치라고 주장하지는 않습니다. 다만, 《주역》의 이론이 고대 과학 기술과 일상 생활 속에 하나의 사고방식으로서 널리 파고들어 미신과도 붙고 경험 과학의 원리로 원용되기도 하여 잡다한 모습을 띠게 되었고, 점의 대명사처럼 알려지게 된 것입니다.

　《주역》의 신비성을 강조하는 사람들이 말하듯이 고대 과학이 모두 《주역》에서 나왔다는 것은 터무니없는 이야기입니다. 《주역》에서 말하는 수는 1, 3, 5, 7, 9는 홀수·양수요, 2, 4, 6, 8, 10은

짝수·음수이며, 이들의 합은 55라는 정도의 초보적인 개념과 논리를 기초로 합니다.《주역》에는 정수만이 쓰입니다.

　주역이 책으로 만들어진 시기에서 그리 멀지 않은 때에 나온 중국 고대의 수학책《구장산술》,《주비산경》등에는 삼각형·사다리꼴·원·부채꼴의 면적 구하기, 비례 문제, 육면체·원기둥·각기둥·원뿔·각뿔 등의 체적 구하기, 개방술(제곱근을 구하는 법)과 구고법(피타고라스 정리의 특수 형태) 등이 다루어지고 있습니다. 물론《주역》의 수로는 이 문제들을 다룰 수 없습니다.《주역》의 원리를 연역하여 이러한 수학책이 생긴 것은 아니라는 말입니다.

　《주역》에서 디락 방정식이 나온다고 말하는 사람이 있다면, 그는 자신도 모르는 이야기를 하고 있는 것입니다. 아니, 그는 다른 이야기를 하고 싶은 것입니다. "현대 과학의 최첨단 이론을《주역》은 이미 고대에 파악하고 있었다. 그러니 우주의 비밀을 담고 있는 신비한 책이다. 인류 지혜의 알파요 오메가다. 자잘한 인간들이 감히 멋모르고 비판할 책이 아니다"라고 말입니다.

　우리가 이런 이야기에 더 귀기울일 필요가 있을까요? 동양 고전에 대한 신비화는 동양철학 자체의 발전을 가로막을 뿐입니다. 이렇게 말한다고 해서《주역》이 인류의 정신적 유산임을 부정하거나 철학적 가치를 무시하는 것은 아닙니다. 우리의 사고를 단련하는 데 철학 공부가 가장 좋은 방법이라면, 우리는《주역》을 철학사 안에서 의미 있는 책으로 만날 수 있을 것입니다.

『모두가 부인이 있는데, 나 혼자만 없구나!』

그러나 공자는 이내 안색을 바꿔 마르크스에게 말했다.

『하지만 저는 「우리집 어른을 공경함으로써 남의 집 어른에게까지 미치고, 우리집 아이들을 사랑함으로써 남의 집 아이들에게까지 미친다」라고 말한 적이 있습니다.

따라서 내 처를 사랑함으로써 남의 처에게까지 미치니, 선생의 부인도 내 처가 아니겠소?』

마르크스가 이 말을 듣고는 깜짝 놀라며 소리쳤다.

『아니, 저는 공산을 외칠 뿐인데 선생님은 공처까지 주장하시는군요. 선생님은 저보다 더 위험한 인물입니다』

그러고는 서둘러 사당을 빠져나갔다.

돌아보기

남은 이야기들

서독이 동독을 흡수 통합했다는 뉴스로 온 나라가 떠들썩하던 무렵, 동동에서 나온 철학 교과서를 보다가 언뜻 한 구절에 눈길이 갔습니다.

"포유동물 태내에서 인간 수정란 양육……."

'포유동물이라니! 소, 말, 개, 돼지, 고래 같은 것 아닌가? 그렇다면 소나 말의 뱃속에서 사람의 자식이 자라고 소나 말이 사람을 낳는다는 말인가?' 그 책은 이러한 일이 유전 공학의 발달로 가능해지기는 했지만, 도덕적으로 거부해야 한다고 덧붙이고 있었습니다. 하지만 오늘날은 이 정도가 아니라 동물 복제에서 한 걸음 더 나아가 줄기 배아 세포 배양을 통한 인간 복제 문제가 논란의 대상이 되고 있습니다. 한쪽에서는 난치병 치료를 위한 과학의 발전을 찬미하지만, 다른 한쪽에서는 생명 윤리와 종교 윤리를 내세워 반대합니다.

'생명체 복제까지도 가능하게 만든 과학은 무엇이고, 그런 일을 거부하는 도덕은 또 무엇인가? 생명체가 공장에서 상품 찍어 내듯이 만들어 낼 수 있는 것인가? 하긴 과학의 발전이 많은 난

동양철학 에세이 1

치병 환자를 고통에서 해방시킬 수도 있겠고, 인체 밖에서 수정란을 양육할 수 있다면 많은 여성이 분만의 고통에서 벗어나는 동시에 임신으로 인한 사회 활동의 중단도 없겠구만.' 생각은 꼬리를 물고 일어났습니다. '대리 임신으로 새끼(아이)를 빼앗기는 짐승들은 무슨 생각을 할까? 짐승들은 새끼를 낳게 될까, 아니면 해부를 당하고 새끼만 꺼내게 될까? 줄기 세포를 배양해 나를 복제한다면 그 복제된 나와 지금의 나는 쌍둥이 형제가 된다는데 갑자기 동생이 생기는 기분은 어떨까?' 이상한 이야기에서 받은 충격으로 이상한 생각을 하게 되었습니다.

이런저런 생각 끝에 지금은 고인이 되신 옛 은사님의 말씀이 떠올랐습니다. 그때는 유신 정권이 물불을 가리지 않던 시기였고, 지붕 개량 다 끝내고 '한국적'인 것을 찾느라 고심하던 시기였습니다. 동양철학자들 가운데 어떤 이들은 전통적 덕목 가운데서 새삼스럽게 '충효 사상'을 뽑아내 정권을 떠받드는 역할을 열심히 해냈습니다. 현실과는 아무런 관련도 없는 낡은 것으로만 보이던 동양철학이 현실을 위해 무엇을 할 수 있는지를 잘 보여준 일이었다고나 할까요?

마침 《논어》의 '효'에 관한 구절을 강의하던 그 선생님께서는 이런 말씀을 하셨습니다.

"요즈음 아이들은 우유를 먹고 자라지. 우유는 소젖 아닌가? 소젖 먹고 자란 아이와 사람 젖 먹고 자란 아이는 다르지 않겠는가?"

아마도 '충효 사상'을 내세우면서 불효자들이 가득 찬 세상

탓만 할 게 아니라, 먼저 아이들을 사랑으로 키웠는지 반성해야 한다는 뜻 같습니다. 하지만 그때는 우유를 먹는다고 사람이 달라진다는 생각은 들지 않았습니다. 인간의 도덕은 문화의 산물이며, 사회의 상부 구조인 문화나 도덕은 우유를 먹느냐 모유를 먹느냐에 달려 있는 것이 아니라 사회적 생산 관계나 물질적 토대에 달려 있다는 생각에서였습니다.

그러나 지금은 생각이 많이 달라졌습니다. 우유를 먹이느냐 모유를 먹이느냐의 문제가 바로 사회적 토대와 관련이 있으며, 나아가 가치관이나 생활 양식까지 반영하고 있음을 뒤늦게 깨달았기 때문입니다.

몇 해 전, 신문에 영국의 한 의학팀이 돼지의 유전자를 조작해서 그 뱃속에 사람의 간이나 심장을 달고 살게 하는 데 성공하였다는 보도가 실렸습니다. 그 기사를 보면서 언제든 뱃속에 있는 인간의 장기를 다시 사람들에게 내주어야만 하는 그 돼지가 사람들의 식사를 위해 제 몸을 내주는 돼지보다 더 불쌍하다는 생각이 들었습니다. 강의 시간에 이런 문제를 가지고 토론을 했을 때, 학생들은 윤리라는 명목으로 과학 연구를 제한할 것이 아니라, 과학이 발견한 지식과 능력을 바르게 사용하도록 통제하면 될 뿐이라는 의견을 많이 냈습니다. 나는 학생들에게 묘한 배신감을 느꼈습니다.

되살아나는 춘추전국시대

과학의 발달은 인간에게 끝없는 가능성을 보여 주었지만 다른 한편으로는 그 과학을 어떻게 사용하는 것이 옳은가 하는 고민을 가져왔습니다. 어떤 사람들은 인간의 능력이 한계에 이르렀다고 하면서 과학이 마침내 사람을 다 죽이고 말 거라고 경고합니다. 그래서 자원 고갈이나 환경 문제, 과학의 윤리성 문제 등을 제기합니다. 또 다른 사람들은 과학이 더 발달하면 모든 문제가 해결된다고 주장합니다.

이런 와중에 이제까지 과학이 싸워서 이겨 냈다고 생각했던 과거의 적들이 곳곳에서 들고일어났습니다. 신비주의, 종교, 도덕이 그것들입니다. 몇 년 전에는 미국에서 낙태 반대 운동을 하는 사람이 산부인과 의사를 총으로 쏜 사건이 일어났습니다. 생명을 보호하기 위해 사람을 죽이는 일까지 벌어지고 있는 것입니다.

오늘의 세계는 고대의 한 나라만큼이나 좁아졌습니다. 그 속에서 모든 나라가 자기 나라, 자기 민족의 이익을 위해 치열하게 싸웁니다. 조금 더 커진 '달팽이 뿔 위의 전쟁'으로 발전한 셈입니다. 물론 이런 싸움의 주도권은 사회주의권이 몰락한 뒤로는 엄청난 과학 기술을 가진 서양, 특히 미국이 쥐고 있습니다.

15세기 무렵까지는 동양의 과학이 서양보다 앞서 있었습니다. 그러던 것이 동양의 과학을 받아들인 서양이 18세기 무렵까지 동양을 뒤쫓아오더니, 18세기를 넘어서면서부터 어느새 동양을 앞지르고 말았습니다. 동양은 그동안 무엇을 했을까요?

20세기 후반에 들어서면서 이상한 바람이 불기 시작했습니다. 그 바람은 복고풍이었으며, 동양철학 바람이었습니다. 그런데 어이없게도 때아닌 동양 바람은 동양이 아닌 서양에서 불어오고 있습니다. 그 바람을 일으킨 사람들 가운데는 과학이 이룬 성과에 대한 반성에서 시작하여 동양적 세계관으로 전환한 한 무리의 종교인 비슷한 과학자들도 있고, 자본주의 발전을 합리화하면서 그 속에 들어 있는 모순을 감추려는 철학자, 경제학자, 정치학자 들도 있습니다. 이들이 가진 목표와 분위기는 서로 다르지만 끌어다 쓰는 것은 한결같이 동양철학입니다. 참 별일입니다. 과학과 신비주의, 자본주의와 유교라니요? 모두 하나같이 어정쩡한 모습입니다.

어쩌다 이렇게 복잡해졌을까요? 돈 되는 일이면 무엇이든 상품화하는 자본의 속성이 이런 분위기를 가만 놓아둘 리 없습니다. 한의학이나 기공, 태극권,《주역》등에 대한 일반 사람들의 관심이 부쩍 늘어난 것이 그 증거입니다. 많은 사람이 동양철학에 흥미를 느끼면서 한편으로 무언가 기대를 갖고 있습니다. 마치 만병통치약이나 구세주를 기다리던 사람들처럼 말입니다.

신과학 운동, 기공, 유교 부흥론

동양철학을 전공하는 사람에게 동양철학의 유행이 반갑지 않을 리 없습니다. 그러나 무작정 반가워할 일은 아닌 것 같습니다. 이것은 우리가 바라던 모습이 아니기 때문입니다. 그 복고풍 속에서 100여 년 전 동양을 짓밟아 오던 서양의 총칼이 다시 보입니다. 또 다른 오리엔탈리즘의 부활인 셈입니다.

서양의 눈에 비친 동양은 어떤 모습이었을까요? 중고등학교와 대학에서 가르치는 세계사를 봅시다. 대부분의 세계사 책들은 첫머리에 고대 문명의 발생을 논하면서 황허 문명, 인도 문명, 메소포타미아 문명, 이집트 문명을 통해 동양의 모습을 조금 보여줍니다. 그러고는 그리스, 로마를 거쳐 유럽으로 넘어갑니다. 동양은 알렉산더의 동양 침략이나 마르코 폴로의 여행, 바스코 다가마의 인도 항로 발견 등을 말할 때 양념처럼 조금씩 나올 뿐입니다. 그 뒤 서양이 동양을 본격적으로 침략하는 근대에 본격적으로 다시 등장합니다. 이 모두가 철저히 서양에서 본 동양일 뿐이며, 서양의 이용 대상으로서의 모습에 지나지 않습니다. 바로이런 관점이 오리엔탈리즘의 전형입니다. 20세기 후반에 우리 사회에 불어닥친 복고풍도 이 연장선 위에 있습니다. 그렇기 때문에 무작정 반가워할 일이 아닙니다.

근래 동양철학에 대한 관심을 불러일으킨 흐름은 크게 세가지로 나누어 볼 수 있습니다. 그 가운데 상당히 체계적인 '신과학 운동'을 먼저 봅시다. 신과학 운동은 핵물리학자였던 카프라가 시작했습니다. 카프라가 쓴 《현대 물리학과 동양 사상》이 우리나라에 소개된 것은 1979년이었습니다. 신과학 운동은 1960년대 베트남전 반대 운동, 히피 운동 같은 뉴에이지 운동과 연관하여 자리 잡았습니다. 카프라는 현미경을 통해 발견해 낸 존재의 본질, 세계의 참모습은 동양 고대 사상가들이 직관을 통해 본 그 것들과 같다고 합니다. 그래서 자신이 주장하는 세계관을 보강하는 논리로 화엄 철학, 힌두교,《주역》, 노장 철학, 기 철학 등에 나타난 물질관이나 우주관을 끌어들입니다.

카프라는 독일 녹색당 강령의 기초를 마련하기도 했고 여성 운동에도 관여했으며, 지금은 미국에서 동양철학과 과학에 대한 강연과 저술 활동을 하면서《주역》을 읽고 태극권을 수련하는 생활을 하고 있다고 합니다.《현대 물리학과 동양 사상》에 이어 소개된 카프라의 책들뿐만 아니라 비슷한 종류의 책들이 수십 권 나왔습니다. 이런 책들은 어느 정도 지적 호기심을 자극하기에 충분했고, 아울러 동양인들의 자부심을 부추기는 역할을 하기도 했습니다.

신과학 운동은 뉴턴과 데카르트로 대표되는 근대 과학의 기계적 세계관과 양자 역학이나 상대성 이론에서 나온 현대 과학 이론 사이에 벌어진 틈을 타고 생겨난 새로운 세계관입니다. 카프라는 근대 과학의 세계관은 세계를 제대로 설명할 수 없다고 주장합니다. 근대 과학의 세계관은 만물을 쪼개고 나누어서 그 본질적인 구성 요소들을 찾아내려는 요소론적 세계관, 현상의 원인을 그렇게 찾아낸 요소들에 귀결시키려는 환원론적 세계관, 현상과 현상 사이의 관계를 필연적인 메커니즘으로 설명하려는 기계론적 세계관입니다. 카프라는 이 같은 세계에 대한 이해를 생태학적이고 유기체적인 새로운 세계관으로 바꾸어야 한다고 주장합니다. 그리고 그러한 유기체적 세계관의 모형으로 동양철학

동양철학 에세이 1

의 세계관을 끌어온 것입니다.

유기체적 세계관은 개체와 개체의 관계, 개체와 전체의 관계에 주목합니다. 인체를 자연과 인간의 조화와 인체 내 각 기능들 사이의 조화로 설명하는 한의학적 세계관, 정신과 육체까지 포함하여 만물의 통일성을 기로 설명하려는 기철학, 개체 속에 만물이 담겨 있다는 화엄적 세계관 등이 여기에 해당합니다.

동양철학을 유기체적 세계관으로 본 사람은 니덤이었습니다. 니덤은 1차 세계 대전을 전후하여 유럽에서 서구 문명 위기론이 유행할 무렵에 젊은 시절을 보냈습니다. 뒤에 니덤은 열렬한 중국 지지자가 되었는데 그 배경에는 이때 서구 문명에 대해 느꼈던 감정이 많이 작용하였습니다. 니덤은 20세기를 통틀어 손꼽힐 만한 저작으로 지목되는《중국의 과학과 문명》이라는 방대한 책을 펴냈습니다.

카프라의 동양철학 이해는 니덤의 소개에 많이 의존하고 있습니다. 하지만 카프라는 중국의 사상뿐만 아니라 건축, 관개, 의학 등 다양한 과학과 사회, 경제까지를 폭넓게 이해한 니덤과는 다른 모습을 보입니다. 카프라는 동양철학의 수행론에 관심이 많으며, 참선이나 요가 등이 과학만큼 객관적이라고 주장함으로써 수행을 통한 세계 이해와 과학을 통한 세계 이해의 차이를 모호하게 만듭니다.

결과적으로 신과학 운동은 동양철학을 신비한 상품으로 유행시키는 데 큰 역할을 하였습니다. 그래서 일부 동양철학 연구자들은 동양철학에 현대 과학을 지도할 수 있는 무엇인가가 들어 있다는 은근한 자부심까지 갖게 되었습니다. 이런 분위기를 옆에서 부추긴 책들이 한둘이 아닙니다. 미국의 시각으로 신비화되어 서구의 우월감을 관철하는 역할을 하는 데 불과한 라즈니쉬 류의 책들, 알맹이를 빼 버리고 현실과 동떨어진 우화로 만들어 버린 동양 고전 번역서들, 지고한 복음으로 포장되어 개인의 이익을 부추기는《주역》과 관련한 책들이 모두 그러합니다.

　두 번째로 볼 수 있는 흐름은, 과학의 남용이 환경과 인체 건강에 심각한 문제를 가져오면서 생긴 수련 차원의 관심 증가입니다. 이런 흐름은 1980년대 우리 사회의 상황과 무관하지 않습니다. 1980년대 초에 우리 사회는 12·12 쿠데타에서 시작된 엄청난 폭력을 겪었습니다. 그 뒤 죽어 버린 것 같았던 민주화 열망이 조금씩 자라면서 이를 누르려는 정치적 폭력과의 사이에 대립과 긴장이 확장되는 틈을 타, 초능력과 신비를 파는 시장이 넓어져 갔습니다.

　여기에는 사회주의권이 몰락하면서 우리 사회의 변혁에 대한 전망이 퇴조한 것도 관련이 있습니다. 그래서 현실적으로 북방 외교다, 올림픽이다 하는 사이에 개인적인 건강에 대한 관심이 높아졌고, 아울러 단학·태극권·기공이 유행하면서 '기철학'도 사람들에게 알려지게 되었습니다. 중국과의 수교는 기공에 대한 관심을 더욱 높이는 계기가 되었습니다. 중국은 현재 기에 대해 대대적으로 연구하고 있으며, 우리나라에도 '기를 찾는 사람들'이 더욱 늘어 가고 있습니다. 이런 추세로 나가다 보면 '기'가 사회 문제를 일으키게 될지도 모릅니다.

기를 가지고 사회를 설명하려 한 사람들은 중국 명말 청초의 지식인들이었습니다. 그들은 기에서 사회적 실천을 끌어내려고도 했고, 은둔 철학을 설명하는 개념으로 만들기도 했습니다. 우리나라 조선 시대의 유학자들도 명상과 정신 통일을 자기성찰의 방법으로 삼았던 것으로 보이며, 궁극적으로는 경건한 생활을 실천하는 토대로 삼았습니다.

그러나 그들의 수련 목적은 기의 단련이 아니라 도덕적 자각이었습니다. 유학자들은 대부분 기를 물리적이고 기계적인 것으로 이해했습니다. 그래서 의학이나 단학에서 말하는, 수명을 연장한다거나 신통한 능력을 얻는다는 주장을 이치에 맞지 않는 이야기라고 비판하였고, 신체가 떠오른다거나 신통한 능력이 생겼다는 것은 물리에 본래 있는 이치의 표현이며 결국 정해진 한계가 있다고 보았습니다. 이것은 유학자들이 도덕적 가치를 중시하면서 얻은 합리성이었다고 할 수 있습니다.

아무튼 기공이나 기철학에 대한 사람들의 관심도 동양철학의 대중화에 큰 영향을 주었습니다. 기공 수련이 건강이나 신체에 대한 이해와 직결되면서 한의학에 대한 관심도 높아졌습니다. 기공이나 한의학에 관심을 가진 사람들이 동양철학 전체 체계를 알고자 하는 의욕을 보이고는 있지만, 아직은 동양철학을 개인적인 양생 수련법의 지침 정도로 이해하고 있는 셈입니다. 요즈음 사람들의 이 같은 관심은 과거 동양철학자들의 문제 의식이 정치와 도덕이라는 구체적인 사회 현실에 있었던 것과는 다른 접근 방법입니다.

세 번째로 볼 수 있는 흐름은 자본주의 질서와 관련된 유교에 대한 관심입니다. 이 문제는 동아시아 지역의 문화 전통과 관련한 학계의 토론에서 잘 나타납니다. 문제의 중심은 정치 경제적인 분야와도 관련이 있으며, 새로운 사회주의 중국을 건설하기 위해 개혁 개방 정책을 펴고 있는 중국의 학계에서 1980년대에 일어났던 '문화열' 논쟁이 이런 모습을 잘 담고 있습니다.

먼저 중국의 '문화열' 논쟁을 봅시다. 1980년대에 들어오면서 중국인들은 자신들이 처한 위치를 '사회주의 초급 단계'라고 규정했습니다. 따라서 더 높은 단계로 나아가기 위해 경제 건설에 모든 힘을 쏟는 과정에서, 자신들이 가지고 있는 전통 문화를 사회주의 정신 문명 건설에 어떻게 이용할 것인가를 논의하기 시작했습니다. 주된 관점은 전통 문화를 정확하게 알고, 경제 건설에 유리한 요인과 불리한 요인을 분석해 정책에 반영한다는 것이었습니다. 일본의 어떤 중국학자는 중국의 사회주의 초급 단계론은 사회주의적 계획을 우선 유보한 것이며, 요즈음 중국이 다시금 유교 문화를 거론하는 까닭은 사회주의 가치 규범이 담당하고 있던 영역에 생긴 공백을 전통 철학의 윤리 규범으로 채우려는 것이라고 해석하기도 합니다.

이 같은 중국 내의 유교에 관한 논의는 그동안 일본을 중심으로 자본주의 진영에서 논의해 왔던 '유교 자본주의론'과 관련이 깊습니다. 유교 자본주의론은 일본과 '아시아의 네 마리 용'인 한국·타이완·홍콩·싱가포르의 경제 성장에 유교 문화가 긍정적으로 작용한 면이 많다는 내용을 검토하는 것이었습니다. 이 논

동양철학 에세이 1

의는 이 다섯 나라의 경제 성장 원인을 공통된 문화적 토대에서 찾으려는 것이기도 했지만, 다른 한편에는 유교를 중심으로 한 문화 심리적 전통을 경제 건설에 이용하려는 뜻이 담겨 있었습니다.

우리나라에서도 최근 들어 이와 비슷한 논의가 많이 진행되었습니다. 그 가운데서도 이 논의의 중심은 일본이 차지하고 있습니다. 일본은 세계 경제의 블록화 추세로 아시아 지역에서 발판을 굳히는 문제가 중요하다고 생각하기 시작했고, 그에 따라 새로운 '중국학'을 논의해 왔습니다. 중국과 수교한 지 30년이 넘은 지금, 일본은 중국에 대한 많은 전략적 연구를 축적해 놓았다고 보아야 할 것입니다.

어떤 면에서는 이러한 논의 속에서, 아시아 사회의 미래를 바라보기 위해서는 자신의 문화적 특수성과 전통에 대한 새로운 검토가 필요하다는 인식을 볼 수도 있습니다. 유교 자본주의론은 우리나라의 동양철학 연구자들에게도 상당히 영향을 주고 있으며, 나아가 철학보다도 경제학이나 정치학 분야에서 연구 성과가 많이 나오고 있습니다. 하지만 이러한 움직임에는 편차가 꽤 있습니다. 일부 사람들은 전통적 가치 규범이나 도덕 윤리의 부활을 주장하는 데까지 나아가는 복잡한 모습을 보이기도 합니다.

무엇이 문제인가

오늘 우리 사회의 경제 체제는 자본주의입니다. 자본주의는 속성

상 상품화된 도덕과 신비주의를 만연시킵니다. 앞에서 살핀 동양 철학 붐은 자본주의 발전에서 나온 도덕적 타락과 인간성 상실, 공해로 대표되는 생태학적 위기 등을 상품화된 전통으로 메우려는 시도들입니다. 공자·맹자·순자의 유교는 도덕의 부재, 인간성 상실 같은 가치적 측면을 메우는 도구이고, 아울러 자본주의 구조를 강화하는 틀입니다. 《노자》, 《장자》, 《주역》 등은 각박한 현실에서 벗어나는 탈출구입니다. 이 같은 동양철학 붐이 왜 문제일까요? 그 문제점들을 짚어 보면 무엇이 바람직한 동양철학일까 하는 물음에 대한 해답이 나올 것입니다.

첫째 문제는 개인주의입니다. 이러한 관심의 밑바닥에는 자신의 내면에 주관적인 틀을 만들고 거기에 안주하면서 자유를 누리려는 이기주의적 발상이 깔려 있습니다. 수련을 통한 개인의 완성으로 둔갑한 노자와 장자의 철학, 도덕적 자아를 강조하는 데 그치는 공자·맹자·순자의 유학, 개인의 이익을 따지는 점서로서의 《주역》 등이 그러합니다. 이 같은 경향은 만원 지하철 속에서 옆 사람이 어떻게 되든 상관 않고 《노자》나 《장자》 같은 책을 읽으면서 자기 마음의 평안을 구하는 모습에서도 잘 나타납니다.

오늘날 유행하는 노장 사상은 신경 안정제 같은 구실을 하고 있는 셈입니다. 그리고 그 결과는 사회 구조가 만들어 낸 문제까지도 개인의 문제로 돌려 버려 문제의 본질을 왜곡할 우려가 있습니다. 유교도 개인의 도덕적 반성을 통해 반사이익을 얻음으로써 봉건 도덕 전체를 미화할 수도 있습니다.

둘째 문제는 개인주의의 확산이 가져오는 사회성 부정과 실천성 결여입니다. 개인에 대한 집착은 내면의 주관적 행복만을 추구하게 만듭니다. 그 결과는 자신의 문제가 아니면 돌아보려 하지 않는 이기주의를 만듭니다. 따라서 사회 곳곳에서 나타나는 불의와 부정에 타협하지는 않는다고 해도 눈을 감게 만듭니다. 그리고 문제의 근본적인 해결책을 내면의 수양에 둠으로써 실천이 결여된 주관의 문제로 바꾸어 버립니다. 이런 경향은 기의 수련을 통해서, 한의학에 대한 관심을 통해서 얻으려는 것이 건강한 사회가 아니라 건강한 개인인 것으로 나타나기도 합니다.

셋째 문제는 이런 것들이 귀결할 수밖에 없는 신비주의입니다. 객관성과 합리성에 대한 거부는 주관적·비합리적 경향으로 나타나며, 내적·직관적 체험의 강조로 이어집니다. 그 결과 사회의 기본 동력인 물질적 토대를 무시하게 되며, 나아가서는 모든 사회 관계와의 단절을 가져옵니다. 이러한 경향은 개인의 목표를 불변의 진리나 신적인 것과 하나가 되는 데 두게 합니다. 그것은 덕으로 완성된 성인일 수도 있고, 깨달은 도사일 수도 있습니다. 이처럼 궁극적 인간형을 현실을 떠난 존재로 생각함으로써 마침내는 초월적 경향을 강하게 드러내게 됩니다.

넷째 문제는 위의 문제들이 갖는 몰역사성입니다. 쏟아져 나오는 대부분의 책이 그 사상을 낳은 사회 구조와 그 사상이 역사에서 한 역할을 따지지 않습니다. 사실 최근 유행하는 대부분의 동양철학은 전근대적 사회를 토대로 한 사유입니다. 따라서 이것의 사유 체계는 당시 사회가 가졌던 한계를 그대로 반영합니다.

하지만 대부분의 사람들이 그 속에 담긴 가치와 아울러 한

계를 함께 보려 하지 않습니다. 오히려 일방적으로 절대화한 보편성과 가치만을 강조하면서, 토대가 다른 현대에 무차별로 접맥하는 것이 객관적이라고 강변합니다. 그러나 사실은 객관적이라는 말을 통해 엄청난 주관화를 꾀하는 것입니다. 이러한 경향은 변형된 이데올로기를 만들어 내기도 합니다. 유교 자본주의론 같은 것이 바로 여기에 해당합니다. 유교 자본주의론은 자본주의적 물질 문명과 봉건주의적 정신 문명을 마구잡이로 엮어 버리는 오류를 범하고 있습니다. 그래서 또 다른 지배 형태인 관과 민, 자본가와 노동자 등의 관계에서 지배 집단의 이익을 관철하는 논리가 되고 맙니다.

동양철학의 참모습

동양의 여러 사상들은 오랜 역사 속에서 긍정적으로 또는 부정적으로 작용해 왔습니다. 이런 점을 검토하고 반성해 보지 않은 채 지금의 유행처럼 동양철학을 되살려 내는 것은 문제가 많습니다. 더구나 정치적으로는 민주이고, 경제적으로는 사유이며, 사회적으로는 평등인 현대에 군주가 다스리고, 군주나 귀족 계급의 소유였으며, 엄격한 신분제를 바탕으로 한 전통 사회에서 생겨난 철학을 피상적으로 접맥할 수는 없습니다.

현대와 동양철학을 바르게 접맥하려면 무엇보다 기준이 있어야 합니다. 기준이 있어야 '알맹이'와 '찌꺼기'를 나눌 수 있으며, 잘못된 것을 바로잡고 바꿀 수 있습니다. 우리가 동양철학에 관심을 갖는 까닭은 옛날로 돌아가기 위해서가 아닙니다. 그러므로 중요한 기준은 현실적 요구입니다. 봉건 시대는 임금이 기준인 군주 사회였지만 현대는 민중이 기준인 민주 사회입니다. 따라서 대다수의 민중이 인정하는 사회성과 그것을 실현하기 위한 실천성이 기준이 되어야 합니다. 그것은 다도·서예·예비 신부 교육·전통 혼례 같은 실천을 말하는 것이 아닙니다. 이 같은 기준에서 동양철학을 봅시다.

공자, 맹자, 순자로 대표되는 유학은 어떠한가요? 유학은 분명히 도덕적 완성을 추구합니다. 그러나 이것은 부분적인 완성에 지나지 않습니다. 유학의 궁극적인 목적은 모두가 어우러지는 대동 세계의 실현에 있었으며, 그 세계를 사회적 실천을 통해 이루려고 했습니다. 이러한 유학의 본질은 역사 속에서 끊임없이 불의에 항거해 온 많은 사람의 실천을 통해 지탱되어 온 것이지, 몇몇 유명한 철학자들의 사상만으로 이어져 온 것은 아닙니다.

또한 유교 도덕의 우월성은 실천 행위에 대한 사후 보장이 전혀 없다는 데 있습니다. 그들의 실천은 죽은 뒤에 복을 받기 위해서가 아니었으며, 오직 인간답기 위해 그렇게 했을 뿐입니다. 이것이 양심이고 도덕이며, 이것을 실현할 수 있는 용기가 호연지기였습니다.

도덕 없는 자본주의는 짐승만도 못합니다. 자본주의의 논리는 자본의 논리입니다. 자본은 선악을 따지지 않습니다. 이윤이 있는 곳이라면 어디든 자본이 모이게 마련입니다. 권력과 재벌이 결탁하여 온갖 못된 짓을 하고도 법에만 걸리지 않으면 부끄러워할 줄 모르는 세상, 돈이 되는 일이면 사람까지 팔고 사는 세상, 이 속에서 논의해야 할 도덕의 문제는 무엇을 하기 위한 도덕인가입니다. 그리고 이때 얼마나 도덕적이냐 하는 것은 얼마나 남을 위해 자신을 버릴 수 있는가의 문제로 나타납니다.

남을 위한다는 것이 바로 유학에서 말하는 정의입니다. 묵자의 철학도 바로 그런 것이었으며, 오늘날 필요한 유교적 삶 역시 도덕적 실천, 즉 도덕의 사회적 실현인 정의의 실천인 것입니다.

노자, 장자로 대표되는 도가 사상은 어떠한가요? 도가 사상에는 회의와 부정, 풍자적 비판 같은 소극적인 모습도 있습니다. 그러나 노장 사상의 참모습은 허위 의식에 대한 비판과 평등 의식에 대한 갈망이었습니다. 그들은 모순으로 가득 찬 현실을 보면서 모두가 제 모습을 드러내고 제 역할을 다하는, 모두가 주체로 어우러지는 평등 사회를 바랐던 것이며, 이 같은 이상의 실현을 위해 주체적 삶을 가로막는 온갖 사회 제도와 허위 의식을 부정하고 비판했던 것입니다.

공자나 노자가 오늘 우리가 살고 있는 현실에 온다면 어떤 표정을 지을까요? 지금 유행하는 자신들의 사상에 대해 어떤 평가를 내릴까요?

중국의 유명한 학자 궈모뤄는 〈마르크스의 공자 방문기〉라는 재미있는 콩트를 발표한 적이 있습니다. 공자의 사상이 오늘날 어떤 의의와 한계를 갖는지를 해학적으로 보여 주는 그 콩트를 요약해서 소개하는 것으로 글을 마칠까 합니다.

공자 제사가 있었던 이튿날, 공자는 제자들과 함께 공자 사당에서 식어 버린 돼지 머리를 먹고 있었다. 그때 젊은이 넷이 주홍색 옻칠을 한 가마를 들고서 사당 안으로 불쑥 들어왔다. 가마 속에서 뺨이 온통 수염으로 뒤덮인 서양인이 나왔다. 그 사람은 다름 아닌 칼 마르크스였다. 그 이름은 요즈음 인기가 높아서 이미 공자의 귀에까지 들려왔던 터였다.

공자는 자기를 찾아온 사람이 바로 마르크스라는 말을 듣고는 너무나 놀라 기쁨에 넘쳐 외치듯 말했다.

"유붕 자원방래니 불역열호아! 마르크스 선생, 저에게 어떤 가르침을 주시려고 먼 길을 오셨습니까?"

이렇게 해서 공자와 마르크스의 대화가 시작되었다.

"저는 제 사상이 중국에서도 실현되기를 바라고 있습니다. 그런데 어떤 사람들은 제 사상과 선생님의 사상이 너무 달라서 선생님의 사상이 지배하고 있는 중국에서는 제 사상이 실현될 수 없을 거라고 말합니다. 도대체 선생님의 사상은 어떤 것입니까? 제 사상과 어디가 얼마나 다릅니까?"

"요즘 외국의 유명 인사를 초청하여 강연회를 여는 것이 우리나라의 최신 유행이니 선생께서 먼저 말씀해 주시면 좋겠습니다."

"좋습니다. 제가 먼저 이야기하지요. 우선 제 사상의 출발점부터 말씀드려야겠군요. 저는 종교가나 형이상학자들과는 전혀 다릅니다. 저는 어떻게 해야 우리가 이 현실 세계에서 최고의 행복을 얻을 수 있는가, 어떻게 해야 이 세상을 살 만한 곳으로 만들 수 있는가를 탐구합니다. 선생님의 생각은 어떠십니까?"

"그건 제 사상의 출발점과 똑같군요. 그러면 어떤 세상이라야 우리가 최고의 행복을 누릴 수 있을까요?"

"정말 좋은 질문입니다. 제가 이상으로 삼은 사회에서는 모든 사람에게 재능을 발휘할 기회가 평등하게 주어지고, 모두가 생활 보장을 받아 굶주리거나 추위에 떠는 일이 없습니다. 이만하면 지상 천국이라고 할 수 있지 않을까요?"

"그렇다면 선생의 이상 세계는 나의 대동 세계와 완전히 똑같군요. 제가 문장 하나를 읊을 테니 한번 들어 보십시오. '대도가 실행되면 천하는 공유된다. 덕 있고 재능 있는 사람을 뽑아 정치를 맡기니 모두가 화목하다. 노인들은 편안히 여생을 마칠 수 있고, 젊은이들은 능력을 발휘할 곳이 있으며, 아이들은 모두 양육된다. 이것이 대동 사회니라.' 어때요? 선생과 똑같지요?"

공자는 목소리를 길게 빼며 읊다가 나중에는 자기최면에 빠지는 듯했다. 그러나 마르크스는 조금도 냉정을 잃지 않았다. "하지만" 하고 힘을 주어 말한 마르크스는 연설을 하듯 말을 이었다.

"저는 공상가가 아닙니다. 저는 역사와 경제를 깊이 연구한 결과 산업이 점차 발전하면서 자본이 소수의 손에 집중되어 노동 계급의 투쟁을 불러일으키게 된다는 것을 증명해 냈습니다. 그래서 혁명이 일어나는 것이지요."

"아, 물론이지요. 저도 일찍이 '적음을 걱정 말고, 균등하지 못함을 걱정하라' 하고 말했지요."

"아닙니다. 그렇지 않습니다! 저는 적은 것도 걱정합니다. 저는 사유 재산에는 반대하지만 산업의 발전은 적극 제창하는 사람입니다."

"예, 예. 저도 '먼저 민중을 부유하게 하고, 그 다음에 가르치라' 하고 말했고, 경제력·군사력·민심 획득이 정치의 근본이라고 말했습니다. 그뿐이 아닙니다. 우선 산업을 발전시켜야 균등한 분배를 할 수 있다는 것을 알고 '재물이 땅에 떨어지는 것은 싫어하지만, 반드시 자기 것으로 하지는 않는다'라고 말했습니다. 저는 물질을 아주 중요시하는 사람입니다. 저기 있는 제 제자 자공만 해도 장사를 해서 돈을 엄청나게 번 인물입니다."

여기까지 대화를 나눈 마르크스는 비로소 감탄하기 시작했다. 공자의 사상이 자기와 별로 다르지 않다는 것을 확인했지만, 공자도 2000년 동안이나 사당에서 식은 돼지머리나 씹고 있는 마당에 자기의 사상이 중국에서 실현될 리가 없다고 생각한 그는 그만 돌아가기로 했다.

"전 이제 돌아가서 마누라 얼굴이나 보아야겠습니다."

공자는 부러워하며 말했다.

"아, 선생은 부인이 계시군요?"

"왜 없겠습니까? 제 마누라는 제 동지인 데다 굉장히 예쁩니다."

공자는 마르크스가 부인 자랑을 늘어놓는 것을 보고 길게 한숨을 내쉬며 탄식했다.

"모두가 부인이 있는데, 나 혼자만 없구나!"

그러나 공자는 이내 안색을 바꿔 마르크스에게 말했다.

　　　　　　　　　　　　　　　　　　　　　　　　동양철학 에세이 1

"하지만 저는 '우리집 어른을 공경함으로써 남의 집 어른에게까지 미치고, 우리집 아이들을 사랑함으로써 남의 집 아이들에게까지 미친다'라고 말한 적이 있습니다. 따라서 내 처를 사랑함으로써 남의 처에게까지 미치니, 선생의 부인도 내 처가 아니겠소?"

마르크스가 이 말을 듣고는 깜짝 놀라며 소리쳤다.

"아니, 저는 공산을 외칠 뿐인데 선생님은 공처(共妻)까지 주장하시는군요. 선생님은 저보다 더 위험한 인물입니다."

그러고는 서둘러 사당을 빠져나갔다. 그는 공자가 정말로 유럽까지 쫓아와 자기 부인을 공유하자고 할까 봐 내심 두려웠던 것이다.

더 읽으면 좋은 책

논어집주 동양고전국역총서 1

성백효 옮김 | 전통문화연구회 | 2005년

《논어》는 공자의 언행이나 제자들과의 대화를 공자의 제자들이 기록한 책이고, 《논어집주》는 여기에다 주희가 주석을 붙여 만든 책이다. 《논어》는 20편으로 구성되어 있으며 유가 사상의 핵심이 잘 드러나 있는 책으로서 주희 이후로는 동아시아 대부분의 지식인들이 《논어집주》를 읽었다. 원문과 주희의 해설 모두에 토를 달았고 군더더기 설명보다는 원전의 뜻을 알기 쉽게 번역하는 데 힘쓴 책이다.

맹자집주 동양고전국역총서 2

성백효 옮김 | 전통문화연구회 | 2005년

《맹자》는 맹자가 직접 쓴 부분과 제자들이 기록한 부분을 합쳐 만든 책이고, 《맹자집주》는 이 책에 주희가 해설을 붙인 것이다. 맹자는 스스로 공자를 이어받았다고 생각했고, 후세 사람들은 공자에 버금가는 성인이라는 뜻에서 아성(亞聖)이라 불렀다. 사서 가운데 하나이며 성선설, 왕도정치 같은 맹자의 사상이 잘 드러나 있다. 본래 7편인데 후대에 각 편을 상·하로 나누어 14편이 되었다. 원문과 주희의 해설 모두에 토를 달고 원전의 뜻을 중심으로 알기 쉽게 번역하였다.

노자 삶의 기술, 늙은이의 노래

김홍경 지음 | 들녘 | 2003년

《도덕경》은 다양한 해석이 가능한 책이며 일반적으로는 위진 시기의 사상가 왕필의 해석이 가장 잘 알려져 있다. 대부분의 노자 관련 책들은 신비주의나 형이상학의 입장에 서 있다. 그러나 이 책에서 그려진 노자의 모습은 삶의 기술 또는 통치 이론을 말하는 이다. 저자는 이것이 노자 사상의 본모습이라고 보는 관점에서 자신의 주장 근거를 이제까지 가장 많이 쓰여 온 왕필의 해설본이 아니라 1970년대 마왕퇴 무덤에서 발굴된 비단에 쓰인 노자를 중심으로 서술하고 있다.

장자 1

안병주 외 옮김 | 전통문화연구회 | 2001년

《장자》는 33편, 6만 5000자가 넘는 방대한 분량이며 장자가 직접 쓴 것으로 보이는 〈내편〉과 뒷사람들이 덧붙인 것으로 보이는 〈외편〉, 〈잡편〉으로 이루어져 있다. 다양하면서도 흥미 있는 우화를 통해 역설의 논리와 함께 만물 절대평등의 사상을 잘 드러낸다. 《장자》는 본래 사상도 어렵고 글도 어려운 것으로 알려져 있는데, 이 번역본은 그 가운데 내편을 완전히 번역하였다. 원문, 번역, 역주의 구성을 통해 알기 쉽게 현대적인 번역을 하면서도 원전의 뜻을 고스란히 전달하고 있으며, 각 편의 앞에 전체에 대한 해설을 붙였다.

동양철학의 유혹 철학이 세상 이야기 속으로, 세상 이야기가 철학 속으로

신정근 | 이학사 | 2002년

이 책은 세 부분으로 구성되어 있으며 동양의 다양한 사유들을 핵심 개념어의 어원부터 살피면서 오늘의 문제에 접맥시키고 있다. 또한 동양철학의 주류인 유가, 불가, 도가만이 아니라 묵자, 양주, 법가, 음양가와 함께 이슬람 사상까지를 탐구 대상으로 한다. 1부에서는 동양철학의 주요 개념들을 다루고 있고, 2부에서는 구체적인 현실의 사건들과 관련하여 '사람다움', '평등', '환경' 등의 문제를 다루고 있으며, 3부에서는 '게으름과 부지런함', '성실과 변덕' 같은 대립쌍들을 주제로 이야기를 풀어간다.

세계의 고전을 읽는다 2 동양교양편

이재민·정재서·한형조 엮음 | 휴머니스트 | 2005년

이 책은 34권의 고전을 소개한 책이다. 1부는 《사기》 같은 성찰과 교훈을 주는 역사서를, 2부는 《상군서》 같은 정치의 기술에 대한 주장들을, 3부는 《묵자》 같은 평화에 대한 목소리를, 4부는 《사서》를 비롯한 유가 사상을, 5부는 《장자》 같은 비판적 지성의 소리를, 6부는 《반야심경》을 비롯한 불교의 가르침을, 7부는 《모순론》 같은 전통의 현대적 변용을 다루고 있다. 새로운 시각에서 고전을 다루어 고전에 대한 이해만이 아니라 읽는 즐거움도 맛볼 수 있다.

21세기의 동양철학 60개의 키워드로 여는 동아시아의 미래

이동철·최진석·신정근 역음 | 을유문화사 | 2005년

이 책은 21세기 지식인들의 화두가 될 수 있는 60개의 키워드를 동양철학의 관점에서 풀어 본 책이다. 1부에서는 과거부터 현재까지 쓰이고 있는 동양철학의 주요 개념과 용어를 오늘의 관점에서 철학과 사상에 중점을 두고 살피고 있으며, 2부에서는 현재를 이해하고 미래를 대비한다는 의미에서 문화와 사상을 중심으로 살피고 있다.

우리들의 동양철학

한국철학사상연구회 지음 | 동녘 | 1997년

이 책은 열두 개의 주제를 중심으로 동양철학을 통해 세상의 문제점을 짚어 내고 그 해결을 모색해 본 책이다. 다루고 있는 주제는 '인식과 실천', '인간에 대한 이해', '현대 가족 윤리', '정의와 법', '역사를 보는 시각', '자아의 의미와 해탈', '주역의 현대적 의미', '환경과 과학', '예술정신', '페미니즘', '미래사회와 전통철학' 등이며, 동양철학이 비판 받아 온 보수나 은둔 철학을 지양하면서 구체적인 답을 주려하고 있다.

기학의 모험 1 동서양 철학자, 유배된 氣의 부활을 말하다

김교빈·이정우·이현구·김시천 지음 | 들녘(코기토) | 2004년

기학의 모험 2 氣를 통해 문화를 말하다

조동일 외 지음; 김시천·이정우 대담 | 들녘(코기토) | 2004년

이 책은 철학아카데미의 기획 강좌를 책으로 엮은 것이다. 1권에서는 동양적 사유를 잘 보여 주는 기 개념이 어떻게 발전해 왔는지를 음양오행, 한의학, 천문학 등과 관련 지어 살피고, 이어서 화담과 율곡의 한국적인 전개까지를 설명하고 있으며, 아울러 서구의 존재론과의 비교, 조선 후기 사상가들의 기론, 근대적 세계관으로 재구성한 최한기의 사상 등을 살피고 있다. 2권에서는 기를 문학, 그림, 음악, 글씨, 음식 등 다양하면서도 구체적인 실생활과 연관 지어 살피고 있다.

공자, 지하철을 타다

김종옥·전호근 지음 | 디딤돌 | 2004년

이 책은 청소년을 위한 철학소설이다. 공자, 맹자, 장자를 중심 인물로 삼아 그들의 모습과 사상을 현대적인 소설 형식을 통해 산뜻한 감각으로 풀어내 쉽고 재미있게 읽을 수 있는 책이다. 지하철, 약수터, 주점 등 우리의 일상생활이 무대이며, 그 속에서 장애인, 외국인 노동자 같은 문제들이 공자, 맹자, 장자의 시각으로 풀어진다. 글을 읽는 맛이 좋으며 맨 뒤에 이 책에 들어 있는 원문들을 해석과 함께 덧붙였다.